多维度全景式描绘
算力基础设施产业图谱

U0722308

算力设施产业图谱

王月　李洁　郭亮　王少鹏　谢丽娜 ◎编著

人民邮电出版社
北　京

图书在版编目（ＣＩＰ）数据

算力设施产业图谱 / 王月等编著. -- 北京 ：人民
邮电出版社，2022.7
ISBN 978-7-115-59131-9

Ⅰ. ①算… Ⅱ. ①王… Ⅲ. ①信息产业－基础设施建
设－图谱 Ⅳ. ①F490.3-64

中国版本图书馆CIP数据核字(2022)第063094号

内 容 提 要

本书介绍了算力基础设施全产业链，多维度地描绘了算力基础设施产业图谱，剖析了算力基础设施产业链各环节，逐层分析算力基础设施产业的发展现状、政策环境及未来趋势。本书对推动我国以算力基础设施为代表的新型基础设施建设和应用落地具有参考价值和实际意义，适合从事数据中心建设、算力网络建设、智能计算中心建设的相关技术人员，以及科研院所技术人员、高等院校师生阅读。

◆ 编　　著　王　月　李　洁　郭　亮　王少鹏　谢丽娜
　　责任编辑　张　迪
　　责任印制　马振武
◆ 人民邮电出版社出版发行　　北京市丰台区成寿寺路 11 号
　　邮编　100164　　电子邮件　315@ptpress.com.cn
　　网址　https://www.ptpress.com.cn
　　北京瑞禾彩色印刷有限公司印刷
◆ 开本：700×1000　1/16
　　印张：15.5　　　　　　　　2022 年 7 月第 1 版
　　字数：233 千字　　　　　　2022 年 7 月北京第 1 次印刷

定价：119.90 元

读者服务热线：(010) 81055493　印装质量热线：(010) 81055316
反盗版热线：(010) 81055315
广告经营许可证：京东市监广登字 20170147 号

编委会

推荐序

　　算力是设备、集群、平台处理数据的计算能力，不仅是国家竞争力的重要成分，也是数字经济时代的基础支撑。算力基础设施作为各个行业信息系统运行的算力载体，已经成为社会运行不可或缺的数字底座。当前，全球算力基础设施产业蓬勃发展，我国对算力基础设施也越来越重视，一体化大数据中心、算力基础设施、新型数据中心、算力网络等概念相继提出。

　　2020年4月，国家发展和改革委员会首次对"新基建"的具体含义进行了阐述，"新基建"之一就是信息基础设施，它是基于新一代信息技术演化生成的基础设施，以数据中心、智能计算中心为代表的算力基础设施是其核心组成部分。工业和信息化部发布的《"十四五"信息通信行业发展规划》中也指出，到2025年，算力设施服务能力显著增强。数据中心布局实现东中西部协调发展，集约化、规模化发展水平显著提高，形成数网协同、数云协同、云边协同、绿色智能的多层次算力设施体系，算力水平大幅提升。

　　算力基础设施的本质是提供不同算力类型的基础设施，包括通用计算、智能计算、超级计算等算力。随着云计算、人工智能、大数据等新一代信息技术快速发展，信息技术与传统产业加速融合，推动算力基础设施形态不断变化和演进，从传统机房到数据中心，再到提供算力服务的算力中心，未来或将融合算力生产、算力传输和IT服务能力为一体，对外输出综合信息与通信技术（Information and Communications Technology，ICT）服务。

　　从算力发展态势来看，多元异构算力需求将推动算力基础设施规模大幅增长，未来几年数据中心规模将保持年均约20%的增速；从AI基础架构规模增速来看，未来AI算力年增速将提高到60%以上，占比不断上升，边缘计算需求将随着

5G、工业互联网建设的推进日益迫切，建设部署将进一步加快；从行业应用角度来看，通信互联网、金融、政务等行业的算力基础设施应用占比达90%，传统行业与实体经济的算力基础设施建设和应用远远不足，算力基础设施未来发展前景广阔。

目前，我国算力基础设施发展尚不成熟。一是算力结构不均衡，不同算力类型、不同业务场景、不同行业、不同省（自治区、直辖市）的算力供给不均衡，部分专用算力不足，部分地区算力供给过剩。二是算力服务较为粗放，算力度量与标识缺乏统一的标准，算力调度能力仍有待进一步提升，算力服务不够精细化。三是算力基础设施能耗和碳排放量较高，未来随着产业规模扩大，能耗还将进一步增长，提高能效、算效，降低排放成为一大挑战。四是算力基础设施产业生态能力不强，产业链多个关键环节存在研发投入少、周期长、缺乏自主创新等问题，国产软硬件能力及产业链上下游协同配合能力需要增强。

为了更好地剖析算力基础设施产业链全景，本书全面梳理了国内外算力基础设施发展现状与趋势，深入分析了产业链上中下游各环节的市场现状、产业竞合情况、热点技术及发展趋势，力图多维度、立体化地描绘算力基础设施产业图谱。希望更多人能通过本书了解算力设施产业发展的现状、趋势和未来。

何宝宏　博士

中国信息通信研究院云计算与大数据研究所所长

2022年2月9日

数据中心是支撑数字化技术发展的数据中枢和算力载体，是推动数字经济增长的重要基础设施。随着高性能、智能化、绿色化成为发展趋势，数据中心的产业生态正在不断地扩充和丰富。在这个产业生态"朋友圈"中，伙伴们的分工更加精细，加速了技术的创新；同时，大家的合作又格外紧密，使数据中心的发展前景更加广阔。读者可以将本书看作数据中心"朋友圈"的通信录，不但可以从中获得数据中心产业的全貌，而且可以针对性地找到合适的伙伴，进行深入的了解和合作。

王峰

中国电信研究院 AI 研发中心主任

数字经济时代，算力基础设施发挥着越来越重要的作用。本书系统地介绍了数据中心产业上中下游行业概况，并提炼出这些行业中典型企业共同的技术发展趋势，为数据中心从业者提供有价值的参考依据和信息共享平台。

周海涛

腾讯数据中心架构设计副总监

数据中心是一个跨越建筑、电气、暖通、计算、网络、存储、云、管理系统等多个业务领域的复杂系统工程，因为专业领域的跨度太大，所以业界很少从数据中心的整体视角对整个产业进行分析总结。本书对数据中心产业进行逐层分析，总结各领域的发展现状和未来趋势，相信业界人士和对数据中心感兴趣的读者都能从此书中有所收获。

费珍福

华为数字能源技术有限公司数据中心能源总裁

随着国家"新型数据中心"建设的逐步深入，数据中心行业快速壮大、蓬勃发展，吸引了更多人才的加入和关注。但市面上相关领域和专业的图书不多，图书质量良莠不齐，难免会造成人们对新型数据中心的基本概念和认知的偏差，给它的实施和落地过程带来困难，走一些没必要的弯路。本书比较全面和准确地描述了数据中心目前在主流供配电、制冷、IT 和网络设备、管理和软件方面的信息，为产业发展和解读"双碳"政策提供了启发和指引。希望本书可以帮助各位读者了解数据中心的基本知识和行业概况，共同助力数据中心产业高质量发展。

周天宇

阿里云数据中心副总经理

数据中心行业的健康、可持续发展离不开产业链的大力支持，激发产业创新活力、多维有序竞争，需要行业组织的不断引导和规范。本书从数据中心产业链上中下游全方位解析了当前主流技术生态，希望能够为数据中心从业者带来帮助。同时，新技术生态瞬息万变，我也希望以此为契机，新技术能持续迭代，助力数据中心行业高质量发展。

衣斌

万国数据副总裁

"双碳"战略下，数据中心快速向绿色低碳变革，高可用、高能效、智能化、预制化、新能源、高算效等方向不断创新，支撑数字经济的蓬勃可持续发展。现阶段，以节能 PUE 为主要指标的管控方式逐步转向以节碳 CUE 和节水 WUE 为目标的评测方式。

行业联手打造可交付的低碳数据中心将是践行"双碳"的重要步骤，同时解决方案必须是普惠性的，即成本和可靠性是可控的，可再生能源、新储能系统、

AI 等技术也将为此目标保驾护航。可以预见，数据中心产业将迎来更多创新的绿色低碳解决方案。

田军

维谛技术有限公司大中华区副总裁

新型数据中心是我国实现数字转型、智能升级、融合创新的必要条件，它需要具备高技术、高算力、高能效、高安全的特征，需要数据中心全产业链从业人员的共同努力。本书从数据中心全产业链的维度，分析产业链上游、中游、下游的发展现状及趋势，并以领域图谱的形式为读者呈现相关服务商的业务，相信读者一定可以在本书中有所收获。

李代程

百度系统部 IDC 研发项目总监

过去的 10 年，是我国信息化建设突飞猛进的 10 年，我们见证了云计算、大数据、人工智能等技术的崛起和快速发展，而这一切技术快速应用的背后是算力基础设施快速发展、数据爆发式增长、新兴应用快速涌现。其中最为重要的是数据中心基础设施在源源不断地提供优质算力，本书从算力基础设施产业链的现状出发，结合算力设备上下游产业现状、技术发展，为读者系统地阐述了数据中心产业基础设施的构成与协同，是一本不可多得的好书，希望大家能从中有所收获！

陈彦灵

浪潮服务器产品线产品规划总监

21世纪以来，全球科技创新进入密集活跃期，加速走向自动化、数字化、网络化、智能化，新技术、新产业、新模式、新产品大规模涌现，深刻影响着全球的科技创新版图、产业生态格局和经济发展走向。历次产业革命均伴随着基础设施的升级，以相应时代的"新型"基础设施建设为标志和必要条件，如同农田水利、交通能源等分别成为前几次产业革命的关键基础设施一样，数字经济和第四次工业革命需要以强大的新型基础设施为基石。无疑，以算力基础设施为代表的新型基础设施已成为驱动数字经济和新一轮产业革命的关键基石。

近年来，国家高度重视算力基础设施的建设发展，一体化发展、新型数据中心、算力基础设施等概念相继被提出。2020年4月，国家发展和改革委员会首次对"新基建"的具体含义进行了阐述，信息基础设施是"新基建"之一，是基于新一代信息技术演化生成的基础设施，包含以数据中心、智算中心、超算中心为代表的算力基础设施等。

算力基础设施是承载算力的物理实体，关系到数据的计算、存储、传输环节，其建设及应用水平反映的是现代社会信息化、数字化、智能化程度，重要性可见一斑。目前，算力基础设施产业链包括上游的算力设备设施制造者、中游的算力提供与服务者、下游的算力使用者。本书将介绍算力基础设施产业链的全貌，分析产业链各环节的产业、技术发展现状和趋势。

我国算力基础设施的发展尚处于初期阶段，还有很多路要走，还有很多的技术和产业问题需要思考与解决。本书所涉及图谱的内容同步公布在"国家新型数据中心推进计划"官网，感兴趣的读者可自行在线上浏览。

虽然本书基于很多已有的研究成果，例如《全国数据中心应用发展指引》《数据中心白皮书》《中国数据中心第三方运营商分析报告》《我国典型地区数据中心网络性能分析报告》等，但由于整个算力设施产业链长、涉及面广，所以本书可能还存在疏漏和不足之处，希望各位读者批评指正。

如果有意见或建议，请联系中国信息通信研究院云计算与大数据研究所数据中心研究团队，联系方式为 dceco@caict.ac.cn。

目录

第 1 部分　概述

第一章　算力设施产业总图谱　　　　　　　　　　　3

第二章　国内外产业发展现状　　　　　　　　　　　7

　2.1　我国算力设施产业发展现状　　　　　　　　7

　　2.1.1　市场规模　　　　　　　　　　　　　　7

　　2.1.2　竞争态势　　　　　　　　　　　　　　8

　　2.1.3　区域分布格局　　　　　　　　　　　　10

　2.2　国际算力设施产业发展现状　　　　　　　　13

　　2.2.1　市场规模　　　　　　　　　　　　　　13

　　2.2.2　竞争态势　　　　　　　　　　　　　　15

　　2.2.3　区域分布格局　　　　　　　　　　　　16

第三章　国内外政策环境分析　　　　　　　　　　　19

　3.1　我国算力基础设施政策　　　　　　　　　　19

　　3.1.1　布局规划　　　　　　　　　　　　　　20

　　3.1.2　建设指引　　　　　　　　　　　　　　24

　　3.1.3　示范引领　　　　　　　　　　　　　　31

　3.2　国外算力基础设施政策　　　　　　　　　　33

第四章　国内外技术发展分析　　37

4.1　基础设施技术　　37

  4.1.1　新能源与储能技术　　37

  4.1.2　液冷技术　　38

  4.1.3　水回收、热回收技术　　39

  4.1.4　智能运维技术　　40

  4.1.5　数据中心预制化　　41

4.2　IT设备技术　　42

  4.2.1　高密度服务器　　42

  4.2.2　AI服务器　　43

  4.2.3　NVMe-oF　　43

4.3　网络技术　　44

  4.3.1　数据中心"三网合一"　　44

  4.3.2　可编程网络　　45

  4.3.3　算网协同　　45

4.4　边缘数据中心技术　　46

4.5　超算中心技术　　47

4.6　智能计算中心技术　　48

第 2 部分　算力基础设施产业链上游

第五章　底层基础设施　　53

5.1　供配电　　53

  5.1.1　变压器与配电柜　　53

  5.1.2　不间断电源　　56

  5.1.3　后备电池与柴油发电机　　62

  5.1.4　电力模块　　65

5.2　散热制冷　　70

  5.2.1　风冷系统　　70

  5.2.2　冷冻水冷却系统　　74

5.2.3 间接蒸发冷却系统   77

5.2.4 新型氟泵系统   82

5.2.5 液体冷却系统   86

5.3 其他解决方案   93

5.3.1 微模块   93

5.3.2 预制模块化数据中心   99

第六章   IT 及网络设备   105

6.1 服务器   105

6.1.1 领域图谱   105

6.1.2 发展现状   106

6.1.3 发展趋势   108

6.2 存储   110

6.2.1 存储阵列   112

6.2.2 分布式存储   119

6.2.3 超融合   121

6.2.4 冷存储   125

6.3 交换机   132

6.3.1 领域图谱   132

6.3.2 发展现状   132

6.3.3 发展趋势   135

6.4 光纤通信设备   137

6.4.1 领域图谱   137

6.4.2 发展现状   137

6.4.3 发展趋势   139

第七章   管理及软件   141

7.1 动环监控系统与楼宇自控系统   141

7.1.1 领域图谱   141

7.1.2 发展现状   142

7.1.3 发展趋势   144

7.2　基础设施管理系统　145

　　7.2.1　领域图谱　145

　　7.2.2　发展现状　146

　　7.2.3　发展趋势　148

第 3 部分　算力基础设施产业链中游

第八章　电信运营商　153

8.1　领域图谱　153

8.2　发展现状　153

8.3　发展趋势　156

第九章　第三方数据中心运营商　159

9.1　领域图谱　159

9.2　发展现状　159

　　9.2.1　市场现状　159

　　9.2.2　经营特点　162

　　9.2.3　建设特点　164

9.3　发展趋势　165

第十章　云厂商　169

10.1　领域图谱　169

10.2　发展现状　169

　　10.2.1　布局建设　169

　　10.2.2　自研情况　171

10.3　发展趋势　172

第十一章　新进入者　173

11.1　领域图谱　173

11.2　发展现状　173

11.3　发展趋势　175

第 4 部分　算力基础设施产业链下游

第十二章　云计算　179

12.1　领域图谱　179

12.2　发展现状　180

12.2.1　市场现状　180

12.2.2　需求特征　181

12.2.3　建设方式选择　182

12.3　发展趋势　183

第十三章　互联网　185

13.1　领域图谱　185

13.1.1　网络销售类　186

13.1.2　生活服务类　186

13.1.3　社交娱乐类　187

13.1.4　信息资讯类　187

13.2　发展现状　188

13.2.1　市场现状　188

13.2.2　需求特征　189

13.2.3　建设方式选择　190

13.3　发展趋势　192

13.3.1　企业布局趋势　192

13.3.2　市场趋势　192

第十四章　金融　193

14.1　领域图谱　193

14.1.1　银行类　193

14.1.2　证券基金类　194

14.1.3　保险类　195

14.2　发展现状　195

14.2.1 市场现状 195

14.2.2 需求特征 196

14.2.3 建设方式选择 196

14.3 发展趋势 197

第十五章 政府 **199**

15.1 发展现状 199

15.1.1 市场现状 199

15.1.2 需求特征 200

15.1.3 建设方式选择 201

15.2 发展趋势 201

15.2.1 政府布局趋势 201

15.2.2 市场趋势 201

第十六章 工业行业 **203**

16.1 发展现状 203

16.1.1 市场现状 203

16.1.2 需求特征 205

16.2 发展趋势 205

第 5 部分 未来部分

第十七章 总结与展望 **209**

17.1 产业链面临的挑战和机遇 209

17.2 产业链发展趋势分析 211

附录 "零碳算力共建计划"数据中心低碳产品与解决方案

参考文献

第 1 部分
概　述

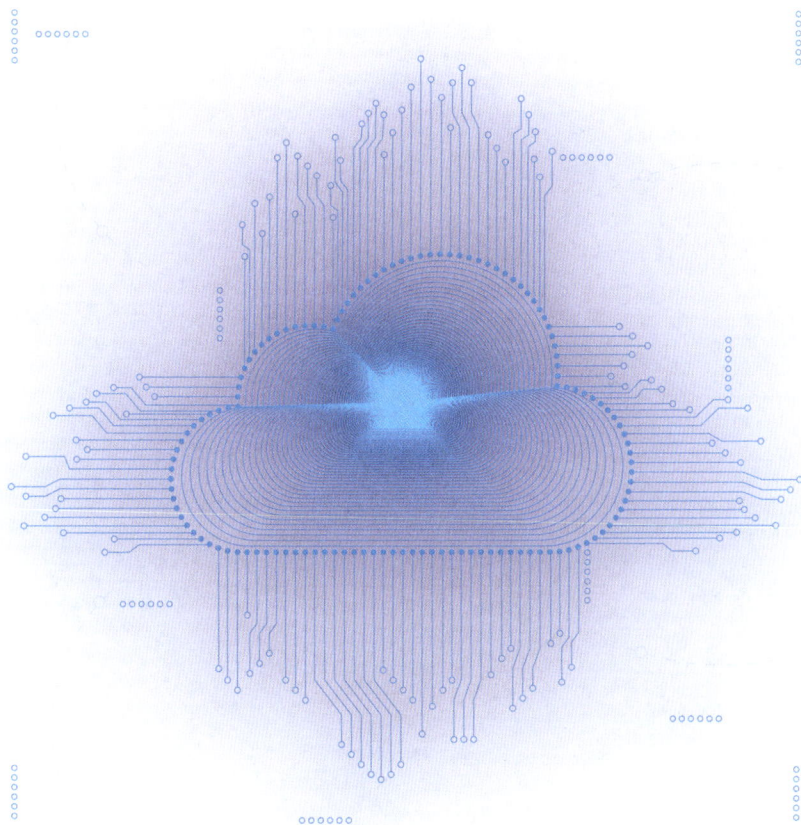

第一章
算力设施产业总图谱

当前，云计算、人工智能、大数据等新一代信息技术快速发展，信息技术与传统产业加速融合，数字经济蓬勃发展。算力基础设施作为各个行业信息系统运行的算力载体，已成为经济社会运行不可或缺的关键基础设施，在数字经济发展中扮演着至关重要的角色。我国高度重视算力基础设施产业的发展。2020年3月4日，中共中央政治局常务委员会会议提出"加快数据中心等新型基础设施建设进度"，多个地方政府陆续出台推动算力基础设施发展的相关政策，优化产业发展环境。

算力基础设施含义丰富，狭义上是指算力生产资源，主要以算力资源为主体，包括底层设施、算力资源、管理平台和应用服务。考虑到算力本身硬件、操作系统、数据库的产业生态，算力资源与网络传输的相互协同，算力服务与社会发展的相互促进，广义上的算力基础设施不仅包含计算资源、存储资源、网络资源，还包含助力算力应用的数字技术，通过云服务方式、网络基础设施对外提供服务，满足我国经济社会数字化转型的需求，满足算力多元化供给、便捷化连接、普惠化使用的现实需要。

在算力基础设施的支撑下，我国电子商务、平台经济、共享经济等数字化新模式接替涌现，工业互联网、智能制造等发展全面加速，为我国产业数字化持续健康发展注入强劲动力。其中，以数据中心为核心代表的算力基础设施随着经济社会的不断信息化得到了快速发展，为推进网络强国、数字中国建设贡献了重要力量，为工业生产、社会民生等多领域提供了重要支撑。

为了更好地界定算力基础设施的范畴，我们需要明确其内涵及发展路径，从而进一步研究算力基础设施产业关键环节的发展情况及发展方向，详细深入地进行产业图谱的研究绘制。

算力基础设施产业范围广、领域宽、链条长，吸引众多企业涌入。在如此长的产业链条中，每个环节都有相应的企业，积极构建生态圈。算力基础设施产业链主要包括产业链上游底层基础设施、IT及网络设备商、管理与软件厂商，中游算力基础设施建设者和服务商，以及下游的各行业应用客户。本节选取各环节具有代表性的企业，形成算力基础设施产业图谱（2021）。算力基础设施产业图谱（2021）如图1-1所示。

图1-1 算力基础设施产业图谱（2021）

产业链上游主要为算力基础设施建设提供基础设施或条件，其中设备商提供基础设施和信息与通信技术（Information and Communications Technology，ICT）

设备，分别为底层基础设施（供配电系统、散热制冷系统及其他解决方案等）和IT及网络设备（交换机、服务器、存储、光纤通信设备），而软件服务商提供数据中心管理系统（动环监控系统及楼宇自控系统、数据中心基础设施管理系统等）。另外，产业链上游还包括土建方和网络运营商等，土建方负责建筑的建设，网络运营商提供网络接入及机房节点租用等网络服务。

产业链中游主要是服务商，包括三大电信运营商、第三方中立互联网数据中心（Internet Data Center，IDC）服务商、云计算厂商，以及从各个行业涌入的新进入者。产业链中游整合上游资源，建设高效稳定的算力基础设施，是产业链的核心角色。

产业链下游主要是算力基础设施的使用者，包括云计算企业、互联网企业与其他行业用户（例如金融机构、政府、工业用户等）。云计算企业主要通过虚拟化资源为客户提供灵活的资源分配和调度服务获取收入，而其他企业通过部署托管服务器集群或者租用服务器为自有业务提供技术服务。

第二章
国内外产业发展现状

2.1 我国算力设施产业发展现状

2.1.1 市场规模

我国数据中心市场规模平稳增长，大型及以上数据中心成为增长主力。开放数据中心委员会（Open Data Center Committee，ODCC）统计数据显示，我国总机架规模、大型及以上数据中心机架规模均呈现高增长态势。总机架数量从 2016年的 124 万架增至 2021 年的 520 万架，大型及以上数据中心机架数量从 2016 年的 49 万架增至 2020 年的 420 万架。近 5 年机架总体数量的年均复合增速达到30% 以上，大型及以上数据中心机架数量的增长更为迅速，机架规模占比达到80%。综上所述，我国数据中心市场整体增长较为平稳，其中大型及以上数据中心是市场增长的主力。我国数据中心机架规模如图 2-1 所示。

未来，我国数据中心绿色化、集约化发展趋势将更加明朗，受能效限制政策及绿色低碳数据中心建设目标影响，数据中心将不再仅以机架数量评价规模大小，同时，其建设质量也将在市场中接受考验，淘汰高能耗、低质量的产品，进一步强调高质量发展。工业和信息化部《新型数据中心发展三年行动计划（2021—2023 年）》中首次提出算力指标，指出"到 2023 年年底，全国数据中心机架规模年均增速保持在 20% 左右，平均利用率力争提升到 60% 以上，总算力超过 200EFLOPS，高性能算力占比达到 10%"。

图 2-1 我国数据中心机架规模

智算中心方面，随着人工智能算力需求的增加和"新基建"政策的推动，智算中心的计算能力呈指数级增长。在"AI 算力进入需求加速期，传统算力受效率、功耗和成本的限制提升缓慢，用于 AI 专属计算性价比较低"的局面下，以 AI 服务器为核心的基础设施、以提供 AI 算力为主的智算中心等新形态不断涌现。**超算中心方面**，随着产业升级和企业数字化转型加快，高性能算力需求愈加旺盛，超算中心也将在"十四五"期间迎来新发展阶段。**边缘数据中心方面**，未来，随着制造业的信息化发展及工业互联网建设的推进，对边缘算力的需求将日益迫切，边缘数据中心将成为算力基础设施未来市场增长的内生动力。算力基础设施规模增速如图 2-2 所示。

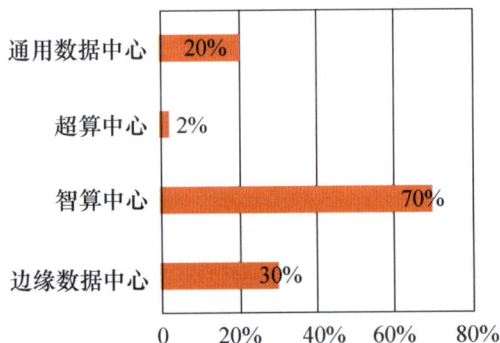

图 2-2 算力基础设施规模增速

2.1.2　竞争态势

我国不同类型的算力基础设施在建设运营主体、建设模式、运营模式、面向对象及算力类型方面各有不同。数据中心主要面向各类企业、政府机构，以提供通用算力为主，因其历经的发展周期最长，市场竞争也最为激烈。

从建设使用方看，**基础电信运营商和第三方服务商是我国数据中心的主要参与者**。数据中心建设受 IDC 运营资质、网络部署、能耗指标、资源（电力、用水、土地等）等条件的限制，对投资运营主体的要求较高。目前，我国三大基础电信运营商仍占据 IDC 的主要市场，截至 2020 年，三大基础电信运营商共占我国 IDC 市场的份额约为 54%，其中中国电信占比最高，约为 24%。另外，第三方服务商是基础电信运营商以外的重要组成部分。第三方服务商的龙头效应显著，《中国数据中心第三方运营商分析报告（2022）》显示，我国 Top10 第三方服务商是万国数据、数据港、世纪互联、秦淮数据、光环新网、中金数据、科华数据、浩云长盛、中联数据和有孚网络。另外，我国还存在大量经营数据中心业务的中小企业，它们的实力同样不可小觑。在"新基建"的带动下，云计算、人工智能、金融科技、智慧医疗等新兴产业规模将持续扩大，对数据中心的需求将越来越高，更多的投资和运营主体涌入，例如转型的钢铁企业、房地产企业、数据中心设备商等，市场竞争愈发激烈。

从建设模式看，**数据中心自建模式热度略减，基于对风险分担、整合资源等维度的考虑，数据中心合建模式越来越多**。2020 年，在"新基建"相关政策和企业业务需求增长的双重驱动下，除了大型互联网企业，具备现金流及盈利能力支持的云计算厂商及新生代互联网公司积极响应国家号召，寻找未来业务的增长点，加入数据中心自建大军。云服务、电商、视频等应用市场竞争已进入白热化阶段，为了提高自身服务品质、保障数据安全、控制基础设施成本，同时基于长远的技术、业务发展需要，大型互联网企业逐渐规划自建数据中心，成为大数据中心持有和运营主体。在建设模式上，大型互联网企业除了自建、自运维数据中心，还与电信运营商、第三方服务商合作建设，以期充分发挥电信运营商的网络带宽优势、第三方服务商的运维服务优势、大型互联网企业的技术应用优势，同时整合土地、电力、能耗、带宽等资源，减轻资金投入压力和销售压力，提高建设和运维效率、降低投资风险、缩短回报期。在智算中心方面，智算中心主要面向 AI 企业、科研院所和政府机构等，以提供 AI 算力为主，其建设主体主要是政府机构、高校和 AI 企业。在超算中心方面，超算中心主要面向国家重点项目或者科研单位，主要以提供高性能算力为主。在边缘数据中心方面，边缘数据中心主要面向各类企业和个人，提供低时延算力。算力基础设施建设参与者见表2-1。

表 2-1 算力基础设施建设参与者

类型	建设运营主体	建设模式	运营模式	面向对象	算力类型
超算中心	政府机构、高校	行业组织自建；地方政府与科研机构或者设备厂商合建	政府主导	国家重点项目、科研单位	高性能算力
数据中心	电信运营商、第三方服务商，以及互联网企业	电信运营商、第三方服务商、互联网企业自建；互联网企业与电信运营商或第三方服务商合建	市场化运作	各类企业、政府机构	通用算力
智算中心	政府机构、高校、AI 企业	AI 领军企业自建；AI 领军企业和政府合建；科研院所自建	政府主导和市场化运作	AI 企业、科研院所、政府机构等	AI 算力
边缘数据中心	电信运营商、互联网企业、工业企业	电信运营商、互联网企业、工业企业等自建	市场化运作或企业自用	各类企业、个人	低时延算力

2.1.3　区域分布格局

分阶段回顾数据中心行业 10 余年的高速发展历程，以政策为引导，数据中心热点城市与周边协同发展的格局初步形成。**2005—2009 年为初步发展阶段**。大部分数据中心分布在北京、上海、广州，平均每个数据中心仅拥有不到 300 个机柜，规模较小。**2010—2012 年为遍地开花阶段**。由于国家对战略性新兴产业的推动和 3G 的规模商用，数据中心迎来大量投资，在一线城市及东南沿海经济发达地区遍地开花。**2013—2016 年为行业引导阶段**。2013 年工业和信息化部印发了《关于数据中心建设布局的指导意见》，将我国数据中心建设区域划分为 4 类地区，鼓励新建大型、超大型数据中心，特别是以灾备等实时性要求不高的应用为主的数据中心，重点考虑气候环境、能源供给等要素进行选址布局，优先在能源充足、气候适宜的一、二类地区建设。在政策指引下，贵州、内蒙古、宁夏等能源充足、气候适宜的地区积极布局数据中心，有力促进了我国数据中心产业整体布局优化。**2017—2020 年为优化发展阶段**。为了引导各区域数据中心统筹协调、提升应用水平，指引用户从全国数据中心资源中合理选择，工业和信息化部信息通信发展司编制出版了《全国数据中心应用发展指引（2017）》，首次公布了全国数据中心的总体情况，针对六大区域（北京及周边地区、上海及周边地区、广州－深圳及周边地区、中部地区、西部地区、东北地区）进行了详细的建设应用统计分析，并提出了各区域数据中心布局引导方向和用户选择数据中心的方法指引，为各区域开展数据中心建设规划、用户科学合理地选择数据中心做参考。在《全国数据中心应用发展指引》的指导下，数据中心已初步形成热点城市与周边城市协同发展的格局。

2020 年至今为强化发展阶段。国家发展和改革委员会、工业和信息化部等印发《关于加快构建全国一体化大数据中心协同创新体系的指导意见》《全国一体化大数据中心协同创新体系算力枢纽实施方案》《国家发展改革委等部门关于严格能效约束推动重点领域节能降碳的若干意见》，在明确八大节点的基础上，提出"新建大型、超大型数据中心原则上布局在国家枢纽节点数据中心集群范围内""对于在国家枢纽节点之外新建的数据中心，地方政府不得给予土地、财税等方面的优惠政策"。政策趋严推动了大型数据中心在八大节点内的集约化建设，并进一步明确了优化数据中心总体建设布局的严控措施。

在智算中心方面，我国各地掀起智算中心"落地潮"，政府、AI 企业成为建设主力军，多个地方政府加快智算中心建设，希望算力建设能带动人工智能等产业的发展。北京、上海等地在"新基建"行动方案中明确提出支持建设智算中心。截至 2021 年年底，公开资料显示，我国 18 个智算中心分布在上海、辽宁、广东、安徽等地。各省（自治区、直辖市）智算中心数量统计见表 2-2。

表 2-2　各省（自治区、直辖市）智算中心数量统计

序号	省（自治区、直辖市）	个数/个	序号	省（自治区、直辖市）	个数/个
1	上海	2	8	山西	1
2	辽宁	2	9	内蒙古	1
3	广东	2	10	江苏	1
4	安徽	2	11	湖南	1
5	重庆	1	12	湖北	1
6	四川	1	13	河南	1
7	陕西	1	14	北京	1

在超算中心方面，我国已有 8 个国家级超算中心落成，"十四五"末将实现 E 级超算。按照国家相关规划，我国已建成八大国家级超算中心，各地方、各行业、各高校也在积极推进建设高水平超算中心。未来我国将建成 12 个国家级超算中心，"十四五"期间我国也将实现 10 E 级超算系统的研发和应用。国家超算中心总体建设

部署情况见表 2-3。

表 2-3　国家超算中心总体建设部署情况

序号	国家超算中心名称	业务领域	硬件/平台资源
1	国家超级计算天津中心	高性能计算、云计算、大数据与人工智能	"天河一号"超级计算机系统、"天河三号"原型机
2	国家超级计算广州中心	天文地球物理、大气海洋环境、工业设计制造、新能源新材料、生物医疗健康、智慧城市云计算	天河星光云超算平台
3	国家超级计算深圳中心	工程、生物医药、抗疫、气象等	高性能计算平台、云计算平台
4	国家超级计算长沙中心	基础科学研究、时空地理信息、生物医药与智能医疗、气象、工程仿真、网络舆情和金融大数据、智慧城市云平台	"天河"超级计算机系统
5	国家超级计算无锡中心	科学与工程计算、云计算与大数据处理、应用软件开发与优化、高性能计算加速、应用云管理、工业CAE[1]、气象、AI	神威·太湖之光超级计算机系统、商用辅助计算系统
6	国家超级计算郑州中心	数字经济、社会管理、精准医学、生物育种、生态环境、高端装备、人工智能、国土资源管理	云计算平台、高性能计算集群管理调度平台、人工智能平台、专业的在线运维平台
7	国家超级计算济南中心	海洋气象、生物医药、物理化学、工业领域	申威 SW1600 处理器
8	国家超级计算昆山中心	人工智能、生物医药、物理化学材料、大气海洋环境等前沿科学领域	曙光全浸没液冷服务器

注：1. CAE（Computer Aided Engineering，计算机辅助工程）。

在边缘数据中心方面，我国仍处于探索起步阶段。针对不同的应用场景，边缘数据中心的部署形态不同，例如一体柜、微模块、集装箱等。一体柜常用的是 24U 或 42U 的规格，可容纳多台服务器，占地面积小，可由工厂预制，客户按需采购部署，现场插电即可使用，它可在部分车联网、智慧城市、视频监控等场景中应用。微模块产品是由一排或两排机架在封闭通道中形成的小型机架集群，机架集群由不间断电源（Uninterruptible Power Supply，UPS）或配电柜、近端制冷设备、监控、IT 设备等组成，具有独立的供配电、制冷、监控、布线、安防等系统。微模块产品具有规模灵活、预制化及快速上线等特性，适用于对时延要求高的计算类边缘数据中心的部署及使用。目前，国内外企业对边缘数据中心的探索和部署，大多采用模块化方式，例如，Vapor IO 公司的边缘数据中心采用集装箱的形式，内部部署高密度 IT 机架，可以支持高达 150kW 的电力容量；Edge Micro 公司在蜂窝塔等地点部署数百个模块化数据中心，可灵活提供边缘算力所需的机架规模；腾讯在 2020 年 10 月开放了第一个边缘计算中心，通过搭建自研 Mini T-block 技术，将若干个 IT 机柜、配电设备、冷却设备，以及网络、布线、消控等设备和模块集成于同一单位体积内。未来，随着制造业的信息化发展及工业互联网的建设推进，边缘数据中心将掀起建设热潮，因此亟须加快完善标准体系，按需规划部署。

2.2　国际算力设施产业发展现状

2.2.1　市场规模

全球数据中心规模持续增长，增速有所放缓。按照机架规模进行统计测算，折合平均单机架功率为 6kW，2020 年全球数据中心机架数量达到 770 万架，机架总体规模平稳增长，但增速较之前有所减缓，预计未来几年机架总体规模仍保持平稳增长，平均单机架功率持续提升，全球数据中心机架数量统计情况及预测如图 2-3 所示。

图 2-3　全球数据中心机架数量统计情况及预测

13

在 IDC 市场收入方面，据估计，2020 年全球 IDC 市场规模达到 618.7 亿美元，较 2019 年增长 9.2%，2021 年达到 679.3 亿美元，市场收入增速总体保持平稳，全球 IDC 市场收入及增速如图 2-4 所示。

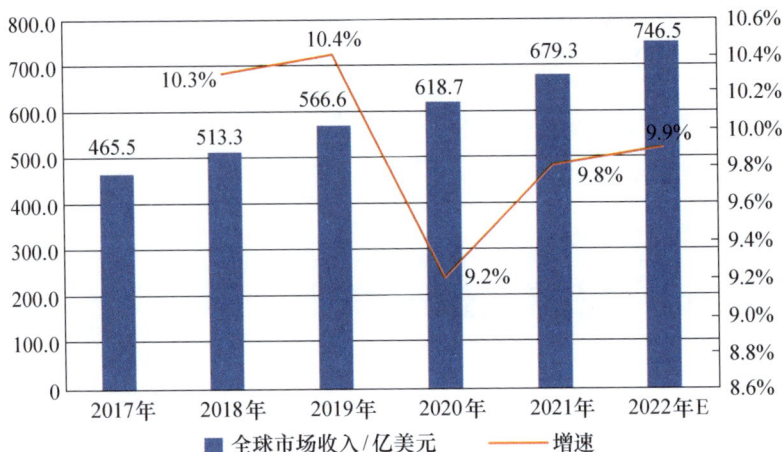

数据来源：中国信息通信研究院

图 2-4 全球 IDC 市场收入及增速

国外 AI 算力建设应用相对成熟，以国际互联网头部企业建设为主，主要用于市场服务。美国互联网企业的 AI 算力主要部署于数据中心内，通过云平台对外提供，服务水平处于国际前列，例如微软、谷歌、亚马逊和 Facebook。2019 年，微软联合 OPEN AI 实验室投资 10 亿美元搭建 AI 计算平台，此平台应用领域广泛。2021 年，谷歌云推出 TPU[1] v4 Pods（整合 4096 个定制 AI 芯片的第 4 代 TPU），部署在其数据中心内，AI 算力超过数十 EFLOPS，并且以 90% 或接近 90% 的无碳能源运行。另外，国外（例如美国、德国、英国、瑞士等）也积极筹建智算中心，主要用于科研。

美国推进"国家战略性计算计划"（National Strategic Computing Initiative, NSCI）。高性能计算（High Performance Computing，HPC）技术对于提高国家的全球经济竞争力和科学研究必不可少。为应对日益增多的计算需求、不断产生的技术挑战，以及持续增长的国际竞争，美国于 2015 年启动了"国家战略性计算计划"（NSCI），同时投资工业部门与研究机构，希望创造一个凝聚多方力量的发

---

1 TPU（Tensor Processing Unit，张量处理器）。

展平台。2016 年，NSCI 提出了 5 项战略目标，分别为：加快可实际使用的百亿亿次计算系统的交付；加强建模及仿真技术与数据分析计算技术的融合；未来 15 年，为未来的 HPC 系统甚至后摩尔时代的计算系统研发开辟一条可行途径；实施整体方案，综合考虑联网技术、工作流、向下扩展、基础算法与软件、可访问性、劳动力发展等诸多因素的影响，提升可持续国家 HPC 生态系统的能力；创建一个可持续的公私合作关系，确保 HPC 研发的利益最大化，实现美国政府、产业界、学术界间的利益共享。2019 年，美国对 HPC 系统发展的成果进行了总结，同时更新了战略目标，三大战略目标分别为开拓数字世界与非数字世界间的新领域，推进计算基础设施和生态系统的发展，建立并扩大合作伙伴关系。

全球超算中心市场规模逐步扩张。近年来，超算技术不断取得突破，IT 行业迅速扩张，对混合高性能计算解决方案的需求增长推动了超算市场规模快速增长。HPC 系统以更快的速度和更高的精度促使政府机构、国防机构、学术机构、能源企业和金融企业等对其的使用量增加。2020 年，受全球新冠肺炎疫情的影响，部分 HPC 商家延迟产品出货或者工厂暂时关闭，超算行业市场规模略有下降。HPC 应用系统逐渐扩大到领域专用和行业通用，部分超算中心也逐渐向行业商用化演变。

2.2.2　竞争态势

依靠专业的主机托管及基础设施管理经验，第三方 IDC 运营商已经成为全球数据中心产业的主导者。Equinix、Digital Realty Trust、中国电信、中国联通、Century Link 和 NTT Communications 等公司均是全球知名的第三方 IDC 运营商，其中 Equinix 是全球最大的第三方 IDC 运营商，在全球三大核心大区（美洲，欧洲、中东、非洲，亚太）拥有 52 个可用区及近 30 万个互联节点，运营数据中心超过 200 个；Digital Realty Trust 在全球 26 个国家拥有 50 个可用区，运营数据中心超过 280 个。我国第三方数据中心运营商起步较晚，数据中心市场主要由中国电信、中国联通及中国移动三大电信运营商主导，世纪互联、万国数据、光环新网等第三方运营商紧随其后。第三方运营商依靠资金及技术优势在全球范围内加快数据中心的建设及并购，专业化的主机托管服务解决了企业自建数据中心带来的容量配置不合理、建设运维成本高及数据安全保障不足等问题。近年来，头部运营商

（例如 Equinix、Digital Realty Trust 等）不再满足于主机托管服务，开始向互联服务及混合云等方向发力，这将为第三方运营商的发展带来更大的市场空间。

云计算已经成为全球 IDC 行业发展的主要驱动力，云厂商不断加强对数据中心的投资和部署。根据 Synergy Research Group 的最新数据，2020 年全球新增的超大规模数据中心中，亚马逊、谷歌的数据中心占据一半；现存超大规模数据中心中，亚马逊、微软、谷歌的数据中心数量占比超过 50%，甲骨文、阿里巴巴等云厂商占比同样较大。亚马逊、微软、谷歌的数据中心并非完全自建，其中约有 70% 的超大规模数据中心从第三方运营商（例如 Equinix、Digital）处租赁，或与合作伙伴共建。

2.2.3 区域分布格局

在区域分布方面，北美、亚太、西欧仍然是当前世界数据中心聚集度较高的区域，这三大地区数据中心的全球占比超过 90%，北美作为全球高科技产业中心，其通信基础设施建设完备，数据流量需求较高，在数据中心占比方面曾经长期位列全球第一。受中国、日本等国家数字经济高速发展的影响，亚太地区数据中心规模正在快速增大，2020 年亚太地区数据中心全球占比略超北美，成为全球数据中心产业的重要增长极。全球 IDC 市场份额占比如图 2-5 所示。

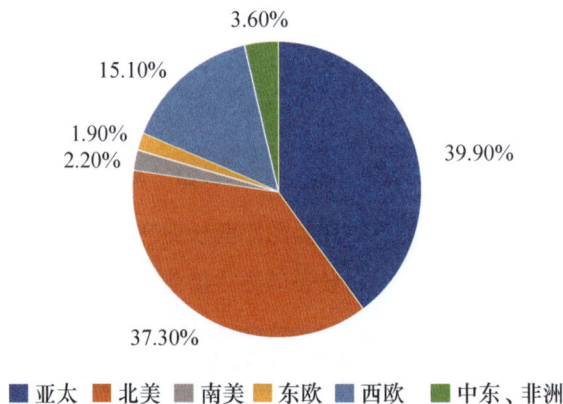

图 2-5 全球 IDC 市场份额占比

北美地区是全球数据中心分布的热点区域之一。目前，美洲地区主要聚焦美国市场，重点分布在弗吉尼亚北部、达拉斯、芝加哥、菲尼克斯（又称凤凰城）、纽约、亚特兰大等区域。亚太地区视频会议、在线教育、娱乐、社交网络、远程支持等行业对数据中心需求的提升，使亚太地区的数据中心市场规模发展势头迅猛。目前，亚太地区主要聚焦中国（含中国香港）、新加坡、日本。DCP（Data Centre Pricing）公司发布的统计数据提供了亚太地区 11 个主要国家和地区的数据中心增建面积，亚太地区数据中心新增建设面积占比情况（截至 2021 年年初）如图 2-6 所示，从中可看出我国拥有亚太地区最大的数据中心市场，日本、澳大利亚、新加坡紧随其后，增建面积占比都在 10% 左右。

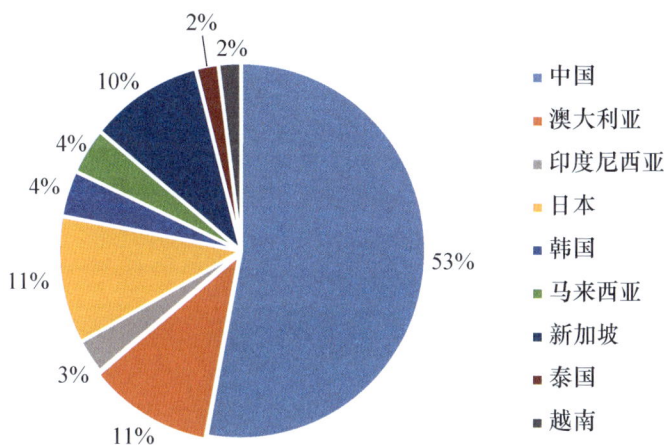

图 2-6　亚太地区数据中心新增建设面积占比情况（截至 2021 年年初）

日本的机器人、数控装备等数字产业发展迅猛，带动数据存储需求激增，且日本政府大力支持国内外企业在日本设立数据中心，推动日本数据中心产业持续发展。**日本数据中心资源主要集中在东京、大阪和名古屋，合计占比达 78%**。新加坡已成为投资建设东南亚地区的不二之选，投资者包括互联网企业和数据中心提供商，**目前新加坡数据中心以头部云厂商自建为主，市场空间仍有少量剩余**。澳大利亚数据中心市场近期被头部企业重新洗牌，Equinix 公司收购了 Metronode，而 Metronode 在澳大利亚拥有 10 家数据中心且买入了 AirTrunk 公司的大部分股权。

欧洲数据中心市场高速发展，目前欧洲地区主要聚焦荷兰、德国等市场的发展。荷兰因其得天独厚的地理优势和优异的网络资源吸引了众多跨国公司和上百家商业数据中心。荷兰数据中心资源主要集中在阿姆斯特丹，其作为欧洲的骨干网络节点之一，成为超大规模数据中心建设的聚焦之地。但土地和电力资源的限制导致了当地政府对新建数据中心限制严格，预计这会推动数据中心向荷兰二线地区发展。作为欧洲第二大数据中心托管市场，德国的数据中心市场相对集中，约 90% 的数据中心分布在法兰克福。良好的市场发展环境、互联网流量的汇聚中心，使法兰克福成为欧洲大陆最大的数据中心托管提供商之一，是数据中心服务提供商理想的投资建设地点，吸引了 Equinix、DRT 等海外领先的数据中心服务提供商来此投资。由于法兰克福市场对新建的数据中心监管趋严，数据中心资源布局将受到一定程度的影响，后续法兰克福市场或将保持供不应求的状态。

第三章
国内外政策环境分析

3.1 我国算力基础设施政策

现代社会的正常运作离不开数据要素的参与，教育、金融、通信、零售和社交网络每天会产生和处理大量信息，这些产生和利用数据的业务需要数据中心来支撑。近年来，国家发展和改革委员会、工业与信息化部高度重视数据中心建设布局和高质量发展，重点开展了以下工作：一是国家发展和改革委员会联合工业和信息化部等部门印发《关于加快构建全国一体化大数据中心协同创新体系的指导意见》《全国一体化大数据中心协同创新体系算力枢纽实施方案》《贯彻落实碳达峰碳中和目标要求 推动数据中心和 5G 等新型基础设施绿色高质量发展实施方案》，加强国家层面顶层设计，强化数据中心、云算力的统筹和数据资源的流通治理，助力实现"碳达峰"总体目标，为实现"碳中和"奠定坚实基础。二是工业和信息化部研究出台了《新型数据中心发展三年行动计划（2021—2023 年）》，分阶段制定了产业发展目标，着力推动传统数据中心向具有高技术、高算力、高能效、高安全等特征的新型数据中心发展。三是 2018—2021 年，工业和信息化部连续编制出版《全国数据中心应用发展指引》，引导数据中心从东部热点地区向中西部地区转移，促进数据中心区域协调发展和供需对接。四是工业和信息化部组织开展国家新型工业化产业示范基地（数据中心）、国家新型数据中心名单、国家绿色数据中心名单创建工作，目前已批复数据中心类示范基地 11 个，通过示范基地创建不断提升全国数据中心建设和应用发展水平。

3.1.1 布局规划

1. 发展指引

随着新一代信息技术的快速发展，信息技术与传统产业加速融合，数字经济蓬勃发展，数据中心已成为各个行业信息系统运行不可或缺的关键基础设施。

党中央、国务院高度重视数据中心产业发展，2018 年至今出台了各项引导产业发展的政策。工业和信息化部信息通信发展司从 2018 年到 2021 年 4 次编制出版《全国数据中心应用发展指引》，引导全国数据中心资源的合理配置，《全国数据中心应用发展指引》如图 3-1 所示，旨在根据用户需求和区域数据中心供给的实际情况，系统地做好供需对接，提升数据中心的使用效率和应用水平。用户可根据业务需求，结合《全国数据中心应用发展指引》提供的重点考虑因素及参考数据，科学合理选择数据中心资源。

图 3-1 《全国数据中心应用发展指引》

在《全国数据中心应用发展指引》的引导下，北京、上海、广州、深圳等一线城市的部分应用需求逐步向周边地区和中西部地区转移，"一架难求"的局面逐渐得到缓解，同时一线城市周边及中西部地区通过发展数据中心产业，推动了当地数字经济及信息化产业的发展。

2.行动计划

工业和信息化部印发《新型数据中心发展三年行动计划（2021—2023 年）》（以下简称《行动计划》），推进新型数据中心发展，构建以新型数据中心为核心的智能算力生态体系。《行动计划》结合数据中心布局建设不优、算力算效不足、能源利用率和技术水平不高等问题，确定了 2021—2023 年未来 3 年基本形成布局合理、技术先进、绿色低碳、算力规模与数字经济增长相适应的新型数据中心发展格局。根据"统筹协调，均衡有序；需求牵引，深化协同；分类引导，互促互补；创新驱动，产业升级；绿色低碳，安全可靠"的基本原则，分阶段制定了发展目标，提出了建设布局优化行动、网络质量升级行动、算力提升赋能行动、产业链稳固增强行动、绿色低碳发展行动、安全可靠保障行动 6 个专项行动，其中包括 20 个具体任务和 6 个工程，着力推动新型数据中心发展。

《行动计划》出台后，各地政府结合当地需求和产业特色，纷纷出台新型数据中心相关政策和规划，基础电信运营商、互联网企业、第三方数据中心运营商、设备厂商、研究机构等也加快技术创新和标准规范研究，助推新型数据中心建设和应用落地。

2021 年 10 月 18 日，山东省发布《关于加快构建山东省一体化大数据中心协同创新体系的实施意见》。同时，山东省大数据局联合省内主要委办局制定了新型数据中心试点建设工作方案和创建标准，山东省是全国首个出台省级新型数据中心标准、开展试点创建工作的省份，发挥了示范带动作用。

2021 年 11 月 13 日，云南省工业和信息化厅印发《云南省"十四五"大数据中心发展规划》，统筹云南省大数据中心总体布局，促进发展与规范管理并重，提升数据汇聚服务能力，构建云南省大数据中心一体化新型算力体系。

2021 年 11 月 23 日，甘肃省印发《甘肃省数据中心建设指引》，为落实新型数据中心相关发展目标，该文件提出电能利用效率（Power Usage Effectiveness，PUE）、上架率、算力、绿色等级等数据中心建设目标及标准，力争形成布局合理、技术先进、绿色集约、低碳发展的"一核两翼六中心"一体化发展格局。

2021 年 12 月 16 日，河北省发展和改革委员会等 5 个部门印发《关于破解瓶颈制约助推数字经济健康发展的若干政策》，进一步优化河北省数据中心建设布局，打破数字基础设施建设运营中的制约，加快产业数字化步伐，推动河北省数字经济健康发展。

2021 年 12 月 31 日，江苏省印发《江苏省新型数据中心统筹发展实施意见》，引导规范江苏省数据中心优化建设布局，升级技术设备，提高算力算效，增强服务供给，发展绿色低碳，打造江苏省数据中心高质量发展新格局。

3. 一体化大数据中心

早期，我国数据中心产业在北京、上海、广州等发达地区聚集，一线城市有强大的数据存储和处理需求，带动了自身及周边城市数据中心的建设发展；如今，在工业和信息化部等国家部委的政策引导下，贵州、内蒙古等地依托自然资源优势承接热点城市算力服务外溢需求，为数据中心产业打开了协同发展的局面。

在国家层面，2020 年 12 月，国家发展和改革委员会等 4 个部门发布《关于加快构建全国一体化大数据中心协同创新体系的指导意见》，提出全国范围内的数据中心形成布局合理、绿色集约的基础设施一体化格局，引导全国数据中心创新协同发展。2021 年 5 月，工业和信息化部印发《全国一体化大数据中心协同创新体系算力枢纽实施方案》（以下简称《实施方案》），标志着我国数据中心产业由之前的健康有序过渡到协同一体的新篇章。《实施方案》明确提出要围绕京津冀、长三角、粤港澳大湾区、成渝、贵州、内蒙古、甘肃及宁夏 8 个国家枢纽节点开展数据中心建设，八大国家枢纽节点在资源、能源方面各有优势，其中京津冀、长三角、粤港澳大湾区、成渝节点具备较强的数据中心产业建设基础，网络环境较好，用户规模较大，但在后续发展过程中，仍需重点统筹区域内和周边区域的数据中心布局，实现数据中心产业布局优化，提升算力服务质量。贵州、内蒙古、甘肃及宁夏 4 个国家枢纽节点的数据中心产业基础相对其他地区较好，且资源充沛、气候适宜，在发展绿色低碳数据中心方面具有较大的潜力，在后续发展过程中需要持续发挥现有资源优势，面向全国其他地区提供非实时算力保障。数据中心布局政策见表 3-1。

表 3-1 数据中心布局政策

时间	部门	政策	主要目标
2021 年 1 月	国家发展和改革委员会、中共中央网络安全和信息化委员会办公室、工业和信息化部、国家能源局	《关于加快构建全国一体化大数据中心协同创新体系的指导意见》	到 2025 年，全国范围内的数据中心形成布局合理、绿色集约的基础设施一体化格局

续表

时间	部门	政策	主要目标
2021 年 5 月	国家发展和改革委员会、中共中央网络安全和信息化委员会办公室、工业和信息化部、国家能源局	《全国一体化大数据中心协同创新体系算力枢纽实施方案》	围绕八大国家枢纽节点引导数据中心有序布局，实现网络、能源、算力、数据及应用一体化
2021 年 7 月	工业和信息化部	《新型数据中心发展三年行动计划（2021—2023 年）》	用 3 年的时间基本形成布局合理、技术先进、绿色低碳、算力规模与数字经济增长相适应的新型数据中心发展格局
2022 年 1 月	国家发展和改革委员会、工业和信息化部、生态环境部、市场监督管理总局、国家能源局	《国家发展改革委等部门关于严格能效约束推动重点领域节能降碳的若干意见》	加快优化数据中心建设布局，新建大型、超大型数据中心原则上布局在国家枢纽节点数据中心集群范围内。各地要统筹好在建和拟建数据中心项目，设置合理过渡期，确保平稳有序发展。对于在国家枢纽节点之外新建的数据中心，地方政府不得给予土地、财税等方面的优惠政策

在地方层面，国家鼓励不同的区域根据自身情况和数据中心产业的发展阶段和趋势，因地制宜地开展建设。其中最有代表性的是中西部地区，西部地区能源充足、气候适宜，但距离热点地区的用户较远，部分省份数据中心供大于求。2018 年 3 月，青海省出台《关于进一步扩大和升级信息消费持续释放内需潜力的实施意见》，指出要培育和打造立足本省、面向全国的云计算数据中心与灾备中心；2019 年 11 月，甘肃省出台《甘肃省人民政府办公厅关于支持丝绸之路信息港建设的意见》，提出建设物理分散、逻辑统一的信息港绿色云数据中心集群；2020 年 4 月，湖北省出台《关于加快推进重大项目建设着力扩大有效投资的若干意见》，鼓励投资谋划一批大数据中心；2020 年 4 月，江西省出台《江西省数字经济发展三年行动计划（2020—2022 年）》，强调加快推进大数据中心项目建设，打造国内领先的公共云计算平台。另外，数据中心热点周边地区也在积极谋划提升需求，提高服务能力承接外溢需求。为缓解热点地区数据中心供不应求的结构性问题，河北、天津、内蒙古、江苏、广东等热点地区周边省（直辖市、自治区）纷纷出台政策激励数据中心快速发展，着力培育、提升承接热点地区外溢需求的能力。2020 年 3 月，河北省发布《关于加强重大项目谋划储备的指导意见》；2019 年 10 月，天津市发布《天津市促进数字经济发展行动方案（2019—2023 年）》；2020 年 1

月，内蒙古自治区发布《内蒙古自治区人民政府关于推进数字经济发展的意见》；2020 年 5 月，江苏省出台《省政府办公厅关于加快新型信息基础设施建设扩大信息消费若干政策措施的通知》。

3.1.2 建设指引

1. 绿色低碳发展

温室气体排放导致了全球气候变化，带来了海平面上升、地球极端天气灾害频发、生物多样性被破坏等问题，这使控制温室气体排放成为全球共识。在此背景下，中国积极应对气候变化，制定国家战略，提出"碳达峰、碳中和"的目标和愿景。

为规范企业的温室气体排放，限制碳排放量，我国出台了一系列核算和测评标准。2013 年，国家发展和改革委员会发布《企业温室气体排放核算方法与报告指南》，明确了各行业温室气体的核算边界、核算方法、质量保证等。2017 年 12 月，《国家发展改革委办公厅关于做好 2016、2017 年度碳排放报告与核查及排放检测计划制定工作的通知》发布，制定了企业碳排放补充数据核算报告模板、企业排放监测计划模板。2020 年 12 月，生态环境部发布《企业温室气体核查指南（试行）（征求意见稿）》，规范了企业温室气体排放的核查工作，明确了核查程序、核查要点、核查流程、技术服务机构要求等。

考虑到不同行业的环保性质有所区别，国家积极开展碳排放权交易试点工作，持续推进碳排放权交易市场建设。2011 年 10 月，国家发展和改革委员会发布《国家发展改革委办公厅关于开展碳排放权交易试点工作的通知》，批准在北京、天津、上海、重庆、广东、湖北、深圳 7 地开展碳排放权交易试点工作。2015 年 1 月，国家发展和改革委员会发布《碳排放权交易管理暂行办法》，明确了我国统一碳排放权交易市场的基本框架。2020 年 12 月，生态环境部发布《碳排放权交易管理办法（试行）》，对碳排放配额分配和清缴，碳排放权登记、交易、结算，温室气体排放报告与核查等活动做出规定。2021 年 7 月 15 日，上海环境能源交易所发布公告，根据国家总体安排，全国碳排放权交易于 2021 年 7 月 16 日开市。此举意味着全国碳排放权交易市场准备就绪，截至 2021 年 6 月，北京、天津、上海、重庆、湖北、广东、深圳试点的碳市场累计配额成交量为 4.8 亿吨二氧化碳当量，成交额约为 114 亿元。

在"碳达峰、碳中和"的大背景下，数据中心加速向绿色低碳发展。2021

年 10 月，《国家发展改革委等部门关于严格能效约束推动重点领域节能降碳的若干意见》出台，提出"新建大型、超大型数据中心原则上布局在国家枢纽节点数据中心集群范围内""对于在国家枢纽节点之外新建的数据中心，地方政府不得给予土地、财税等方面的优惠政策"，进一步明确优化数据中心总体建设布局的严控措施。2021 年 11 月，国家发展和改革委员会、国家机关事务管理局等发布《深入开展公共机构绿色低碳引领行动促进碳达峰实施方案》，明确要求"新建大型、超大型数据中心全部达到绿色数据中心要求，绿色低碳等级达到 4A 级以上，PUE 达到 1.3 以下。鼓励申报绿色数据中心评价，发挥示范引领作用"。2021 年 12 月，国家发展和改革委员会、国家能源局发布《贯彻落实碳达峰中和目标要求 推动数据中心和 5G 等新型基础设施绿色高质量发展实施方案》，立足新发展阶段，构建新发展格局，明确提出全国新建大型、超大型数据中心平均 PUE 降到 1.3 以下，国家枢纽节点平均 PUE 进一步降到 1.25 以下，绿色低碳等级达到 4A 级以上。上述政策的出台旨在有序推动以数据中心、5G 为代表的新型基础设施绿色高质量发展，发挥其"一业带百业"的作用，助力实现"碳达峰、碳中和"目标。

在地方层面，2021 年 4 月，北京市经济和信息化局发布《北京市数据中心统筹发展实施方案（2021—2023 年）》（以下简称《实施方案》），要求推进北京市数据中心绿色化、智能化、集约化发展。根据《实施方案》要求，北京市各区需要严格执行数据中心分区分类管理要求，结合第三方专业评测，摸清区域内数据中心的运行情况，形成关闭、腾退、改造、新建清单，建立清单动态管理和部门联合监管信息共享机制，统筹有序推进数据中心发展。《实施方案》提出坚持需求引领、科技创新、总量控制、统筹布局 4 项原则，将京津冀地区按照资源基础、产业结构、应用需求等划分为功能保障区域、改造升级区域、适度发展区域、协同发展区域四大区域，推动分区分类梯度布局、统筹发展。《实施方案》提出坚持需求导向强化主体管理，立足核心需求推动数据中心存量优化，聚焦未来规划适度支持数据中心增量发展，引导先进节能技术应用及资源合理利用，推动京津冀数据中心一体化协同发展五大重点任务。近年来，随着"新基建"的提出，数据中心发展浪潮席卷而来。《实施方案》的出台加强了北京市数据中心的总体谋划、统筹建设，有助于充分发挥数据中心对北京市数字经济增长的支撑作用。数据中心能效政策（国家）见表 3-2。数据中心能效政策（地方）见表 3-3。

表 3-2 数据中心能效政策（国家）

时间	部门	政策	主要目标
2019 年 2 月	工业和信息化部、国家机关事务管理局、国家能源局	《关于加强绿色数据中心建设的指导意见》	明确提出要建立健全绿色数据中心标准评价体系和能源资源监管体系，到 2022 年，数据中心平均能耗基本达到国际先进水平；引导大型和超大型数据中心设计 PUE 不高于 1.4；力争通过改造使既有大型、超大型数据中心 PUE 不高于 1.8
2021 年 5 月	国家发展和改革委员会、中共中央网络安全和信息化委员会办公室、工业和信息化部、国家能源局	《新型数据中心发展三年行动计划（2021—2023 年）》	对新建大型及以上数据中心提出了除达到绿色数据中心要求，低碳等级也需要达到 4A 级以上的具体要求
2021 年 10 月	国家发展和改革委员会、科学技术部、财政部、中国人民银行等	《国家发展改革委等部门关于严格能效约束推动重点领域节能降碳的若干意见》	到 2025 年，通过实施节能降碳行动，钢铁、电解铝、水泥、平板玻璃、炼油、乙烯、合成氨、电石等重点行业和数据中心达到标杆水平的产能比例超过 30%，行业整体能效水平明显提升，碳排放强度明显下降，绿色低碳发展能力显著增强
2021 年 11 月	工业和信息化部	《"十四五"信息通信行业发展规划》	到 2025 年，数据中心算力达到每秒 300 亿亿次浮点运算，新建大型和超大型数据中心运行 PUE 低于 1.3
2021 年 11 月	国家发展和改革委员会、国家机关事务管理局、财政部、生态环境部	《深入开展公共机构绿色低碳引领行动促进碳达峰实施方案》	新建大型、超大型数据中心全部达到绿色数据中心要求，绿色低碳等级达到 4A 级以上，PUE 达到 1.3 以下
2021 年 12 月	国家发展和改革委员会、国家能源局	《贯彻落实碳达峰碳中和目标要求 推动数据中心和 5G 等新型基础设施绿色高质量发展实施方案》	鼓励使用风能、太阳能等可再生能源，通过自建拉专线或双边交易，提升数据中心绿色电能使用水平，促进可再生能源就近消纳。全国新建大型、超大型数据中心平均 PUE 降到 1.3 以下，国家枢纽节点 PUE 进一步降到 1.25 以下，绿色低碳等级达到 4A 级以上

表 3-3 数据中心能效政策（地方）

时间	部门	政策	主要目标
2018 年 9 月	北京市政府办公厅	《北京市新增产业的禁止和限制目录（2018）》	北京市在全市范围内禁止新建和扩建 PUE 在 1.4 以下的数据中心，其中中心城区直接禁止新建和扩建互联网数据服务中的数据中心，以及信息处理和存储支持服务中的数据中心
2021 年 4 月	北京市经济和信息化局	《北京市数据中心统筹发展实施方案（2021—2023 年）》	逐步关闭年均 PUE 高于 2.0 或平均单机架功率低于 2.5kW 或平均上架率低于 30% 的功能落后的备份存储类数据中心；对年均 PUE 高于 1.8 或平均单机架功率低于 3kW 的数据中心进行改造，未按规定完成改造的数据中心要逐步腾退

续表

时间	部门	政策	主要目标
2021 年 7 月	北京市发展和改革委员会	《关于进一步加强数据中心项目节能审查若干规定的通知》	对于 1.4<PUE≤1.8 的项目（单位电耗超过限额标准一倍以内），执行的电价加价标准为每度电加价 0.2 元；对于 PUE>1.8 的项目（单位电耗超过限额标准一倍以上），每度电加价 0.5 元。即按电力年消费量 500 万千瓦时计算，在 1.4<PUE≤1.8 的情况下，每年需要多缴纳的电费为 100 万元。如果 PUE>1.8，那么每年至少要多缴纳 250 万元的电费
2021 年 10 月	北京市发展和改革委员会等 11 部门	《北京市进一步强化节能实施方案》	从区域能评限批或能耗减量替代，违规数据中心限期迁移数据、改造或关停，低效数据中心关闭或疏解，重点数据中心实时电耗监测，低能效数据中心能效现场检测，排查清退虚拟货币"挖矿"活动 6 个方面，加强数据中心用能管理
2018 年 10 月	上海市经济和信息化委员会	《上海市推进新一代信息基础设施建设 助力提升城市能级和核心竞争力三年行动计划（2018—2020 年）》	建设具备 E 级计算能力的超算中心，数据中心机架数达 16 万架，新建数据中心综合 PUE 不超过 1.3，边缘计算资源池节点实现合理布局
2020 年 3 月	上海市经济和信息化委员会	《上海市产业绿贷支持绿色新基建（数据中心）发展指导意见》	在上海市批准的数据中心项目中，通过推广先进节能技术应用，贷款期内可带动节能环保产业发展。通过新建数据中心的技术应用作为示范，以及强制性地方标准《数据中心能源消耗限额》实施后对企业实施节能改造的"倒逼"作用，进一步促进既有数据中心的绿色低碳技术应用
2021 年 4 月	上海市经济和信息化委员会	《上海市数据中心建设导则（2021）》	对选址规模、功能定位、技术方案、耗能工艺、服务对象等进行规范
2021 年 4 月	上海市经济和信息化委员会	《上海市经济信息化委 市发展改革委关于做好 2021 年本市数据中心统筹建设有关事项的通知》	积极采用绿色节能技术，提升数据中心能效水平，新建项目综合 PUE 控制在 1.3 以下，改建项目综合 PUE 控制在 1.4 以下；鼓励集约建设，原则上应不低于 3000 个标准机架规模；支持探索数电联营模式，发挥电厂资源综合优势，为新建数据中心提供电力、蒸汽、水等资源服务，提升能源使用效率
2020 年 9 月	广东省发展和改革委员会	《广东省发展改革委关于明确数据中心项目节能审查办理要求的通知》	在 2022 年年底之前，珠三角地区不得再办理新建或扩建 3000 个标准机柜（按照 2.5kW/标准机柜进行折算，下同）以上数据中心项目节能审查；如确因企业自用需求新建或扩建数据中心项目（广州、深圳两市 3000 个标准机柜以下，其他地市 1000 个标准机柜以下），当地技能审查机关须提供数据中心标准机柜数量等量或减量替代，并将替代情况报备省能源局；对于数据中心项目规划聚集区，将综合平衡全省及相关市标准机柜整体规划和产业实际需求办理节能审查

2. 新型数据中心建设

新型数据中心成为数据中心发展的崭新愿景。2021年7月，工业和信息化部印发的《新型数据中心发展三年行动计划（2021—2023年）》（以下简称《行动计划》）明确了新型数据中心的概念，新型数据中心是指以支撑经济社会数字转型、智能升级、融合创新为导向，以5G、工业互联网、云计算、人工智能等应用需求为牵引，旨在形成布局合理、技术先进、绿色低碳、算力规模与数字经济增长相适应的新型数据中心发展格局。

与传统数据中心相比，新型数据中心具有高技术、高算力、高能效、高安全等特征，在数字化日益普及的今天，新型数据中心能更好地支撑新一代信息技术加速创新，加快推动制造强国和网络强国建设。政策引导新型数据中心向"四高"方向加速演进，以技术革新推动产业升级、以提质增效推进算网协同、以绿色低碳提升能耗管理、以强化意识筑牢安全底线。

《行动计划》以2021年和2023年两个时间节点提出了分阶段发展量化指标，引导传统数据中心向新型数据中心演进。《行动计划》指出，到2023年年底，在利用率方面，全国数据中心平均利用率提升到60%以上；在算力规模方面，总算力规模超过200 EFLOPS，高性能算力占比达到10%；在能效水平方面，新建大型及以上数据中心的PUE降低到1.3以下，严寒和寒冷地区的PUE降低到1.25以下；在网络时延方面，国家枢纽节点内数据中心端到端网络单向时延原则上小于20ms。

为加快新型数据中心的建设与应用，2021年11月工业和信息化部发布《工业和信息化部办公厅关于组织开展国家新型数据中心（2021）典型案例推荐工作的通知》，明确了国家新型数据中心推荐方向，引导互联网、工业、金融、政务等重点行业和领域利用好数据中心进行数字化转型。

越来越多的企业开始布局数字化业务，各行各业的数据迅猛增长。提供数据计算、存储、传输服务的算力基础设施即将迎来新一轮建设高潮。目前，部分地区已进行数据中心建设。2021年，上海市经济和信息化委员会印发《上海市数据中心建设导则（2021版）》，该导则对数据中心选址规模、功能定位、技术方案、耗能工艺及服务对象等多方面因素进行了综合考量，对每项内容进行细化分解，引导高质量项目落地。

3. 控制新增数量

目前，我国数据中心产业梯次布局，国家枢纽节点、省内数据中心、边缘数据中心协同提供算力服务。中国信息通信研究院统计数据显示，2021 年我国数据中心的总体机架规模约为 500 万架。在旺盛需求的刺激下，为规避"粗制滥造"的风险，国家和地区两级政府制定了相关政策进行引导。

在国家层面，工业和信息化部印发的《新型数据中心发展三年行动计划（2021—2023 年）》中提出，要加快把体量优势变为质量优势，强化新型数据中心利用率、算力规模、能效水平、网络时延等反映数据中心高质量发展的指标，弱化反映体量的数据中心规模指标。

在地方层面，我国一线城市的业务需求旺盛且网络条件、运维保障等方面的优势突出，数据中心供不应求。前期，在市场的驱动下，大量数据中心开始建设发展，这些数据中心普遍存在能源利用不充分和技术水平不高等问题。后期，在国家政策的引导下，一线城市如北京、上海、广州均出台了相关限建政策。2018年，北京市更新《北京市新增产业的禁止和限制目录（2018）》，城六区禁止新建和扩建数据中心项目，其他城区禁止建设，PUE 在 1.4 以下的云计算数据中心除外，通过禁限目录，规范数据中心有序建设。2020 年起，北京市接连发布《关于加快培育壮大新业态新模式促进北京经济高质量发展的若干意见》《北京市加快新型基础设施建设行动方案（2020—2022 年）》及《北京市数据中心统筹发展实施方案（2021—2023 年）》（以下简称《实施方案》）。《实施方案》提出推进数据中心从存储型到计算型升级，加强存量数据中心绿色化改造，加快数据中心从"云＋端"集中式架构向"云＋边＋端"分布式架构演变。《实施方案》还提出，今后 3年，北京将关闭一批功能落后的数据中心、整合一批规模分散的数据中心、改造一批高耗低效数据中心、新建一批计算型数据中心和人工智能算力中心及边缘计算中心，以集约化、绿色化、智能化为目标，打造世界领先的高端数据中心发展集群。上海市接连发布《上海市推进新一代信息基础设施建设助力提升城市能级和核心竞争力三年行动计划（2018—2020 年）》《关于加强上海互联网数据中心统筹建设的指导意见》《上海市互联网数据中心建设导则（2019 版）》（以下简称《建设导则》）。《建设导则》指出要严格控制新建数据中心，确有必要建设的必须确保绿色节能，并制定了 PUE 指标、建设功能、规模体量、选址区域等多方面的门槛要求。广东省发布《广东省 5G 基站和数据中心总体布局规划（2021—2025 年）》，指出优先规划布局绿色数据中心，各地市有序推进数据中心建设，先提高上架率，后扩容与新增。深圳市发布《深圳市发展和改革委员会关于数据中心节能审查有关事项的通知》，指出要建立完善的能源管理体系，实施减量替代，强化技术引导，对于 PUE 低于 1.25 的数据中心优先支持建设。

4. 边缘、智算及超算数据中心

2020 年 3 月，中共中央政治局常务委员会明确提出"加快数据中心等新型基础设施建设进度"。2020 年 4 月 20 日，国家发展和改革委员会在新闻发布会中明确了新型基础设施的范围：以新发展理念为引领，以技术创新为驱动，以信息网络为基础，面向高质量发展需要，提供数字转型、智能升级、融合创新等服务的基础设施体系，包括信息基础设施、融合基础设施和创新基础设施。其中，信息基础设施包括通信网络基础设施、新技术基础设施、算力基础设施等，是新型基础设施的核心要素。一方面，信息基础设施支撑传统基础设施转型升级，形成融合基础设施；另一方面，信息基础设施推进信息技术前沿发展和技术进步，是"新基建"形态得以持续演进、功能得以不断拓展的动力源。

随着科技的不断发展，智算中心已然成为国家及地方重点发展的"新基建"。但目前只有深圳、上海等城市正在建设或已经建成智算中心，其他城市的智算中心还在规划或蓝图中。

《北京市数据中心统筹发展实施方案（2021—2023 年）》中指出，鼓励布局人工智能、区块链算力中心，推动建成 4000 PFLOPS（即每秒 4 百亿亿次浮点运算）总算力规模的人工智能公共算力基础设施，重点满足支撑科研探索、智慧城市和数字经济场景应用的算力需求。

《关于建设人工智能上海高地 构建一流创新生态的行动方案（2019—2021 年）》中指出，支持建设人工智能行业创新中心，以行业龙头企业或研究机构为牵引，面向人工智能在金融、制造、交通、医疗等领域的应用，搭建共性技术和关键技术供给平台，为传统行业企业在产品、服务、管理等方面的智能化转型提供支撑，加快人工智能技术转化落地。

2020 年，广州出台首份数字经济创新发展纲领性文件——《广州市加快打造数字经济创新引领型城市的若干措施》。该文件指出应推进国家超级计算广州中心等高性能计算中心的建设，面向人工智能和 5G 应用场景，建设基于图形处理单元（Graphics Processing Unit，GPU）的人工智能、区块链算力中心。

超级计算水平已经成为各国科技竞争力和综合国力的重要标志之一，是世界高技术领域的战略制高点，同时也是我国科技发展规划的重要建设内容之一。近年来，国家和各地方密集出台相关政策，大力支持计算机产业及超算行业的发展。各地方出台与超算中心及智算中心相关的政策见表 3-4。

表 3-4　各地方出台与超算中心及智算中心相关的政策

地方	政策	主要内容
上海	《关于建设人工智能上海高地 构建一流创新生态的行动方案（2019—2021 年）》	全市统筹 5G、物联网、互联网数据中心、云计算平台、超算中心等新一代信息基础设施建设运营，聚焦支持人工智能企业发展
天津	《天津市加快数字化发展三年行动方案（2021—2023 年）》	发展新兴数字产业，构建以飞腾、麒麟、超算中心等为引领，涵盖核心硬件、基础软件、算力支撑、场景应用、关键配套等领域的产业链
广州	《广州市加快推进数字新基建发展三年行动计划（2020—2022 年）》	鼓励国家超级计算广州中心和人工智能与数字经济广东省实验室（广州）向社会开放。提升覆盖终端、用户、网络、云平台、数据和应用安全的多层次安全服务保障能力。推动国家超级计算广州中心升级改造，加快新一代人工智能开放创新平台建设
长沙	《长沙市加快发展大数据产业（2017—2020 年）行动计划》	基于中南大学、国防科技大学的优势资源，尤其是发挥全国三大超算中心之一的国家超级计算长沙中心的核心优势，与国内外知名科研机构、高等院校、大型企业和跨国公司合作，建立基础科研大数据服务中心
青岛	《数字青岛 2020 年行动方案》	加快布局量子通信、海洋超算等高端前沿信息产业，先行建设量子保密通信"齐鲁干线"及城域量子保密通信网络，应用超级计算提升海洋领域下一代国产超算能力
济南	《济南市人民政府关于加快超算产业化发展的意见》	以新一代超级计算机及人工智能技术变革为契机，以实施"超级计算"大科学工程为抓手，以应用需求为导向，以产业化为主线，以建设国内首个超算科技园为载体，以培育具有国际竞争力的新兴产业集群为目标，加快超算产业生态链建设，形成"研发一代自主可控超算技术装备、引领新一代信息技术、支撑一批大科学工程、赋能主导产业转型升级"的发展格局，助力省、市全面实现高质量发展

3.1.3　示范引领

评选国家数据中心示范基地，树立数据中心产业标杆。业内标杆对行业的发展有带头作用。2017 年后，我国开始对数据中心示范基地开展评选工作。

2017 年,《工业和信息化部办公厅关于组织申报 2017 年度国家新型工业化产业示范基地的通知》印发,首次将数据中心、云计算、大数据等新兴产业纳入国家新型工业化产业示范基地创建的范畴,并对其优先支持,旨在评选出在节能环保、安全可靠、服务能力、应用水平等方面具有示范作用、走在全国前列的大型及超大型数据中心集聚区,以及达到较高标准的中小型数据中心,发挥产业引领作用。经过材料审核、专家评审、征求意见等环节,2017 年河北张北云计算产业园等 3 个数据中心园区通过评审,2019 年上海外高桥自贸区等 5 个数据中心园区通过评审,国家新型工业化产业示范基地(数据中心)情况见表 3-5。产业示范基地评选带动了河北、贵州、上海、江苏等地的数据中心聚集区的产业发展和技术进步,进一步促进了当地数字经济发展。2021 年申报领域包括"数据中心"领域,并将优先支持符合国家重大生产力布局要求、落实国家有关重大政策措施成效明显、国家明确予以表扬激励的地方申报对象。

表 3-5　国家新型工业化产业示范基地(数据中心)情况

上报单位	基地名称	申报系列
河北省通信管理局	张北云计算产业园	特色
江苏省通信管理局	南通国际数据中心产业园	特色
贵州省通信管理局	贵安新区综合保税区(电子信息产业园)	特色
河北省通信管理局	数据中心•河北怀来	特色
上海市通信管理局	上海外高桥自贸区	特色
江苏省通信管理局	花桥经济开发区	特色
江西省通信管理局	抚州高新技术产业开发区	特色
山东省通信管理局	枣庄国家高新技术产业开发区	特色
山西省通信管理局	山西大同灵丘经济技术发展园区	特色
四川省通信管理局	雅安经济技术开发区	特色
甘肃省通信管理局	甘肃兰州新区丝绸之路西北大数据产业园	优势

新型数据中心指明算力赋能未来方向。《工业和信息化部办公厅关于组织开展国家新型数据中心(2021 年)典型案例推荐工作的通知》(工信厅通信函〔2021〕262 号)要求,为加快新型数据中心建设与应用,更好地支撑经济社会各领域数字化转型,经自主申报、地方推荐、专家评审等环节,遴选出了在绿色低碳、算

力赋能、安全可靠、智能运营方面具有典型示范作用的 32 个大型数据中心及在工业、智慧城市等十大应用领域具备鲜明应用特色的 12 个边缘数据中心，作为首批国家新型数据中心并予以公布。

随着新一代信息技术的快速发展，数据资源存储、计算和应用需求大幅提升，传统数据中心正加速与网络、云计算融合发展，加快向具备高技术、高算力、高能效、高安全特征的新型数据中心演进。国家"十四五"规划纲要从现代化、数字化、绿色化方面对新型基础设施建设提出了方针指引，近期，党中央、国务院关于"碳达峰、碳中和"的战略决策又对信息通信业数字化和绿色化协同发展提出了更高要求。

数据中心作为新型基础设施中的重要组成部分，亟须按照党中央、国务院要求，重视高质量发展。2021 年 7 月，工业和信息化部印发《新型数据中心发展三年行动计划（2021—2023 年）》，为产业发展指明方向，以布局优化打破资源掣肘、以绿色低碳提升能耗管理、以提质增效推进算网协同、以强链强管攻关技术壁垒。

在数据中心产业大发展的黄金时期，一批技术先进、服务能力强、能效水平高、运维管理完善、安全可靠性卓越、具有代表性的数据中心项目不断涌现。国家新型数据中心旨在遴选出在绿色低碳、算力赋能、安全可靠、智能运营等方面具有典型示范作用，走"四高"高质量发展道路的大型数据中心及边缘数据中心，发挥产业引领作用。

3.2　国外算力基础设施政策

高算力国家积极引导算力基础设施集约发展，这对我国有一定的启示。美国方面，2020 年 11 月 18 日，美国白宫发布《引领未来先进计算生态系统：战略计划》，提出开发、拓宽和提升国家计算基础设施和生态系统。近 10 年来，美国多个州推出针对数据中心的税收优惠政策，总额约达 15.5 亿美元，同时也通过出台《美国联邦数据中心整合计划（FDCCI）》（2010 年）、《美国联邦信息技术采集办法改革法案（FITARA）》（2014 年）、《数据中心优化倡议》（2016 年）等政策，推动数据中心的整合，已经初见成效。**欧盟方面**，2018 年欧盟委员会提出"欧洲高性能计算共同计划",2020 年欧盟委员会对该计划进行了升级,拟投资 80 亿欧元,发展下一代超级计算技术,主要是百亿亿次超级计算机及量子计算机的研制工作。**新加坡方面,**2020 年,数据中心市场至少有 150 兆瓦的容量上线运营,实现了大幅度增长,但在电力、土地方面出现了资源短缺的问题,2021 年新加坡暂停建设新的数据中心;探寻节能型新型数据中心是新加坡政策的主要方向,2014 年新加坡发布了《绿色数据中心技术路线图》,是全球首个提出建设热带数据中心的国家。**英国方面,**2011 年英国政府投资 15800 万英镑用于高性能技术基础建设;英国政府借鉴美国的经验和做法,积极鼓励发展数据中心业务,多家大型互联网企业纷纷在英国建设数据中心;英国发布《英国数字战略 2017》,目标是建设世界一流的数字基建。**德国方面,**德国发布《德国 ICT 战略:数字德国 2015》,扩大数字基础设施和网络,建设必不可少的数字化基础设施;2018 年推出《高科技战略 2025》,并围绕这一政策持续制定后续政策,推出欧洲数据云计划"GAIA-X",推进科学数据基础设施建设,选定 30 家科学数据中心,未来 10 年对其每年资助 8500 万欧元。

"双碳"背景下,全球经济体都肩负起低碳使命,探究数据中心的绿色发展之路。多国发布的数据中心相关政策都以绿色发展为主题,例如美国政府通过《数据中心优化倡议(DCOI)》《美国联邦数据中心整合计划(FDCCI)》等一系列举措;新加坡发布《绿色数据中心技术路线图》;欧盟率先提出 ICT 行业的降碳目标,计划在 2030 年提前达到气候中性。低碳数据中心的相关政策规划见表 3-6。

表 3-6　低碳数据中心的相关政策规划

国家/地区	政策	内容
美国	《数据中心优化倡议(DCOI)》《美国联邦数据中心整合计划(FDCCI)》《美国联邦信息技术采集办法改革法案(FITARA)》等	整合和关闭数据中心,资源虚拟化、可用性,设定数据中心 PUE 及服务器使用率具体标准、退役老旧机器的方式,实现数据中心数量减少 7000 个,占比约为 50%;数据中心 PUE 从平均 2.0 以上下降到近一半,大型数据中心 PUE 达到 1.5 甚至 1.4 以下,部分服务器使用率从 5% 提升到 65% 以上
新加坡	《绿色数据中心技术线路图》	须在不影响系统性能和安全要求的情况下尽可能降低数据中心能源消耗,并提出提高冷却设备效率、IT 设备温湿度耐受能力、数据中心的资源调度和负荷分配集成优化能力等建议

续表

国家/地区	政策	内容
欧盟	《欧盟数据中心行为准则》 《塑造欧洲的数字未来》	进一步细化和规范了数据中心 PUE、SUE[1]、DCiE[2] 等绿色指标。ICT 基础设施和数据中心应确保在 2030 年之前达到气候中性，在 2050 年成为世界第一个实现气候中性的地区
日本	《绿色增长战略》	将数据中心市场规模从 2019 年的 1.5 万亿日元提升到 2030 年的 3.3 万亿日元，届时实现将数据中心的能耗降低 30%。重点任务：扩大可再生能源电力在数据中心的应用，打造绿色数据中心等

注：1. SUE（Server Usage Efficiency，服务器利用率）。
　　2. DCiE（Data Center infrastructure Efficiency，数据中心基础架构效率）。

第四章
国内外技术发展分析

为满足上层业务数量激增、快速变化、高性能、高并发、高可靠的需求，算力基础设施加快技术创新和研发，拓展应用模式，不断提升业务赋能能力。综合来看，算力基础设施相关技术的发展呈现出绿色高效、快速交付、智能敏捷、安全可靠的特点，本章从基础设施技术、IT 设备技术和网络技术，以及新兴的边缘数据中心、超算中心、智能计算中心等方面进行分析，并对近年来的热点技术进行介绍、分析其发展趋势。

4.1　基础设施技术

随着我国在 2030 年前实现"碳达峰"，在 2060 年前实现"碳中和"目标的确定，数据中心节能减排的要求也将变得日趋严格，新能源、碳减排等技术将在数据中心领域得到更广泛的应用。出于为自身获得经济效益和响应国家"碳达峰、碳中和"政策的目的，许多数据中心都在研究新技术，包括液冷技术、新能源、数据中心预制化技术等，这些新技术的使用，可以降低能源消耗，减少污染排放，提高数据中心的运营效率，最终降低运营成本，实现数据中心的绿色集约。

4.1.1　新能源与储能技术

储能技术通过"削峰填谷"成为控制数据中心电力成本的重要方式。数据中心能耗较高，电力成本占运营总成本的 60% ～ 70%，尽管当前不少数据中心通过优化提升了 PUE，但电力成本占数据中心总体成本的比例依然较大。为了平衡电网用电时段，电网公司通常会提供波峰电价及波谷电价，数据中心可利用储能系统在波谷时存储电力，并在高峰期利用储能系统的电力，以降低数据中心用电成本。蓄冷、储能系统等均是储能技术的重要方式，蓄冷通过在夜间电力负荷低谷期制备冷量，并在日间电力负荷高峰期间将制备的冷量应用于空调系统，达到节能的目的。储能系统通过储能集装箱等部件实现电力存储。由于锂电具有高能量密度、高输出电压及高安全性的特点，将成为下一代数据中心后备储能方案。

　　新能源与储能技术融合加深，可有助于转变数据中心能源结构，提升整体能效、碳效水平。 随着数据中心能效政策的收紧和"碳中和"目标的确立，新能源供电逐渐成为实现数据中心零碳排放的基本方式，风、光、水、氢等清洁能源的使用占比将不断提升，数据中心可直接采用新能源发电满足自身能源供给，或通过碳排放权交易间接促进新能源的使用。尽管新能源发电具有清洁环保的优势，但新能源供给容易受到自然条件的影响，其连续性难以保障。新能源与储能技术融合能够有效提升新能源供电的稳定性，解决可再生能源系统应用过程中的供电不平衡、稳定性差等问题，调节电能负荷、存储电量，进而促进数据中心绿色低碳发展。国内外已有部分数据中心开始尝试"新能源＋储能"的规模化供电方案，为数据中心新能源和储能技术的应用与推广提供了重要参考。2020 年 8 月，美国能源开发商 Capital Dynamics 与数据中心运营商 Switch 签署了一份太阳能＋储能项目电力采购协议，基于此协议，Switch 将获得全天候绿色电力支撑，该项目包含一家 127MW 太阳能发电厂，以及一个 60MW·h/240MW·h 采用特斯拉 Megapack 电池的储能系统。在中国，2021 年 7 月，世纪互联新一代荷储 IDC 项目在佛山智慧城市数据中心合闸，这是我国首个实现规模化储能技术应用的数据中心项目，项目以数据中心为主要负荷对象，配备 2MW·h 储能容量，输出功率为 1MW，整个储能系统由储能集装箱、储能变流器、环网柜组成，并与光伏发电系统在交流侧耦合，在数据中心 10kV 高压侧最终实现并网，使数据中心形成一个负荷可变、可调的复合体，并能够根据电网需求、新能源发电需求，调整充放电策略。

4.1.2　液冷技术

　　随着现代信息技术的广泛应用，超大型数据中心不断涌现，成千甚至上万架机架的数据中心屡见不鲜。业务开拓造成数据量的暴增，对数据中心的算力和响应速度的要求越来越高，这势必会导致数据中心基础设施设备性能的提高。性能提高将直接导致服务器功耗不断增加，尤其是芯片制程提升变慢会导致功耗提升加速，通用中央处理器（Central Processing Unit，CPU）的热设计功耗（Thermal Design Power，TDP）持续增加，已从最初的 100W 逐步增加到 400W，单台通用服务器的满载功率已逼近 1kW，用于 AI 训练的机器单机功率甚至高达 2.6kW，未来 AI 训练 GPU 单机功率预计最高可达 10kW。

针对数据中心局部散热及整体散热，风冷技术的散热能力已趋近极限，并且每年会产生大量的电力消耗，增加了数据中心的运维开支。在数据中心散热功耗增长和传统风冷难以保障散热的背景下，液冷技术应运而生。所谓液冷，指的是把高比热容的液体作为传输介质，将 IT 设备或者服务器产生的热量带走，达到降低设备温度的目的。目前液冷技术有浸没、冷板、喷淋 3 种部署方式。液冷技术最重要的特点是导热的直接性，它不需要像风冷一样间接通过空气制冷，适用于密度高、规模大、散热需求高的数据中心。

当前，液冷产业生态已初步建立，标准体系日趋完善，我国已出现规模化商用案例。阿里巴巴、腾讯、百度、美团等国内大型互联网用户方均开始了数据中心液冷应用，其中，阿里数据港、张北数据中心、杭州阿里云数据中心等多个数据中心已开始大规模的浸没式液冷集群部署。

液冷技术是一项创新性和革命性技术，IT 设备及基础设施的改造需要投入大量的研究精力，液冷数据中心的运维和监控也需要随着液体的引入而改变，亟须相关标准对液冷的发展进行引导和规范。2017 年中国信息通信研究院联合液冷上下游企业在 ODCC 成立"冰河"项目组，于 2019 年发布了液冷技术部署方式、冷却液体、验证测试等方面的标准。相关标准研制推进了产业生态的建设和完善，引导了技术的成熟落地，"冰河"项目因其突出的技术研究和对生态建设的贡献，于 2019 年中国国际大数据产业博览会（数博会）上荣获"黑科技"奖。

4.1.3　水回收、热回收技术

数据中心通过水回收、热回收等资源再利用的方式，不断推进数据中心绿色发展的进程。当前，大多数大型数据中心使用水冷却系统，水资源消耗快速增长，如何提高水利用效率（Water Usage Effectiveness，WUE）是数据中心管理者关心的问题。数据中心的水回收主要有排污水再回收、雨水回收两种形式。排污水的水质具有高盐分、高硬度、高碱度等特点，需通过改变浓缩倍数，降低排污水的无机盐含量后再次回到循环水或其他用水点，一般采用膜法处理。将雨水作为一种资源回收利用，回收后的雨水经过净化、消毒等处理后，可以作为市政供水的一种有效补充。

设备散热是数据中心制冷的源头，也是影响PUE的主要因素，回收利用设备产生的热量，也是实现"双碳"目标的一种途径。一方面，回收的热量可用作生活热水、供暖等生活供热，产生社会效益；另一方面，回收的热量也可销售，摊薄数据中心的运营成本，产生经济效益。当前数据中心的废热能源普遍存在热能品质低、无法直接利用的情况，往往需要借助热泵技术对热能品质进行提升，再通过区域供热管网输出至用户侧使用。同时，利用设置在能源站内的储热罐为供热及分配提供灵活性，不仅可以满足基本热力需求，还可以与公共供热网络连接协助冬季用热调峰。万国数据北京三号数据中心成功推动数据中心余热回收对外供热，使用螺杆式水源热泵，对外实现供热，对内实现降低数据中心能耗。

4.1.4 智能运维技术

应用智能运维技术，可有效规范数据中心运维的流程化和标准化，提升运维管理在人、物、服务等资源方面的效率。随着数据中心规模的不断提升及其承载业务和数据量的不断增长，数据中心IT设施的运维方式也在快速演进。智能运维工具的应用使数据中心的运维管理更加高效。在人工运维时期，数据中心运维管理人员缺乏有效的运维工具，使运维管理活动更加依赖于运维管理人员的个人知识、经验及技术水平。随着数据中心承载业务量的快速增长，数据中心的运维服务范围不断扩大、难度明显提升，单纯依靠个人经验难以保障运维服务质量。在上述情况下，流程化和标准化的运维技术开始出现。流程化和标准化的运维技术旨在通过明确流程及标准文档等形式促进运维管理活动更加规范，降低对运维人员个人知识技能的依赖性。自动化平台运维是流程化和标准化运维的进一步发展，自动化运维工具通过平台化建设将大量重复的运维活动转变为自动化操作，提高了运维效率，使运维过程的可视化程度不断提升。智能运维以数据为基础、以算法为支撑、以场景为导向，为数据中心的运维管理提供了智能化解决方案，实现了问题的实时分析和处理，降低了报警噪声，并能够对故障及问题原因进行分析和预测。

4.1.5　数据中心预制化

随着信息技术快速迭代，业务竞争加剧，用户要求也越来越高。一方面，用户希望尽可能缩短交付时间，减少建设周期，尽快将数据中心投入运营；另一方面，数据中心的建设是非标准化的，涉及许多设备和复杂的系统，在安装时需要现场调试，这往往需要天时、地利、人和等多种条件。为了高效且大规模部署建设工作，数据中心产业开始探索预制化模式：预先进行标准化设计，工厂组装、集成、预测试，现场即插即用。数据中心预制化模式可实现快速安装、快速交付，并减少现场施工带来的安全隐患。目前，数据中心预制化加快向内外纵深扩展，实现部件预制、设备预制、系统预制及建筑预制。

供配电设备预制装配化在数据中心已经成为一种发展趋势，将零散设备集成化，可实现整体设计和交付，减少建设施工成本。柴油发电机主机预制化较为成熟，例如集装箱式的柴油发电机，其配套系统的工程属性较强，互联网企业对柴油发电机配套的进排风系统、供油系统、消防降噪等进行整体设计和预制，实现更为全面的柴油发电机预制化。巴拿马电源项目中将外电 10kV 输入、中压配电、变压器、低压配电等集成优化，缩短供电链路，可在工厂预制并测试，随需扩容，提高供电效率。在制冷系统方面，部分厂商开始探索集成化冷站。

向内，为了满足数据中心 ICT 设备快速部署，互联网公司提出了天蝎整机柜服务器方案，将服务器节点与机柜系统融为一体，按照集中供电、集中散热、集中管理、高密度设计，交付效率提升 20 倍，日交付能力提升至 1 万台。向外，为了加快数据中心建设，缩短数据中心的建设时间，部分数据中心探索建筑预制化，采用钢结构模式，在工厂对柱、梁、楼板等构件进行预制，现场安装，可大幅缩短施工工期。

近年来，数据中心领域出现了众多更深入的技术创新和探索，例如一体化电源分配单元（Power Distribution Unit，PDU）对插接件与 PDU 进行二合一设计，去除接线盒，快插连接，可解决高功率配电机柜接入的问题，减少故障点，提升可用性。

4.2 IT设备技术

数据中心的 IT 设备（包含服务器、存储器、交换机等）中服务器数量最多。服务器是数据中心的核心部件，处理器作为服务器的"大脑"，承担着数据处理工作；总线是分布全身的神经，可传递信息；芯片组就像是"脊髓"，可实现部分功能；I/O 设备就像是人通过神经系统支配的手、眼睛、耳朵和嘴。存储器是用来存储程序和各种数据信息的记忆部件，是服务器正常运作的有效保障。交换机按照通信两端传输信息的需要，可以采用人工或设备自动完成的方法，把信息传输到符合要求的相应路由上，属于各种设备之间的桥梁，起翻译作用。由此可见，IT 设备各司其职，为数据中心的运转贡献自己的力量，相关技术的进步会提升数据中心的整体性能。

4.2.1 高密度服务器

数据规模的持续增长及土地、电力资源集约化发展推动高密度数据中心发展。在过去很长一段时间，为了满足不断增长的用户数据处理需求，数据中心主要通过增加空间、扩大机架和服务器规模来提供更多算力，但是这也会导致数据中心运营成本的增加和数据中心场地空间的浪费。发达地区日益紧张的土地资源及电力资源，使以扩大服务器规模来提升算力水平的数据中心建设模式难以继续，建设高密度数据中心成为提升数据中心算力水平的重要举措，高密度数据中心能够进一步增加数据中心的功率密度和提升数据中心"每平方米"的计算能力，能够更好地满足大数据场景下的计算与存储需求。

高密度服务器部署显著提升了数据中心的单位面积算力，降低了数据中心运营成本。建设高密度数据中心的关键是部署高密度服务器，与传统服务器不同，高密度服务器的电源和风扇以共享方式进行设计，位于同一机箱内的多台服务器的节点可以共享电源和风扇。这种方式一方面减少了机体的重量和空间占用率，提升了数据中心的单位面积算力，另一方面提升了电源和散热系统的使用效率，降低了数据中心运营成本。IBM、思科、华为、浪潮、曙光等国内外知名的互联网硬件厂商纷纷加速推进高密度服务器的产品设计与市场布局。

4.2.2　AI 服务器

随着深度学习算法的持续迭代，AI 算力要求越来越高，AI 服务器市场火热。传统的 CPU 采用串行逻辑，面对复杂的数学运算时，可以高效准确地解析或解释代码中的复杂逻辑，对服务器组件的所有输入和输出也能做到有效管理。但CPU 在训练机器学习模型时并不是理想的选择，训练和推理过程中有海量数据，需要学习的迭代层次多，学习模型复杂，必须对服务器辅以 GPU 等人工智能芯片。

随着人工智能技术的快速发展，从前仅用于高端游戏和 HPC 领域的人工智能芯片，现在被应用到通用服务器中。IDC 预计，人工智能服务器基础设施市场的5 年年复合增长率将达到 18.8%，到 2025 年将达到 266 亿美元，AI 服务器市场持续火热。

AI 服务器的发展日新月异，逐步衍生出云端和边缘端两类典型应用场景。不同场景对训练和推理的需求并不相同，云端的数据容量大导致训练和推理需求都很高，而边缘端主要以推理业务为主，云端和边缘端是 AI 服务器的两类典型应用场景。全球大型云服务商依靠 AI 服务器研发出基于云的 AI 平台，对外提供服务，例如，IBM Cloud 平台、谷歌开发的 Google Compute Engine 云平台、阿里巴巴的飞天 AI 平台、腾讯的腾讯云人工智能应用服务、华为的 Atlas 智能计算平台等，均为云计算与 AI 服务器结合支撑人工智能业务的应用。边缘端受功耗、存储、体积、环境、供电等条件的制约，AI 服务器无法完成大规模的计算密集型和存储密集型训练任务，因此，边缘端主要部署推理型 AI 服务器，更多地支撑智能电话、无人机、工业机器人、智能相机，以及各种物联网（Internet of Things，IoT）设备的应用。

4.2.3　NVMe-oF

NVMe[1] over Fabrics（以下简称 NVMe-oF）成为全闪存端到端重要解决方案，

1　NVMe（Non-Volatile Memory express，非易失性内存主机控制器接口规范）。

进一步加深存储与网络融合。NVMe-oF 协议成为降低存储网络协议栈处理开销并实现高并发、低时延的重要技术，解决了固态硬盘（Solid State Disk，SSD）由于通信协议而出现的性能损失问题，进一步释放了 SSD 的性能，加速了闪存的发展。NVMe-oF 使主机和存储设备可以通过网络应用 NVMe 协议，提高主机通过远程网络访问存储的性能，引起业界广泛关注。当前，光纤通道（Fibre Channel，FC）网络、无限带宽（InfiniBand，IB）技术网络、无损网络、标准以太网等均支持 NVMe-oF 协议。其中，无损网络作为业界关注的焦点之一，近年来取得了长足发展，其在性能上大幅优于标准以太网，在建设成本方面低于 FC 网络和 IB 网络。因此，在 NVMe 与网络融合发展的过程中，无损网络或将成为重要的发展方向。

4.3 网络技术

业务需求不断推动数据中心网络技术的快速发展，数据中心成为网络技术创新制高点。作为云计算、大数据、人工智能、物联网等信息技术与产业的基础支撑，数据中心面临着单体规模不断扩大、计算和存储等技术加速演进、上层业务应用快速发展的现状，其网络也遇到了大规模网络建设成本高、运维难，计算、存储、上层业务应用对网络需求多变的挑战。

为了更好地解决上述问题，满足数据中心发展对网络的需求，当前数据中心网络在大规模网络可管可控、降低建设成本、提高传输效率、简化运维工作等方面不断进行技术突破与创新，并不断加快产业化进程。

4.3.1 数据中心"三网合一"

数据中心网络中，前端网络、存储和计算分属 3 张不同的物理网络以太网、FC 网络、IB 网络，多业务平面存在构建费用高、扩展性受限、运维成本高等问题。

为适应不同业务场景对网络在带宽、时延、可扩展性等方面的需求，业界积极开展"三网合一"相关技术的研究，努力将互联网络、存储网络、计算网络合并成一种网络。远程直接存储器访问（Remote Direct Memory Access，RDMA）技术具有高吞吐、低时延、低 CPU 开销的特点。近年来，研究人员将 RDMA 技术与以太网相结合，并进行改进和创新，使网络可同时承载互联、存储、计算等业务，逐步推进数据中心"三网合一"的发展。基于 RDMA 的"三网合一"技术成熟后，将会在数据中心网络建设、运维等方面发挥成效，有效降低数据中心网络的总拥有成本（Total Cost of Ownership，TCO）。

4.3.2　可编程网络

传统交换机存在迭代发展冗余设计较多、业务逻辑与转发硬件绑定程度高、报文处理逻辑不可更改、不同交换机运维监控互不相通、研发周期较长等问题，无法满足当前数据中心对网络设备低功耗、低时延的性能要求，以及业务优化、故障诊断、需求快速响应、协议灵活应用的功能要求。可编程网络技术是解决上述问题的有效方式，近年来，包括软件定义网络（Software Defined Network，SDN）、可编程交换芯片等在内的可编程网络技术发展不断加快。其中，可编程交换芯片支持用户深入研究和控制网络的底层，在增强网络灵活性、验证与部署新协议，以及将分布式计算部分迁移到交换机等方面表现优异，备受业界关注。目前，Barefoot、Broadcom 等公司已经发布了可编程交换芯片。

数据中心内部网络大带宽、低时延的高性能要求和 CPU 处理网络传输数据负载高、效率低的矛盾，促使网络传输数据处理由 CPU 转向网卡；网络虚拟化等技术的发展，使数据处理协议和方式处于不断变化之中，需要对网卡功能进行更为灵活的调整。智能网卡既能处理高速的网络数据流，又能对网卡进行编程，以实现定制化的处理逻辑，成为网卡技术的演进方向。近年来，各大企业不断加大智能网卡硬件设计、软件设计、开放式拥塞控制技术等方面的研究，未来随着智能网卡的发展和应用，数据中心网络性能有望进一步得到提升。

4.3.3　算网协同

数据中心规模大型化、业务应用云化的趋势使数据中心间互联的需求不断涌现，现代数据中心不再是孤立的机房，而是逐渐演变成一个建筑群。一个数据中心群的不同数据中心虽然位于五湖四海，但可以通过网络互联共同完成相应的业务部署。

本地数据中心与互联网数据中心、同一服务商的多个数据中心或者不同服务商间的数据中心要协同运转，需要相互之间交互信息，于是就有了互连需求，产生了数据中心互联网络（Data Center Inter-connect，DCI）。与DCI相关的新技术研究不断深入，通过技术创新，可提供更加平滑、扩展性更强的链路，解决了跨地域带来的传输效率低与成本高等问题。依靠业务需求和技术创新并行驱动网络架构创新，数据中心间互联互通，促进数据中心与网络高度协同、相互融合，以满足各种上层业务对网络的需求。

在数据中心与网络协同发展的情况下，产业界探索算力网络协同，在云、网、边之间按需分配和灵活调度具备计算资源、存储资源及网络资源的新型信息基础设施。在底层设施方面，算力网络在原有云网融合的基础上实现了算力资源抽象，云数据中心、边缘数据中心及终端设备算力资源高度抽象化，异地算力以资源池的方式对外提供服务，同时算力网络还可提供网络服务保障机制，极大地提升了用户满意度。在上层应用方面，算力网络通过资源感知和智能调度机制，实现对底层算力基础设施和通信基础设施的资源感知，并根据用户资源需求为用户提供定制化的资源服务，提高了算力资源分配的效率。

近年来，金融、交通、教育、工业等行业对泛在算力场景的需求不断增长，泛在算力供给和配置为算力网络的发展提供了有效助力。从企业角度来看，目前运营商及通信厂商正在积极开展算力网络的研究和产业布局。2019年，中国联通率先发布《中国联通算力网络白皮书》，提出了包含服务提供层、服务编排层、算力管理层、算力资源层等功能模块的算力网络架构；2020年，中国电信在《云网融合2030技术白皮书》中明确提出了未来算力可按需定制的基本特性；2021年，中国移动发布《中国移动算力网络白皮书》，提出以"算力泛在、算网共生、智能编排、一体服务"为目标持续推动算力网络发展。

4.4　边缘数据中心技术

边缘数据中心是指在靠近用户的网络边缘提供基础设施资源，支持边缘计算对本地化、实时性的数据进行分析、处理、执行及反馈，是对云计算能力的一种补充。边缘数据中心最大的特点是可节省数据传输到传统集中式数据中心的通信等待时间，边缘数据中心的部署形态会因应用场景不同而不同，例如一体柜、微模块、集装箱等。

一体柜常用的是 24U 或 42U 的规格，可容纳多台服务器，占地面积小，可工厂预制，客户按需采购部署，现场插电即可使用，适合车联网、智慧城市、视频监控等应用场景。预制产品化将是边缘数据中心发展的另一个重要方向，可以采用一体柜产品的形式进行部署。我们现在谈论的边缘数据中心通常是静态的，随着技术的发展，近端的边缘数据中心将会衍生出动态形态。Nawab F、Agrawal D、El Abbadi A（2018）提出了"游牧数据中心（Nomadic Data Centers）"的概念，这是一种可移动的、小型的、便携式的边缘数据中心，内置供配电、制冷、灭火系统及一定的冗余，这种边缘数据中心产品可以随时移动以适应业务的实时需求。仓式数据中心则介于一体柜和微模块之间，综合了两者的特点，可覆盖的应用场景较广。

在应用需求方面，通过实时业务处理、泛在连接互通、异构数据融合、本地智能升级、多边融合创新和应用安全保障，可实现以下方面的协同：云边业务协同、边边数据协同、协同数据处理、接口服务开放、统一控制管理、综合安全融合。具体的应用场景主要包括智慧城市、车联网、智慧园区、智慧工业、智慧农业、增强现实 / 虚拟现实（Augment Reality/Virtual Reality，AR/VR）等。

4.5　超算中心技术

超级计算机技术有基础层、中间层和应用层 3 个层次。其中，基础层主要是超级计算机的基本原理与方法，应用层涉及超级计算机的使用场景，而中间层则包含了数据存储、计算、管理等多重技术的支持，正是有了中间层的连接，超级计算机的原理才能落实到解决应用问题中。基础层是指以异构并行为基础的超级计算机，中间层是指 6 类设备和三大网络组成的部分，应用层即解决方案。

当前，国际上高性能微处理器的学术研究和工业实践延续了持续提升集成性能、降低总功耗、提高能效比的发展思路。典型的研究方向包括高效能微结构、异构结构与加速部件集成、三维处理器结构、非易失性存储器件存储层次、非传统处理器体系结构等。除了处理器加速部件，大规模系统互联也是国际技术热点之一。目前，多个国家已经开始对面向 E 级计算系统的新型互联网络进行研发。美国目前已经公布了两台超算系统，作为 E 级系统的先导系统。日本也于 2018 年正式公布了自己的 E 级超算系统及其网络互联架构。2019 年 3 月，英特尔公司披露了美国未来的第一台 E 级超算系统 Aurora 的部分细节。目前，我国国内高性能互联网络以曙光、神威及天河 E 级原型机为代表。其中，曙光 E 级原型机使用 Mellanox 网卡芯片和交换芯片搭建网络，神威和天河则使用完全自主可控的网络芯片。

在高性能通信软件方面，为指导面向 E 级超算系统的信息传递接口（Message Passing Interface，MPI）的设计与开发，由美国能源部科学办公室与美国国家核安全管理局联合发起的 E 级计算项目（The Exascale Computing Project，ECP）对美国正在研发的 E 级超算系统中 MPI 的使用情况进行了调研，其结果于 2018 年 6 月正式发布。在高性能算法库及应用方面，目前美国排名前十的超级计算机的功耗已普遍在兆瓦甚至十兆瓦量级，这给大规模应用的运行带来了极高的能耗成本。虽然很多芯片设计和制造技术能够根据实时负载等信息降低微处理器的功耗，但是在数值、算法、设计、实现层面依然需要进行面向能量效率的优化。在超算云方面，从目前超算云化的现状来看，未来超算基础设施将会与以"容器"为核心的云计算技术进行深度融合，但超算云化技术作为两者进行深度融合的前提，需要先解决超算使用者和开发者利用超算编程困难的问题。在国内的超算中心中，搭载曙光 6000 "星云" 超算系统的深圳超算中心已经实现了大量云计算的功能，走在了超算云化的前沿。而如何在超算云化的发展趋势下，形成针对 E 级超算的优化设计，将成为设计国产 E 级超算系统软件的关键。

4.6 智能计算中心技术

智能计算中心涉及基础设施层、硬件层和软件层等，人工智能计算架构是智能计算中心区别于其他计算中心的核心特征。**与传统数据中心不同，智能计算中**

心的架构是自上而下的，依据上层业务需求选取合适的软硬件系统，且软硬适配可以更好地发挥硬件算力，提升计算效率。其中，硬件层的典型特征主要是以 AI 芯片为核心的算力资源，这是 AI 应用赋能的算力底座。软件层包括编译层、资源虚拟化及调度（云）和软件框架。通常，编译层由芯片厂商与芯片深度耦合。

目前，智能计算中心涉及的技术主要包括芯片、软件框架、软硬件耦合、算法模型及 AI 能力开放平台。当前 AI 计算主要采用 CPU+GPU/ 现场可编程门阵列（Field Programmable Gate Array，FPGA）/ 专用集成电路（Application Specific Integrated Circuit，ASIC）异构计算模式。

中央处理器（CPU）采用串行逻辑，可以执行许多复杂的数学运算，解析或解释代码中的复杂逻辑效果明显，可以有效管理服务器组件的所有输入和输出。CPU 芯片是 AI 计算不可缺少的一部分，主要用于完成逻辑控制任务。而在人工智能负载加速方面，需要引入拥有更多计算核心的 AI 芯片，采用并行计算方式，这对 AI 芯片在并行运算、片上存储、大带宽、低时延、算法框架兼容、可编程、可拓展、低功耗、低成本等方面有更高的要求。

AI 芯片是支撑智能计算中心产业发展的关键基础设施，具有重要的战略地位，包括但不限于 GPU、FPGA、ASIC、数字信号处理器（Digital Signal Processor，DSP）等。

软件框架即深度学习计算框架，在简化开发者构建深度学习网络、实现模型训练与推断、加速产品落地上发挥着重大的作用。国际主流开源基础算法框架由美国互联网头部企业主导，领先的开源框架主要有 Google TensorFlow 和 Facebook PyTorch。同时国内的 PaddlePaddle（飞桨）也处在生态不断丰富和完善的过程中，不断地扩大其开发者的阵营。2020 年，国内开源了 4 款各具优势的深度学习框架，包括华为的 MindSpore、旷视的 MegEngine、一流科技的 OneFlow 及清华大学的 Jittor。

算法模型是人工智能技术中最为多样化的技术点，面向场景的算法模型层出不穷，头部企业也纷纷开源优秀的算法模型并加速 AI 产品应用的落地。开源深度学习框架为了扩大其影响力，也纷纷开源捆绑其框架的模型库，例如，PaddlePaddle 提供的大量基于飞桨框架的模型库，覆盖常见问题解答（Frequently Asked Questions，FAQ）集合的问答模型、对象检测和示例分割模型、增强的语义表示模型，以及学术前沿和工业场景验证的深度学习模型。

　　基于 AI 芯片、深度学习计算框架和算法模型的互相适配合作、统一调控，AI 能力开放平台对外提供服务成为一种主流形式。AI 开放平台主要以云服务厂商为代表，通常会提供数据处理、模型开发、模型训练、验证评估、模型部署优化和更新等服务，涵盖从开发到应用的全部环节。另外，人工智能企业通过开放 API、SDK 等方式提供服务。相关数据显示，2020 年的开放平台市场占有率排名前三的分别为谷歌、百度和 FaceBook。

第 2 部分
算力基础设施产业链上游

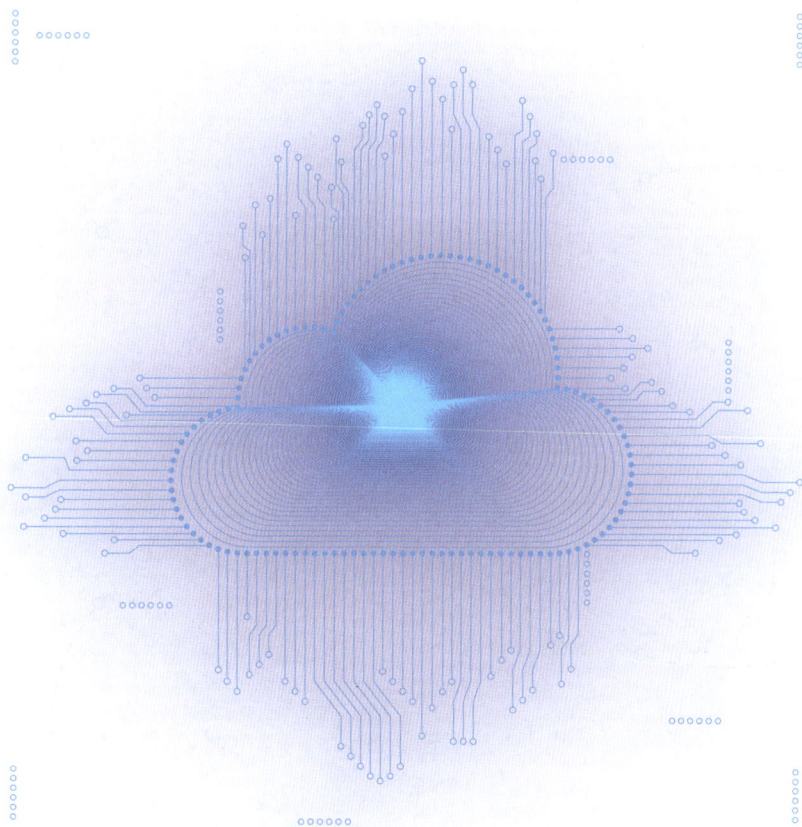

第五章
底层基础设施

5.1 供配电

5.1.1 变压器与配电柜

1. 领域图谱

变压器与配电柜产业图谱如图 5-1 所示。

图 5-1 变压器与配电柜产业图谱

2. 发展现状

（1）市场现状

我国数据中心变压器市场增速高于国内变压器总体市场。我国变压器市场总体相对稳定，起伏不大。2020 年受新冠肺炎疫情影响，变压器总产量略微下降。

然而，数据中心正处于快速发展阶段，对变压器的需求持续上升，涨幅高于行业平均水平。当前变压器行业竞争激烈，厂商总体可分为以下 3 类。一是国外大型跨国企业，例如 ABB、维谛技术、东芝、西门子，这些企业具备先进的技术、雄厚的资金和品牌优势。二是大型国企变压器供应商，它们占有较大的市场份额，例如保变电气、特变电工、中国西电等。三是新兴民企，例如江苏华鹏变压器有限公司、青岛青波变压器股份有限公司、顺特电气有限公司、杭州钱江电气集团有限公司等，这些企业经营机制灵活，占据一定的市场份额。

（2）技术现状

变压器可实现降压作用，干式变压器是数据中心常用的选型。变压器是利用电磁感应原理来改变电压的电气设备，主要由主体装置、油料、调压装置与内置铁芯，以及其他对变压器起保护作用的装置和配件组成。变压器可以调节输出电压的大小，从而实现电压的高低转换。数据中心变压器在运行时可以起到降压的作用，接收高压开关柜分配的电能，通常可以将电压从 10kV 降至 400V 供给低压开关柜。变压器按照冷却介质和冷却方式可以分为油浸式变压器和干式变压器。油浸式变压器的冷却方式一般为自然冷却、强迫风冷却、强迫油循环风冷却、强迫油循环水冷却等；干式变压器的绕组置于气体中（空气或六氟化硫气体）或浇注环氧树脂绝缘。出于对消防等安全的考虑，数据中心使用的变压器大多是干式变压器。

非晶合金变压器是当前行业主要的关注点。变压器导磁系统（内置铁芯）经历了一系列的发展演进，非晶合金变压器的性能也随之不断改善。非晶合金由美国一所高校于 1960 年发现，1980 年联信公司首次推出 15kVA 的非晶铁芯配电变压器，随后，美国 GE 公司制造了 2500kVA 非晶铁芯配电变压器，空载损耗相比用激光处理高导磁冷轧晶粒取向硅钢片下降 70% ～ 80%。上海置信变压器有限公司 1998 年引进吸收 GE 公司非晶技术，并成功研制出第一批非晶铁芯配电变压器。随着导磁系统性能的改进，导电系统（绕组线圈）的绕组匝数变少，回路电阻减小，负载损耗也相应减少。总体而言，非晶合金变压器因其损耗较小近年来受到广泛关注。

配电柜在数据中心起着电能通断、控制和保护的作用。数据中心配电柜主要分为中压配电柜和低压配电柜，中低压配电柜在电能输送的过程中起着通断、控制和保护的作用，主要分为固定和移开（抽出）两种形式，数据中心多采用移开式开关柜。其中，中压配电柜主要为 10kV 电压等级，接收来自市电的电能，低压配电柜主要为 400V 电压等级，接收来自中压配电柜的电能。近十年，国内总体配电柜市场保持稳定增长，近两年趋向平缓。而应用在数据中心行业的配电柜产品受益于行业的快速发展，市场涨幅高于配电柜行业总体增速。

3. 发展趋势

变压器市场将稳步上升，节能变压器是未来数据中心的主流应用产品。我国变压器市场在"新基建"的影响下持续突破。随着北京、上海等一线城市对 PUE 指标的监管趋严，能耗成本结构逐渐优化，数据中心能效水平将不断提高，以非晶合金变压器为代表的节能变压器是数据中心应用的主流趋势。非晶合金变压器与普通变压器相比，具有优异的导磁性能，去磁与被磁化的过程极易完成，有利于降低损耗、增加有效载荷、提高效率，比硅钢片做铁芯变压器的空载损耗下降 70% ~ 80% 左右，运行过程也可实现节能 25% ~ 50%。非晶合金变压器的节能效果显著，在电力系统中得到大量应用，但其目前仍存在技术限制，且成本较高、抗压防震能力较差，随着制造工艺的提高，非晶合金变压器将逐步替代传统变压器产品。

在"新基建"政策的推动下，中低压配电市场将迎来较快增长。我国宏观形势下的固定资产投资和电力行业的高速发展带动了中压配电行业的迅速成长。我国目前已经成为世界上电力市场和输配电设备规模较大的国家之一。"十四五"是我国特高压输电和智能化电网的全面建设阶段，国内电力工业和经济建设将持续跨越式发展，中压配电制造行业仍将处于持续、稳定增长期，行业总体需求将进一步增加。中压配电柜行业也将随着数据中心的新一波建设浪潮而保持快速增长的趋势。

我国低压配电产品总体朝着智能化、模块化方向发展。随着数据中心在人力成本、用电安全、设备运维、能耗管理及故障分析等需求的敏感性不断增强，传统配电系统已经不能满足用户的需求，具备故障报警、故障分析、自动运维等特点的智能配电产品需求增加。新一代信息技术与配电产品的融合将促进配电柜操作自动化水平不断提高，在通信网络的辅助下，配电行业逐渐出现了具备遥测、遥控等智能化功能的产品，智能化发展趋势日渐明朗。同时，配电柜将更趋向于小型化、性能强大化，生产制造和现场安装更趋向于模块化和标准化。配电柜的模块设计是指多样化的安装方式、模数化的安装尺寸、积木化的安装结构和模块化的系统功能，其设计特点是高标准、流程化、方便快捷、形式多元。模块设计能在满足不同使用环境和防护等级需求的同时，极大地提高运行的安全性及安装与运维效率。

5.1.2 不间断电源

1. 领域图谱

不间断电源产业图谱如图 5-2 所示。

注：1. UPS（Uninterruptible Power Supply，不间断电源）。
　　2. HVDC（High Voltage Direct Current，高压直流）。

图 5-2 不间断电源产业图谱

2. 发展现状

（1）市场现状

全球 UPS 行业进入稳定期，国内 UPS 行业增速高于全球平均水平。国内 UPS 行业市场规模快速增长，远高于全球平均增速。随着国内 5G、人工智能、大数据等新兴技术的发展持续带动数据中心基础设施需求不断提升，加上新能源领域的快速发展和行业应用的增加，国内 UPS 市场不断提升，市场仍具有较大的增长空间。十年间，销售额持续增长，2020 年 UPS 电源销售额已超过 100 亿元，增速达 10% 以上。

国内 UPS 品牌快速发展，HVDC 产业初成规模。国内 UPS 产品体系完善，厂商竞争激烈。UPS 供应商主要分为两类。一类是以维谛技术、施耐德、伊顿电气等为主的国际厂商，这些厂商在国内具有一定的市场占有率，技术实力强劲，市场服务优异，凭借多年的行业经验，在产品的丰富性上具备明显的先发优势。另一类是以华为数字能源、科华恒盛、科士达等为主的国内厂商，这些厂商通过多年积累，技术实力增强，市场份额逐步提升。从整体来看，UPS 市场竞争态势加剧。

HVDC 供应商可分为两类。一类是国内电源供应商，例如奥特迅、动力源、丰日、中恒电气等。另一类是国外电源供应商，例如维谛技术、伊顿、中达电通等。

AI 与 UPS 技术的结合大幅提高了数据中心的供电质量。在 UPS 智能调控"三工况"模式下，UPS 可对与输入电网和输出负载质量相关的主要参数进行实时功率跟踪，并引入 AI 算法，对一段时间以来电网和负载的历史数据进行主动学习和分析。UPS 通过准确区分不同类型的干扰（电网故障、负载故障、冲击性负载接入）和下游设备类型（包括服务器、变压器、STS[1] 或机械负载），来决定激活 VFI[2]（整流 + 逆变双变换）、VI[3]（逆变 + 旁通动态在线）、VFD[4]（旁路）3 种模式中最佳的运行模式，并做到自适应无缝切换。市场上已有较为成熟的技术方案，例如，维谛技术的 AI UPS 方案已经入选 ODCC "零碳算力共建计划"数据中心低碳产品解决方案目录。

（2）技术现状

交流不间断电源仍是主流供电方案。数据中心所用的不间断电源主要有 UPS 和 HVDC 两种。UPS 含储能装置，可为数据中心负载提供安全、可靠、不间断、纯净、高稳定性的电压，具有承受电网扰动甚至间断的能力。当市电输入正常时，UPS 对市电稳压后供应给负载使用，同时向机内电池充电；当市电中断时，UPS 立即将电池的直流电能通过逆变器转换为 220V 交流电向负载继续供电，使负载维持正常工作并保护负载硬件不受损坏。HVDC 系统是将市电转变成直流电的带有储能装置的不间断电源系统，主要由整流模块、监控单元、直流配电单元、交流配电单元、电池单元等组成。

UPS 和 HVDC 分别是交流和直流不间断电源，国内数据中心常用的交流电压为 380V，常用的直流电压为 240V 和 336V 两种制式，UPS 一直以来被广泛应用于数据中心，而 HVDC 自 2010 年后在国内三大运营商（中国移动、中国联通、中国电信）和百度、阿里巴巴、腾讯开始规模集采和商用，需要大规模定制服务器、配电的需求带动了周边设备商推出较低的全链路造价方案，当前市场集中度较高，

1　STS（Static Transfer Switch，静态转换开关）。

2　VFI（Voltage Frequency Independent，电压和频率独立调节）。

3　VI（Voltage Independent，电压独立调节）。

4　VFD（Voltage Frequency Dependent，电压和频率共同调节）。

其效率可达 96% 以上，相比于传统 UPS 系统高 2% ～ 3%，随着 UPS 产品的迭代升级，效率也在不断提升。未来 HVDC 技术和 UPS 技术将长期共存，以满足不同类型客户的需求。HVDC 与 UPS 设备特性见表 5-1 所示。

表 5-1 HVDC 与 UPS 设备特性

性能		HVDC	UPS
可设计性	设备兼容性	弱	强
	配电设计性	直流熔丝	交流断路器
	电池设计性	电池电压低，放电电流大	电池电压高，放电电流小
	设计安全性	单独接地保护系统	TN-S 架构满足接地安全性
绿色节能	系统效率	94% ～ 96%	在线模式 94% ～ 97%
运维	转旁路维护	不支持	支持
	转维修旁路维护	不支持	支持

绿色节能 UPS 应用普遍。 随着低碳政策在数据中心行业的落地，国家和行业颁布了多项政策引导绿色数据中心发展并调控 PUE 到具体数值。目前 UPS 具备了几种可节能的技术模式。

增强型 ECO[1] 模式。 当前 UPS 产品在线模式（整流逆变双变换）的最高工作效率为 97%，考虑到器件成本的提升和节能收益的对比，下一步在线模式效率不会显著提升，但全国各地数据中心都将会有更加严格的 PUE 要求，对 UPS 效率的要求越来越高。

UPS 内置的静态旁路作为主路供电的备份，提升了可靠性，同时其简单的结构使损耗更低。传统 UPS 已有的节能模式使 UPS 长期运行在静态旁路，实现了效率达到 99%。当旁路异常时，UPS 切换至电池模式有 2ms ～ 20ms 的间断，因此该传统节能模式（ECO 模式）应用很少。近两年，部分 UPS 供应商提供了增强型 ECO 模式，其特点是既可实现高达 99% 的高效率，也可保障供电的可靠性，即旁路输入异常时，0ms 切换至电池供电，旁路输入恢复正常；0ms 切换回旁路供电，整流单元正常充电。增强型 ECO 效率变化示意如图 5-3 所示。

---

1 ECO 由 Ecology（环保）、Conservation（节能）和 Optimization（动力）合成。

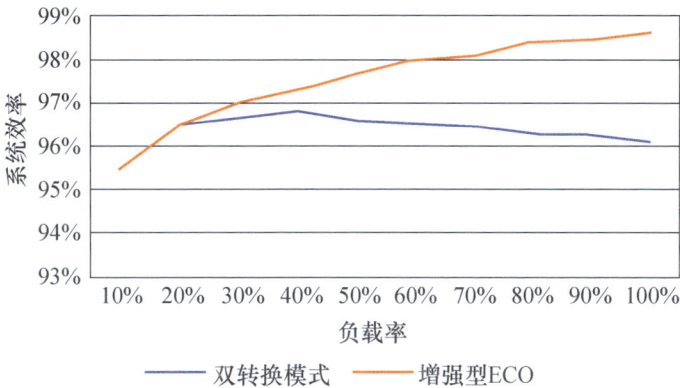

图 5-3　增强型 ECO 效率变化示意

逆变器作为有源滤波器可主动滤波，当负载功率因数低或谐波分量高时，自动检测并补偿，保障反馈至电网的波形纯净，功率因数高。滤波原理如图 5-4 所示。

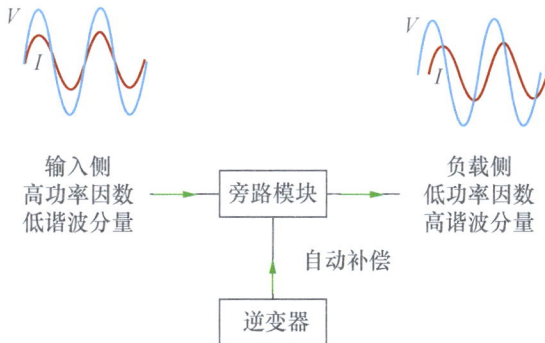

图 5-4　滤波原理

增强型 ECO 模式除了需要满足 0ms 切换，还需要满足 IEC 62040 标准定义的 CLASS1 动态响应要求，实现更高的供电可靠性。增强型 ECO 模式将会在 UPS 行业被广泛使用，是未来提升 UPS 效率的主要方式。

休眠模式。 新型高频机 UPS 普遍实现了低载高效的设计，即效率最高点在 50%，但实际大多数用户的负载率仍低于 50%，为此，采用智能休眠技术，通过休眠冗余的模块，在用户低负载率时，提高实际运行模块的负载率到 50% 左右，可解决低负载率时效率低的问题，使系统工作在效率较高点，提高 UPS 实际运行效率，降低用户用电量。

例如，4 个并联模块的 UPS 负载率在 25% 时，可休眠其中的 2 个模块，剩余

2 个模块带载，此时带载模块的负载率为 50%，处在效率最高点，提高了用户效率。当用户负载率增大或发生异常时，休眠模块可以自动重新工作。并联 UPS 工作模式示意如图 5-5 所示。

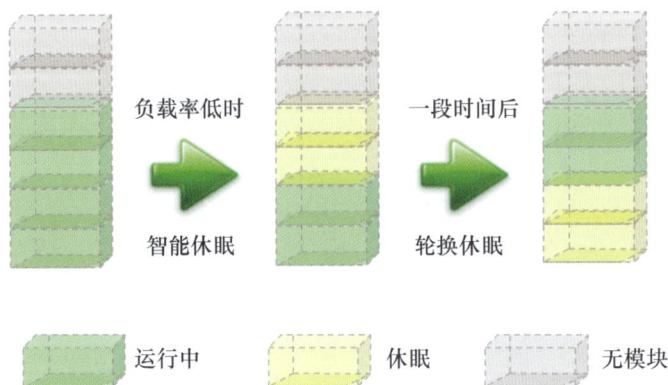

图 5-5　并联 UPS 工作模式示意

大容量 UPS 解决方案成为主流。 大型云数据中心 IT 柜从数千个激增至数万个、数十万个，单柜功率密度攀升至 10kW 以上，UPS 的单机容量越来越高，兆瓦级 UPS 单机系统取代了传统的多并机系统，被广泛应用，出柜率得到提升。同时与上一代产品相比，UPS 占地面积越来越小，功率密度不断提升。

数据中心供电系统中占地面积最大的是电池系统。传统铅酸电池的占地面积大于 UPS 和配电系统，同时存在维护难、寿命短的缺点，数据中心锂电池的规模应用，将有效减少电池系统的占地面积，提升机房的出柜率。

模块化架构广泛应用。 UPS 要求更简单的维护和扩容，模块化架构得到更广泛的应用。近十年，业界已从模块化 UPS 的初步试点发展到广泛应用，模块化 UPS 从不支持热插拔的类模块化设计，到功率模块支持热插拔的初期模块化 UPS，再到发展成为全模块化 UPS。全模块化 UPS 与传统塔式 UPS 的对比见表 5-2。

表 5-2　全模块化 UPS 与传统塔式 UPS 的对比

类型	架构	维护方式	维护工时	维护人员
传统塔式 UPS	系统冗余	单机停机：专业人员将 UPS 下电拆解检修	2 人 ×5 小时	专业工程师
全模块化 UPS	模块冗余	单模块停机：系统其他模块正常运行，更换故障模块即可	1 人 ×0.1 小时	普通工程师

3. 发展趋势

（1）市场趋势

大功率 UPS 市场份额快速提升。从产品特点看，大功率 UPS 市场份额明显上升。随着数据中心朝着大型集约化的方向发展，大型及超大型数据中心占比增加，大功率 UPS 需求增加，销量占比增加。据统计，容量在 20kVA 以下的中小型 UPS 市场规模持续下降，而大型 UPS 市场销售额快速增长。大型 UPS 价格较高，抵消了中小型 UPS 市场缩减的影响，因此国内 UPS 市场整体呈现销量减少但销售额增加的趋势。近年来，600kVA ～ 800kVA 容量的 UPS 机型在国内外大型及超大型数据中心被规模应用，各主要厂商也推出了新一代 1MW 以上容量的机型。

（2）技术趋势

智能 UPS 和 HVDC 将逐渐取代传统 UPS。对供配电系统而言，很多事故都可以通过早期的精密监控和智能算法来识别并预防，而非等到器件损坏、模块出现故障或系统失效后再被动告警，这种主动预测性维护是不间断电源智能化的核心，即变被动告警为预测性维护。从解决方案看，智能 UPS 技术及 HVDC 将是不间断电源的未来发展趋势。

智能 UPS 节能技术。新一代 UPS 设备需要具备极高的运行效率，满足数据中心进一步节能减排的需求。具备动态在线模式的 UPS，其特征为逆变器可以兼做有源滤波器，结构包括旁路装置、市电转换装置、直流转换装置、逆变器、控制装置，可用于检测旁路电压频率，并基于所述旁路电压频率生成旁路模式信号或主路模式信号的旁路判断装置，可在确保设备可靠性的同时，显著提高运行效率。具备动态在线模式的 UPS 在静态旁路的基础上增加了有源滤波功能，该模式下逆变器作为有源滤波器实时动态在线，配合静态旁路上的电能调制单元，使系统能够满足大范围的电网和负载电能调节需求。当无功负载或非线性负载连接到 UPS 并且存在谐波或无功电流时，UPS 中的逆变器能够起到有源滤波器的作用，仅消耗部分电能来补偿电路干扰，在提高系统电能质量的同时，提供无间断供电。

AI 技术与 UPS 的结合。AI 技术可加强 UPS 的持续输出，满足应用要求的高供电质量，同时实现高达 99% 平均运行效率的节能。此外，高压直流技术在供电可靠性、供电安全性、可扩展性、运行控制效率、谐波污染等方面具有明显的优势。

61

而传统 UPS 系统串联设备多，易引起单点故障，冗余度增加了安全保障，但导致系统效率较低、成本过高，并且传统 UPS 系统不易维护，扩容难度大，制约了业务的进一步发展。高压直流系统的使用，优化了数据中心供配电架构，减少了供配电变流装置的数量及损耗，提高了数据中心电能使用效率。但在高压直流系统上使用时还存在产业生态不成熟、设备标准不一致等问题，需要进一步改进。

支持储能系统的 UPS。 随着国家对节能政策的逐步推行，UPS 电源储能技术在优化分配资源、利用低碳能源方面将发挥越来越重要的作用。随着锂离子蓄电池等储能设备技术的不断进步和制造成本的降低，以及国家和各地区能源政策的鼓励、支持，国内储能市场快速兴起。UPS 具有成熟稳定、高性价比、易于维护和安全可靠等特点，采用具有储能功能的 UPS 设备打造高效低成本储能系统，通过综合电能利用，实现储能收益最大化。

具有储能功能的 UPS 设备在改善电网电能质量的同时，可根据不同行业场景，灵活管理峰谷电价差，有效降低系统电费；并可根据政策要求，系统执行园区需求侧响应；对于特定用户，可通过系统动态扩容，降低整体增容费用；根据用户实际能源构成，与光伏、风能等可再生能源组成混合供电系统，提升系统可靠性。

UPS 将在保障供电可靠性的同时向节能模式发展。 随着绝缘栅双极晶体管（Insulated Gate Bipolar Transistor，IGBT）技术的突破，UPS 行业在近十年来不断从工频 UPS 向高频 UPS 发展，解决了传统工频 UPS 体积大、效率低、维护难、可用性差等问题，工频 UPS 现已基本退出市场。

数据中心行业的绿色低碳发展要求推动 UPS 不断提升能效，当前 UPS 系统的最高效率点普遍达到 96%，高性能 UPS 效率达到 97%，相比于传统 UPS 效率提升 3%～5%，以 1 台 400kVA 的 UPS 为例，其效率每提高 1%，在其 10 年的寿命周期内节省的电费约为 35 万元，这些损耗的电能产生热散发出来，还要额外消耗制冷系统的功率，因此，高效 UPS 仍是未来的发展方向。

5.1.3　后备电池与柴油发电机

1. 领域图谱

后备电池产业图谱如图 5-6 所示。

图 5-6　后备电池产业图谱

2. 发展现状

（1）后备蓄电池

后备蓄电池通常只在市电停电或电源设备出现故障时启用，是不间断电源的重要保障。数据中心对后备蓄电池的性能要求主要有 3 个方面。一是安全性和可靠性。在安全性方面，例如，数据中心对蓄电池的安全质量要求严格，尽可能把蓄电池发生漏液、鼓包甚至爆炸的概率降到最低。在可靠性方面，例如，电压均衡性要求，数据中心串联蓄电池组中各个电池电压或内阻均衡性要保持一致，电压或内阻不均衡将导致部分蓄电池发生故障，从而使蓄电池组无法正常供电。二是经济性，包括成本和电池耐久性。耐久性是指过充寿命、高温加速浮充寿命及循环寿命等。三是环境友好性。环境友好型电池的选择将有助于当前绿色节能数据中心建设。目前数据中心常见的电池技术选型是铅酸电池和锂离子电池。铅酸电池技术发展已有 100 多年，数据中心常用的铅酸电池类型是阀控式密封型铅酸蓄电池，这类电池安全使用性能较高，维护工作量较小。尽管铅酸电池应用广泛，但其循环寿命低，比能量较小，充放电倍率也较低。

铅酸电池行业集中度提高，锂离子电池市场稳步提升。铅酸电池产品质量成熟，安全性能稳定，价格成本和维护成本较低，工程设计安装简便，布线施工量更小，是目前综合性价比较高的二次电源，也是数据中心后备电池的主要选择。

但由于铅酸电池存在环保方面的问题，产业发展环境压力较大。在政策宏观调控的背景下，经过优胜劣汰的市场竞争，铅酸蓄电池行业不断整合，集中度持续提升，南都电源、理士、双登、圣阳、瑞达、卧龙6家企业占据大部分通信电源市场份额。锂离子电池是一项环保、占地面积小、质量轻、循环寿命长的电池，在倡导绿色环保的背景下，国家和行业对锂离子电池的投入不断加大，锂离子电池在技术层面和产品层面进步显著，能量密度和安全性能持续提升，市场占有率逐年上升。近年来我国锂离子电池行业快速发展，目前数据中心使用的锂电池的生产企业主要有华为、南都电源、双登、维谛等。

（2）柴油发电机组

柴油发电机组是重要的备用电源，主要应用于供电保障要求较高的使用场所，在数据中心供配电系统中，柴油发电机组被用来保证业务的连续性和稳定性，以及作为电源系统的冗余保护。在数据中心发生不可抗力（例如，地震、台风等自然灾害）的电力中断情况下立即启动柴油发电机组，为负载提供持续、稳定的电力供应，是目前满足数据中心用电连续性、稳定性和可靠性要求的备用电源的最佳方案。柴油发电机组主要由柴油机、同步发电机、机械传动系统、机组监控系统等组成，其原理是柴油机带动发电机旋转，将柴油燃烧的热能转换为动能，再驱动发电机产生电能，实现向外部负载供电，具有起动迅速、供电平稳、操作维修方便、环境适应性强等优点。

柴油发电机行业竞争激烈，国产品牌技术自主能力不断提升。据统计，目前柴油发电机组占据国内整个备用电源市场近90%的份额，2020年中国柴油发电机市场规模达到300亿元。数据中心柴油发电机组供应商分为两类。**一类是国外品牌发电机组**，国外技术发展历经百年，技术含量和产品附加值高，主要企业包括康明斯、卡特彼勒、MTU、科勒、小松等。**另一类是国产大型柴油发电机组生产企业**，我国柴油发电机行业经历了国外进口、许可证生产、技术引进、自主开发等阶段，具有一定的技术自主开发能力，行业竞争激烈，主要企业包括玉柴、潍柴、锡柴、东风康明斯等。

3. 发展趋势

（1）后备电池

工业和信息化部在2021年7月4日发布了《新型数据中心发展三年行动计

划（2021—2023 年）》，指出支持探索利用锂电池、储氢和飞轮储能等作为数据中心多元化储能和备用电源装置。2021 年 7 月 23 日，《国家发展改革委　国家能源局关于加快推动新型储能发展的指导意见》（发改能源规〔2021〕1051 号）发布，指出到 2025 年实现新型储能从商业化初期向规模化发展转变，到 2030 年，实现新型储能全面市场化发展，并特别提出推动锂离子电池等相对成熟的新型储能技术成本的持续下降和商业化规模应用。在政策的指引下，锂离子电池行业将快速发展。

高倍率磷酸铁锂电池将会是数据中心备用电池的优选方案。锂离子电池按照正极材料分类，可分为钴酸锂、锰酸锂、磷酸铁锂、三元锂，其中磷酸铁锂被认为是目前最安全、最环保的锂离子电池正极材料，也是数据中心应用最广泛的锂离子电池类型。然而，锂离子电池在数据中心的应用存在两个瓶颈。一是可靠性，锂离子电池技术研发仅 30 余年，技术成熟度不高，其可靠性需要进一步验证。二是成本高，锂离子电池的成本大约是铅酸电池的 2 倍。这两个瓶颈导致锂离子电池在数据中心的应用普及度不高。此外，锂离子电池的再生价值、充电维护系统、一致性和要求较高的电池管理系统（Battery Management System，BMS）等仍存在问题。随着未来锂离子电池技术的不断发展，锂离子电池在成本、可靠性、回收等方面将逐渐改善，在数据中心的应用优势将会更加凸显。

（2）柴油发电机组

柴油发电机组集成化、预制化趋势明显。设备集成商采用不同的发动机、发电机的产品组合实现多元化的方案。柴油发电机组主机预制化较为成熟，例如集装箱式的柴油发电机组，配套系统工程属性较强，互联网企业对柴油发电机配套的进排风系统、供油系统、消防降噪等进行整体设计和预制，实现更为全面、彻底的柴油发电机预制化。随着数据中心在可靠性、可用性要求的提高，环保能耗政策趋严，客户对高端、智能的柴油发电机组产品需求更大，在稳定性、能量密度、自动控制、智能供配电管理及节能环保等方面有更高的要求。

5.1.4　电力模块

1. 领域图谱

电力模块产业图谱如图 5-7 所示。

图 5-7　电力模块产业图谱

2. 发展现状

（1）市场现状

传统供配电方案市场占比高，电力模块方案开始发力。由于数据中心供配电系统一直以来都以部件演进为主，所以目前整个数据中心供配电市场仍然以传统供配电方案为主，但是在"新基建"和"双碳"等政策的牵引下，数据中心建设必将更加重视减少碳排放，对供配电的要求会更高，必须要让占地面积更小、效率更高，通过技术创新来节能减碳，因此，电力模块新型供配电方案的应用呈快速增长趋势，越来越多的 IDC、金融、运营商等客户选择电力模块方案作为新建数据中心的供配电方案首选，华为的电力模块 FusionPower6000、维谛技术的 Liebert APT 系统等产品已经应用于多个案例。

（2）技术现状

供配电系统主要采用传统攒机方案和预制电力模块方案。 目前数据中心供配电主要包含传统的"拼凑式"攒机方案和预制电力模块方案，其中电力模块方案是新一代的供配电解决方案。

传统攒机方案。 通过简单的线缆连接变压器、低压配电、UPS 等部件，可以满足机房供配电的基本需求，但是由于设备由多个供应商供应，其系统未经统一设计，造成传统方案在占地面积、交付速度、能耗和安全方面存在诸多挑战。传统攒机方案如图 5-8 所示。

预制电力模块方案。 电力模块是面向大型数据中心提供 MW 级的供配电一体化解决方案。电力模块融合了从中压变压器到负载馈线端的全功率链路，通过一体化设计、高密部件集成，减少电力系统的占地面积；通过预制化、"去工程化"，降低交付复杂度，缩短部署工期；通过智能特性，实现全链可视管理和预测性维护，保障系统安全运行。预制电力模块如图 5-9 所示。

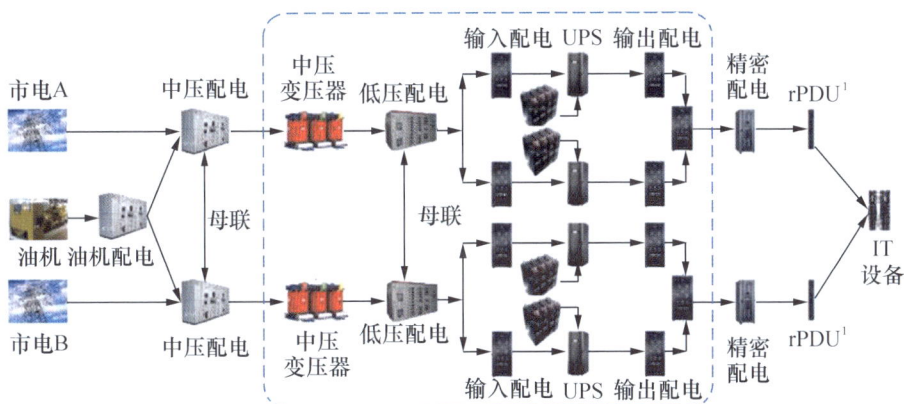

注：1. rPDU（remote Power Distribution Unit，远程电源分配单元），又称网络电源控制系统。

图 5-8　传统攒机方案

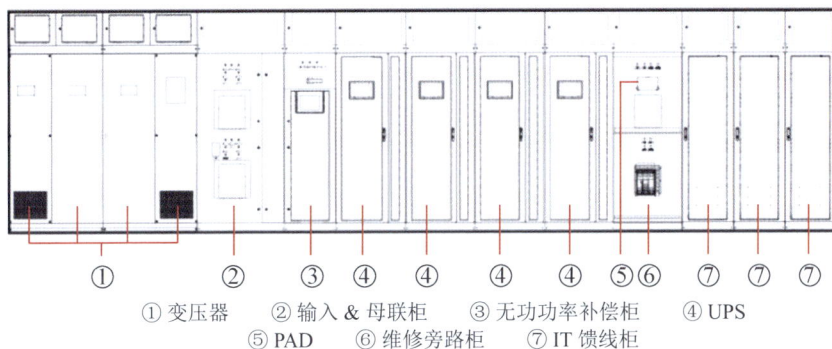

① 变压器　　②输入 & 母联柜　　③无功功率补偿柜　　④ UPS
⑤ PAD　　⑥ 维修旁路柜　　⑦ IT 馈线柜

图 5-9　预制电力模块

电力模块供配电方案优势明显。传统供配电方案在匹配业务发展中面临诸多挑战，存在占地面积大、部署周期长（采购、安装、调试）、能源效率低、运维成本高和可靠性无保障等问题。而电力模块在匹配业务发展中具有诸多优势，主要体现在以下方面。

预制化降低建设难度、缩短建设周期。一体化集成变压器、低压配电柜、无功功率补偿柜、UPS 及馈线柜等，提供完整的供配电解决方案，提升整体效率。工程产品化，与现场解耦，对设备间一次及二次连接部分在工厂进行预制，形成标准化接口，现场人员只需在系统内部简单连接就能完成系统的软硬件连接，实现设备的快速部署。

在传统攒机式方案中，以 2.5M 电力模块为例，现场需要连接 15 根铜排和

264 根线缆，设备由多个供应商供应，铜排、线缆均需要现场设备到场就位，进行工程勘察后再加工，包括设备的安装、母线线缆的加工和安装、设备单体调试、联调、系统验证，整个周期在 2 个月以上。撬装式智能融合电力模块作为一个整体已经出厂预装和调测，只需要现场安装就位和与上层网管进行简单联调，整个周期少于 2 周；对于非撬装式散发现场安装的场景，增加机柜、铜排等安装就位步骤，整个周期约为 2 周。

高密化提升出柜率。供配电核心单元经过高密化设计后，能在数据中心留出更大的空间用于 IT 设备部署，提高数据中心的出柜率。

高效化提升链路效率。采用具备 0ms 切换的智能在线模式（增强型 ECO）的 UPS，可在保障供电可靠性的同时提升供配电链路效率。

在线双变换运行模式。经过整流逆变双变换后，可以滤除电网中的大部分干扰和谐波，给 IT 设备或其他行业关键设备提供纯净不间断电源，同时还可以反向滤除动力设备对电网产生的谐波污染。市电异常后可 0ms 转换至电池，市电恢复后又可以 0ms 转换至市电模式，静态旁路为整流逆变的备份，当逆变电路发生故障时，或者当负载受到冲击或过载时，逆变器停止输出，旁路侧接通，由电网直接向负载供配电，在电网质量较好时也可长期通过静态旁路供配电。在线双变换运行模式如图 5-10 所示。

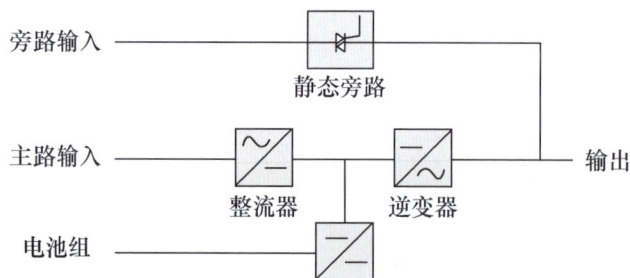

图 5-10　在线双变换运行模式

智能在线运行模式。智能在线运行模式可以通过优化供配电架构和供配电逻辑，解决电源切换输出间断、低效、谐波大的问题。当系统工作在智能在线模式时，UPS 自动检测旁路输入电网质量：电网质量较优时，UPS 优先旁路输出，在逆变开机热备份中，可实现 0ms 切换，并且负载谐波大于设定值时，逆变可补偿负载中的谐波分量；电网质量较差时，UPS 优先逆变输出，保证供配电质量。数据中心负载大多数是双电源服务器，正常运行期间，UPS 的运行负荷在 25% ～ 50%，针对此情况，模块化 UPS 充分利用其配置灵活的优势，在智能在线模式下进一步推出功率模块休眠功能，实现了轻载高效，25% 负载下效率高于 98.5%，50% 负载下效率达到 99%。

智能化提升运维效率和系统可靠性。统一集中式监控管理，以链路的形式对供配电系统进行监控管理，实时掌握系统运行状况，对故障进行快速定位与维护，同时具有预警功能，实现主动式运维管理，防患于未然。

3. 发展趋势

（1）市场趋势

电力模块未来或将成为供配电方案的主流选择。电力模块解决了当前传统方案在占地面积、效率、安全等方面的问题，客户可以节省更多占地面积，实现快速交付，在生命周期中节省大量电费，系统更加智能安全可靠。随着技术的成熟和应用的推广，越来越多的客户或将选择电力模块作为数据中心供配电方案。

极致效率的电力模块更符合市场需求。电力模块作为新一代的供配电技术方案，应当具备极致的效率，例如，除了缩短链路减少损耗，还应该具备极致省电的增强型 ECO 模式，同时做到 0ms 切换。

（2）技术趋势

深度融合是电力模块的演进方向。随着数据中心服务器芯片算力的持续提升，IT 机柜单柜平均功率将很快从 6kW ～ 8kW 提升到 12kW ～ 16kW。据测算，当 IT 机柜功率密度达到每柜 16kW 时，配电间和 IT 空间的面积比例约等于 1∶1，如何保证 IT 的出柜率并持续降低电力模块的占地成本成为需要解决的问题。可以将 UPS 输入输出配电与 UPS 深度融合，减少电力模块链路节点，在产品架构上进行极简设计来减少占地面积。IT 机柜的演进如图 5-11 所示。

智能化成为安全和运维的关键手段。电力模块统一的智能管理系统可有效提升电力模块系统的安全性，由本地智能管理系统和智能网管组成，本地智能管理系统硬件由变压器的温控器、低压柜/馈线柜的柜级监控单元、UPS 主控把各柜信息通过智能插座汇入总控中心（Enterprise Command Center，ECC）主控；ECC 主控统一监控汇总，在本地 PAD 上统一显示电力模块各单元的电流、电压、频率、电能、谐波、负载率、开关状态、UPS 状态、各节点温度，供本地用户直观地识别系统运行状态；同时 ECC 把信息上报给网管，供网管显示 3D 视图、电压电流电能等运行参数、链路图及故障影响分析、开关在线整定、开关健康度预测、UPS 电容 / 风扇寿命检测、各节点温度预测、AI 异常预警、图像 AI 识别等智能运维特性，能够实现智能运维，变被动维护为主动运维，在提升系统安全性的同时也提升了系统的运维效率。

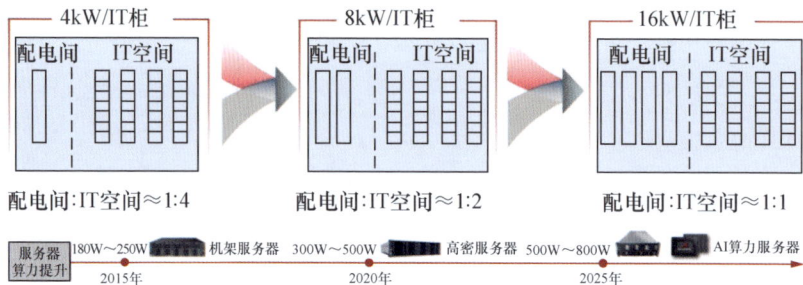

图 5-11　IT 机柜的演进

5.2　散热制冷

　　数据中心制冷系统的主要作用是维持 IT 设备正常运行的环境条件，属于数据中心必不可少的基础设施。数据中心的 IT 设备运行时会持续产生热量，热量在超出额定的温度范围和变化率时，会导致一系列问题，例如服务器宕机可引起业务中断，还会产生潜在的包括寿命、稳定性方面的危害。因此，散热制冷对数据中心至关重要，逐渐成为数据中心重要的技术领域。

　　随着人工智能、大数据、5G 等新兴技术和相关应用的发展落地，高速支撑规模庞大的数据处理的电子信息设备得到快速发展，功率密度不断增加，高热密度和高能耗成本是数据中心制冷系统面临的主要任务。根据相关数据测算，数据中心制冷系统的耗电量占数据中心总能耗的 32% 左右，是除 IT 设备能耗外占比最大的能耗。

5.2.1　风冷系统

　　风冷空调系统是最早应用于数据中心的制冷解决方案，其应用形式多样，适用于各类不同的数据中心。风冷精密空调发展至今，经历了多次技术迭代，在能效和控制方面不断提升。从应用形式来看，风冷精密空调可分为房间级和列间级两大类。受空气传热能力限制，行业普遍认为风冷系统适用于单个 IT 机柜热负荷小于 15kW 的场景。

1. 领域图谱

风冷系统产业图谱如图 5-12 所示。

图 5-12　风冷系统产业图谱

风冷空调是当前主流的机房制冷设备，行业内主要厂商在风冷空调领域有一定的技术积累，中国机房空调市场厂商众多，竞争激烈，主要的厂商包括华为、维谛技术、艾特网能、佳力图等。

2. 发展现状

（1）市场现状

传统风冷型机房空调市场份额逐渐下降，全变频风冷空调份额不断提升。 从产品结构来看，风冷精密空调具有系统简单、维护方便、成本低廉等优势，依然受到数据中心用户尤其是中小型数据中心用户的偏爱。根据第三方机构的调研报告，2020 年，全球风冷型机房空调市场规模达到 55 亿美元，市场占比近 60%；其次是水冷型空调市场，市场规模达 30 多亿美元，市场占比超 30%，双冷源等其他类型空调市场增速达 60%，2020 年市场规模为 4 亿美元。

全变频空调相较于传统风冷空调，能效大幅提升，已经在大量中等规模的数据中心广泛应用，结合带喷淋的集中式冷凝器方案，部分应用案例 PUE 可达 1.25 以下。

旧机房节能改造市场空间巨大。 过去 20 年，已建成的数据中心大多采用传统风冷空调的建设方案，目前有节能改造的诉求。在旧机房改造过程中，部分机房受建筑结构限制，需要保持原有的建设方案，因此，需要选用节能效果更好的风冷型空调。此外，对于存量数据中心，部分城市也提出了 PUE 指标要求，不满足能效要求的数据中心将面临整改的风险。

（2）技术现状

传统风冷空调能效有待进一步提升。 传统风冷空调大多以定速压缩机为核心部件，其主要控制模式为启停控制，同时在空调系统中配置加热、加湿组件来进行热量补偿和湿度补偿，从而达到机房环境恒温恒湿的效果。数据中心早期的建设规模相对较小，高能耗问题并不显著。随着互联网、云计算、5G、人工智能等技术高速发展，全社会的数据需求量显著提升，数据中心的耗电量占全国总耗电量的1%，数据中心如何节能成为当前亟须解决的关键问题。除了IT设备，风冷精密空调是数据中心第二大耗能设备，因此，空调节能技术在近几年得到快速发展。各类变频调节、自然冷利用等技术开始应用于风冷机房空调。

全变频技术逐步成熟，适应节能要求。 在传统风冷空调的基础上，采用全变频技术的新一代房间空调、列间空调的能效显著提升。全变频风冷空调具有多重优势：一是采用全变频技术的空调机组可随机房热负荷变化自动在10%～100%期间调节制冷输出，更稳定地控制机房温湿度；二是全变频空调机组在部分负荷下，压缩机、风机等均工作在效率较高的点，机组能效显著提升，较启停控制的定速空调在机房热负荷75%的情况下，综合能效可提升30%以上；三是全变频空调采用电子膨胀阀，可以更精确地控制蒸发温度，从而减少除湿量，节约加热补偿，减少补偿过程带来的额外能耗；四是全变频空调采用蒸发温度更高的压缩机，可应用于高回风温度的场景，将传统风冷空调的回风温度从24℃提升至35℃以上，蒸发温度的提升，极大地减少了压缩机功耗，也为风冷空调更多地利用室外自然冷创造了良好的条件，全变频空调能效得到进一步提升；五是全变频空调采用软起动技术，相较于传统采用定速压缩机的空调，无启动电流，对电网无冲击；六是全变频空调相对于传统风冷空调，在控制方面有显著提升。企业可以根据机房的实际应用，选择不同的控制模式，适应机房温度分布、气流组织的要求。

采用全变频技术的风冷空调可以对当前市场上现存的风冷空调进行替代和更新，是节能改造型数据中心的选择之一，在达到节能目的同时，适应机房原有布局，替代工作量小，节能效果显著。

3.发展趋势

制冷系统作为数据中心基础设施的重要子系统，是数据中心保持高效运行的重要保障，也是推动数据中心向高密度、大规模发展的重要环节。提升制冷系统能效是降低数据中心 PUE 的关键，对整个数据中心的节能降耗具有重要的意义。数据中心的制冷系统中风冷空调的发展呈现出以下趋势。

（1）高效制冷

新型风冷机房空调采用全变频化架构设计，关键器件均使用变频器件，包括全直流变频压缩机、变频电子膨胀阀、室内变频 EC 风机[1]及室外交流变频风机等，使机房空调在部分负荷下具有更高的能效输出，能够实现空调冷量输出 10% ～ 100% 无级调节，对制冷量调节更加精细。同时新型风冷机房空调也带来了更多的特性，例如，在轻载情况下，对机房空气进行除湿，防止机房内的 IT 设备出现凝露导致漏电短路的情况，提高了机房运行的安全性与可靠性。

国内企业一直致力于对关键器件的自主研发，通过对风机、压缩机驱动等关键器件在结构和控制等方面进行定制性优化，提升关键器件效率，使风冷机房空调更适合数据中心的应用场景。近年来，全球各个机房空调厂商不断提出创新解决方案以提高机房空调的能效比。此外，在冷凝器上增加喷淋系统也是正在探索中的解决方案。在压缩机做功时，通过喷淋水蒸发增加换热器换热，进一步降低冷媒的冷凝压力，提升压缩机效率。

（2）应用多样

为适应不同机房的设计形式，风冷空调经过多年发展，在原有房间空调、列间空调的基础上，拓展出多种形式。为解决高热密度 IT 机柜冷却问题，采用背板形式设计的风冷末端，在顶部安装风冷末端。为适应边缘计算场景，可独立安装在单个 IT 机柜内部的小型风冷机组得到应用。室内外机一体式的小型空调机组在户外柜散热中有广泛的应用。此外，为提高换热效率，减少室外机占地面积，风冷空调的室外机也逐步向集中式演进。同时结合室外喷淋间接蒸发冷却，室外机的换热效率进一步提升，有效提升了风冷空调系统能效，扩展了风冷空调的应用范围。

风冷空调系统以其系统简单、安装维护方便，被广泛应用。随着单个 IT 机柜功率密度提升，单个机组更大冷量的需求逐步明显，风冷空调可解决 8kW ～ 15kW/柜的散热问题，减少室内外机之间连接的铜管数量，更适用于大型数据中心。

以风冷全变频为基础，结合各种自然冷技术形成多种解决方案。在全变频风

1　EC 风机指采用数字化无刷直流外转子电机的离心式风机或采用 EC（Electrical Commutation）电机的离心风机。

冷空调基础上，为进一步提高空调系统能效，可集成多种自然冷技术。在空气质量较好的区域，在室外环境温度较低的季节，将室外新风通过多重过滤直接引入机房内部，在自然冷冷量不足的情况下，通过全变频风冷系统进行补充。在风冷空调基础上集成空空换热器，一方面隔离室内外空气，另一方面通过喷淋可强化换热，提高自然冷利用效率，在自然冷冷量不足的情况下，可通过全变频风冷进行补充。此外，还可根据实际应用场景及各地气候条件，结合氟泵自然冷、水侧自然冷等，形成合适的解决方案。

（3）智能运维

对于制冷系统，由于器件繁多，不同器件的组合方式多，需要调节的参数多，传统控制方式调节有较大的局限性、滞后性，且对运维控制人员的经验素质要求很高，难以满足目前数据中心制冷系统高效运维的要求。而通过 AI 对不同器件控制寻找最优能效的运行模式，可实现制冷系统更高能效运行。通过机器学习，采用 AI 算法，对自有数据中心运行数据进行收集、整理、分析，建立制冷系统控制模型，实现对制冷系统多参数实时耦合调控。同时，通过配置多种传感器，实时监测采集关键部件的运行状态参数，例如震动、噪声等，能够及时发现器件是否失效，甚至通过对收集参数比对分析，实现预测性维护，提升制冷系统的稳定性与可靠性。

5.2.2 冷冻水冷却系统

1. 领域图谱

冷冻水冷却系统产业图谱如图 5-13 所示。

图 5-13 冷冻水冷却系统产业图谱

冷冻水系统是一种集成的制冷解决方案，包括冷水机组、室外散热设备、水泵、空调末端、管路和阀门、控制系统和水处理等。空调末端厂商主要有华为、英维克、佳力图、依米康、艾特网能、维谛、STULZ 等；室外散热设备主要是冷却塔产品，主要厂商有益美高、马利、BAC、揽讯、元亨、良机等；数据中心领域的冷水机组厂商包括约克、特灵、开利、麦克维尔、克莱门特、英维克、佳力图、美的、格力等。

2. 发展现状

冷冻水系统通常应用于大型数据中心。冷冻水系统管路比较复杂，建设初期投资比较大，对维护团队人员的技能要求较高，但是冷冻水系统管路可以设计得比较长，以解决室内外距离较远的问题，因此，在采用多层模式建设的大型数据中心中应用得较为广泛。水冷主机通过冷却塔散热，喷淋和蒸发过程耗水量较高，因此要求数据中心所处区域的水资源要相对充足。

（1）能源效率

数据中心冷冻水系统的能耗在数据中心仅次于服务器等 IT 设备能耗，其能效水平最受关注。在冷冻水系统的方案设计上，近年来设计水温一直在提高，从 10℃～ 15℃的供回水温度，逐渐到 12℃～ 16℃、14℃～ 19℃、16℃～ 22℃、18℃～ 24℃、18℃～ 28℃等，同时温差也在扩大，从 5℃～ 6℃，再到 10℃。提高供回水温度可以有效降低系统能耗，使压缩机的能效可以更高，增加供回水温差可以减小流量，使水泵能耗可以更低。

灵活的冷冻水系统组合方案进一步优化能效。在冷冻水系统设计方案上，室外冷却采用风冷或水冷方式，风冷方式采用风冷冷水机组，主要应用在中小型数据中心，这两年由于北方大型数据中心增加，同时用水量激增，在部分缺水区域，大型数据中心部分采用风冷方式；水冷方式采用冷却塔——水冷冷水机组的组合，采用水冷方式比采用风冷方式能产生更好的能效，这是大型数据中心应用最为广泛的方案；在采用冷却塔和水冷冷水主机的水系统设计方案时，可以通过系统管路设计，更多利用冷却塔蒸发自然冷，减少冷水主机工作时间或输出百分比，提高水系统能效。

（2）系统安全性

冷冻水系统是集中式冷源的方案，如果系统出现问题，则数据中心整体冷却也会发生故障。为保证可靠性，设计方案上主要设备采用 N+1 冗余设计，管路系统采用双路冗余，避免单点故障，保证系统出现单一故障时可正常运行。同时对水泵、阀门等关键设施的供电采用不间断电源，并结合蓄冷装置，保证断电后冷量供应不间断。

（3）市场份额

冷水系统的设备供应商在部分领域由国外厂商占据较大的份额。在冷冻水系统的大型冷水机组方面，目前应用比较多的是国外厂商，例如约克、特灵、开利等，但近年来国内厂商也在逐步进入大型冷水机组行业。

空调末端主要以国内厂商为主，例如华为、英维克、佳力图、依米康、艾特网能等。

目前生产冷冻水系统水泵的国外厂商有格兰富、威乐等，国内厂商有南方泵业、东方、凯泉、新界等。在冷水系统的控制方面，国外厂商占据相当大的份额，江森自控、霍尼韦尔、西门子等厂商的产品在数据中心冷冻水系统应用广泛。

3. 发展趋势

（1）压缩机

空调系统对冷水机组的能效要求越来越高，压缩机的形式也将从螺杆机、离心机向气悬浮、磁悬浮发展。传统的冷水机组、中小型机组的压缩机一般采用螺杆压缩机，大型冷水机组一般采用离心压缩机，这也是传统国外厂商通过多年积累形成优势的领域。近年来，随着新的轴承技术的发展，气悬浮、磁悬浮逐渐扩大商用，制冷量也覆盖了从几十冷吨到上千冷吨的范围，已经具有快速扩大应用的趋势。气悬浮、磁悬浮采用非接触式轴承，可以有效减少轴承的损失，提高效率，同时轴承不需要润滑油，是无油压缩机，简化了冷水机组的系统设计。目前气悬浮、磁悬浮的价格是影响其快速扩大应用的一大挑战。可喜的是，在新技术方面，国内厂商发展迅速，与国际技术的差距比传统压缩机与国际技术的差距要小得多。

（2）系统设计

冷冻水系统的设计是相对于其他方案更有挑战性的工作，涉及多种设备、多种设计方案的选择、耦合设计。未来这方面的研究会有更深入的发展，不同区域和不同规模的数据中心，对冷冻水系统的局部 PUE（partial PUE，pPUE）和可靠性有不同的要求，需要制定有针对性的方案来解决项目的需求。冷冻水系统方案在高水温、大温差等方向上会有更多的新设计，在风冷、水冷、蒸发冷凝等方案上也会根据不同的项目做具体的选择，在压缩机的选择上也更加多样，气悬浮、磁悬浮压缩机越来越多地被纳入考虑的范围。

冷冻水系统的智能控制也是非常重要的发展趋势，智能控制可以有效协调室外散热、压缩机、水泵、室内空调末端、温湿度控制等几十个甚至上百个参数，在满足可靠性要求的情况下，采用寻优的运行方案，从而大幅降低冷冻水系统的能耗。

（3）预制化冷站

冷冻水系统因多种设备及复杂管路的就位和安装，导致工程工作量大，难以保证工期和质量。近年来，在项目实践中，预制化冷站、集成冷站等产品形态逐渐发展和成熟，预制化产品生产可以和现场项目并行，大幅缩减工期，预制化产品可以在工厂测试验证后发货，在质量上更加可控。常见的预制化是冷机和相关管路的预制化，采用撬装或集装箱方式，有的方案可以把冷水机组和冷却塔 / 冷凝器集成预制，进一步减少现场工程量。预制化和数字化设计 / 建筑信息模型（Building Information Model，BIM）设计相结合，可以减少设计和安装阶段出现的问题。

5.2.3　间接蒸发冷却系统

1. 领域图谱

间接蒸发冷却系统产业图谱如图 5-14 所示。

图 5-14　间接蒸发冷却系统产业图谱

2. 发展现状

（1）市场现状

数据中心采用预制化建设方案，使间接蒸发冷却一体化设备需求旺盛。近年来，随着互联网、云计算等数据中心在三四线城市大规模部署，土地价值相对核心城市低廉，因此，部分数据中心采用一层到三层的建筑形式。同时为了加快数据中心建设速度，预制化的间接蒸发冷却空调系统越来越多地被应用于此类数据中心。

间接蒸发冷却技术作为充分利用自然冷源的技术之一，可降低数据中心的PUE，预制式的间接蒸发冷却空调机组可以满足数据中心快速建设的需求，因此，其在边远地区的大型数据中心项目中不断被推广应用。在数据中心机房冷却系统中使用间接蒸发冷却设备已成为数据中心节能的趋势之一。间接蒸发冷却空调早期大多用于为厂房降温，国外已有超过20年的应用时间，国内相对起步较晚。2017年、2018年间接蒸发冷却设备市场处于起步阶段，市场规模较小，分别约为1.2亿元、2.9亿元，各家厂商着力于布局研发相关产品；2019年，间接蒸发冷却厂商拥有较为成熟的间接蒸发冷却解决方案。间接蒸发冷却空调相比于传统风冷空调，具有高效能、低能耗的优点，得到了用户的认可，间接蒸发冷却市场规模呈快速增长的趋势。自2019年蒸发冷却技术开始在数据中心领域商用以来，市场规模快速增长，近3年年复合增长率超过100%。华为等公司的间接蒸发冷却产品已有大量应用案例。2018—2020年中国数据中心蒸发冷却空调产品市场销售额情况如图5-15所示。

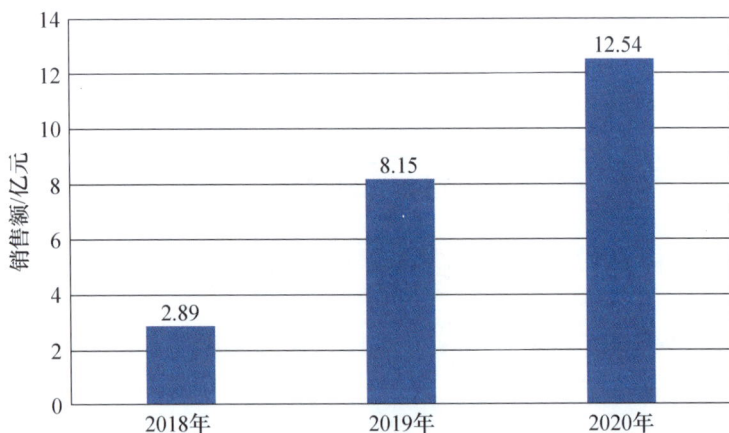

图5-15　2018—2020年中国数据中心蒸发冷却空调产品市场销售额情况

（2）技术现状

间接蒸发冷却技术在大型数据中心被大量应用。 近年来，蒸发冷却技术在大型新建数据中心得到了广泛的应用，间接蒸发冷却技术在数据中心行业的应用逐步成熟。间接蒸发冷却技术通过核心部件空空换热器隔离室内侧空气和室外侧空气，确保机房室内外仅传热不传质，机房内的湿度及空气品质不受室外空气的影响。通过空空换热器，当室外环境温度低于机房热通道回风温度时，即可利用室外侧自然冷源，机械制冷仅作为自然冷源不足时的补充手段，从而可达到较高的制冷效率。

同时，应用于数据中心的间接蒸发冷却空调大多采用一体式结构，相关人员在设备供应商的工厂完成调试，将机组整体运输到现场后，通过快速吊装即可完成安装过程。相对于冷冻水空调和传统风冷空调系统，间接蒸发冷却空调节省了大量现场施工工作量，缩短了数据中心建设周期，因此在近几年得到了广泛应用。

新型产品在配电架构及暖通架构上对间接蒸发冷却设备进行了深度的融合创新，缩短建设交付周期和提升供配电效率，进一步提升间接蒸发冷却产品的竞争力。

间接蒸发冷却相比冷冻水具有节电节水的优势。在不同季节，间接蒸发冷却设备采用不同的工作模式，在冬季，仅通过室内外风机、空空换热器即可满足机房制冷需求，显著降低制冷系统功耗，但同时当室外环境温度较低时，需要考虑加湿、除湿问题。在春秋季节，间接蒸发冷却设备的室外侧需要通过喷淋水蒸发来更充分地利用自然冷源。间接蒸发冷却系统的蒸发冷却效率高于冷冻水系统的冷却塔，以北京为例，相比于冷冻水系统，全年制冷系统耗水可降低 30% 以上。

间接蒸发冷却多为预制化设备，安装在数据中心侧面或顶部，若应用于室外空气较差的区域，需要配置空气过滤系统来应对空气质量问题。

高温缺水区域应用效果受限。间接蒸发冷却设备对水质有一定的要求，因此在使用过程中，需要增加水处理装置。从间接蒸发冷却设备的原理来分析，该类型设备适用于年平均温度低、水资源相对丰富、环境湿度较小的区域。

在高温缺水区域，冬季无法通过干模式取得较好的节能效果，春秋季节蒸发效率较低，自然冷却的效果同样受到限制。因此，高温缺水区域应用效果受限。

3. 发展趋势

数据中心是数字经济的底座，地方在不断地加大对其的建设投入，数据中心的节能性和建设周期开始备受关注，制冷系统面临着传统制冷系统能耗大、部署周期长、制冷系统复杂度高、运维费用高等挑战。未来制冷系统将聚焦痛点问题，不断更新迭代。

（1）芯体效率提升

数据中心的功率密度呈逐渐上升的趋势，未来几年，数据中心的平均功率密度会由当前的 6kW ～ 8kW/ 柜上升到 10kW ～ 12kW/ 柜。功率密度的上升，要求间接蒸发冷却设备的制冷密度也随之上升，否则需要更多的安装空间，进而导致 IT 设备安装空间受限或间接蒸发冷却设备安装空间不足。

空空换热器芯体作为间接蒸发冷却设备的关键部件，其金属芯体和塑料芯体的原材料、可靠性、易维护性通过迭代，已有一定提高。如何通过提高换热效率，减小芯体体积，从而减少间接蒸发冷却设备尺寸和降低运输成本，是未来间接蒸发冷却设备需要解决的问题之一。

（2）峰值优化

目前行业内间接蒸发冷却产品主要采用压缩机系统作为补充冷却，以满足高温气象条件下的制冷量需求。采用压缩机系统补冷的一个不足是高温气象条件下峰值功率较高。而数据中心的制冷系统配电容量是根据极限气象条件下的峰值功率来预留的。较高的峰值功率意味着更多的配电容量需要为制冷系统预留，不能有效支撑 IT 系统的运行。因此，降低间接蒸发冷却系统的峰值功率并提升数据中心的出电率，成为未来的发展趋势。部分间接蒸发冷却产品可以直接对接锂电系统，实现在高功率制冷时，锂电储能系统与市电联合供电，使更多的配电容量可以分配给 IT 系统，提升数据中心的出电率。

（3）建筑设计

间接蒸发冷却机组之前主要应用于大平层或楼顶，但随着数据中心爆发式增长，单层或两层的数据中心占地面积大的劣势会越来越明显，多层数据中心成为主流；同时，机组室外布置会给日常运维带来诸多不便。对间接蒸发冷却机组而言，多层室内应用将会成为主流场景。

多层应用会额外增加风管、排风风扇等，影响间接蒸发冷却空调的能效。间接蒸发冷却机组在多层数据中心室内使用时，需要进行有针对性的适配设计，设置单独的设备安装间，主要用于间接蒸发冷却机组、风管、维护通道、排风井的布置。从整体来看，单层建筑需要包含机房、对应的配电间及对应的管井、线井等，实现"一层一 DC",方便分期建设和后续按需扩容。

（4）气候适应性

随着服务器耐温特性的提升,从节能角度考虑,为了更多地应用自然冷,机房温度将会越来越高,间接蒸发冷却机组适宜应用的分界线将会逐渐南移。以广东省深圳市、清远市、惠州市为例,全年气温 25℃以下的时间有 4500 多小时,在机房 25℃送风条件下,全年有一半以上的时间可以全部或部分应用自然冷。后续随着机房送风温度的提高,自然冷可应用时间会进一步增加。

但在湿热区域,存在部分时间段内环境干湿球温差较小、机组喷淋或喷雾冷却效果有限的情况,同时,喷淋还会产生额外的风阻,导致机组运行能效降低。在高湿时间段,需要间接蒸发冷却机组能自动根据气象参数判定喷淋的收益,实时调节喷淋的运行状态,实现最优的运行状态。

间接蒸发冷却解决方案在寒冷地区的应用,需要考虑设备的冻结保护问题,保证制冷系统的连续稳定运行。在冬季室外低温情况下,换热芯体表面温度低于 0℃,一次侧空气遇冷析出的冷凝水会在芯体表面凝结成冰,严重时会造成换热芯体冻结堵塞,机组失去冷却功能。有效监控换热芯体的表面温度,实时调节一次侧和二次侧风量,同时有效控制一次侧空气湿度,是避免冻结问题的必要措施。

（5）系统架构融合

为了实现快速部署,未来数据中心可能会由传统的土建式逐渐向预制模块化方案转变,将现场复杂的、烦琐的工序前移到工厂内预制,实现现场的快速交付,以应对新建大量数据中心的需求。

根据间接蒸发冷却系统的气流组织构成特点,可在室外新风经过过滤后送入机房内,集成新风功能,保持机房换气需求和微正压。机组本体配置了压缩机补冷系统,通过对压缩机系统的运行状态进行精确控制,实现除湿功能。在春、夏、秋气温较高的季节,机组喷淋系统工作,可从喷淋水箱取水用于加湿;冬季喷淋不工作时,可收集芯体产生的冷凝水,用于机房加湿再利用。加湿方式推荐采用湿膜加湿,相对于传统的电极加湿、红外加湿,湿膜加湿可节能超过 95%。

大型数据中心的废热利用将是后续发展的方向,目前主要是将废热用于加热园区的生活用水,后续除了园区使用,还会实现热量的远距离调配。间接蒸发冷却机组集成热回收功能将是未来的发展方向。

（6）与 AI 技术结合

随着数据中心对制冷系统提出高效、极简、智能的要求，新一代间接蒸发冷却技术应用会以 AI 为核心，通过物联网、云端训练和本地推理，实现对数据中心 pPUE 调优、故障收敛、根本原因定位、无人巡检等的智能控制。

未来随着服务器能承受的温度越来越高，数据中心会更多地利用自然冷源，自然冷却方案将会是未来数据中心制冷方案的首选。对于设备本身，其硬件的差距越来越小，硬件节能空间有限，因此借助软件智能算法，可在设备之间的协同、各运行模式之间的寻优、内部器件之间的协调等方面发力，实现极致节能。

间接蒸发冷却系统以自然冷却为主，以机械制冷为辅。通过智能化控制，动态调节蒸发冷却系统的运行状态，与负载实时联动，最大限度地降低数据中心总能耗，实现最优 PUE 运行。

间接蒸发冷却系统的智能控制包括以下几个方面。

间接蒸发冷却系统最佳效率点是实时的、动态的，与配置、环境扰动等强相关。通过与上层服务器之间联动控制，根据服务器芯片温度及风扇等信息，自动实时优化蒸发冷却系统的运行状态，对于提升数据中心的整体节能运行效果明显。

由于服务器芯片及风扇、室内外环境温湿度、蒸发冷却系统数量及分布等信息量非常庞大，有限的测试数据或推导模型，难以适应全部应用场景。借助 AI 工具收集大量数据，并通过机器自学习，实现全场景自动寻优控制。

间接蒸发冷却系统与上层服务器之间的联动控制，可以打破蒸发冷却系统传统主流采用的送风温度控制模式，以服务器入口温度为目标按需分区调节制冷量，蒸发冷却系统直接提供精确匹配的冷量。间接蒸发冷却系统引入服务器芯片温度、风扇、室内外环境温湿度、蒸发冷却系统数量及分布等信息，并通过 AI 大数据自学习。通过 AI 训练平台，实时优化"模块内服务器 + 蒸发冷却系统"能耗模型，输出数据中心机房总能耗最低推理模型，实现 PUE 最优。

5.2.4 新型氟泵系统

1. 领域图谱

新型氟泵系统产业图谱如图 5-16 所示。

图 5-16　新型氟泵系统产业图谱

氟泵自然冷技术于 2007 年前后提出，作为自然冷技术，其凭借高能效、形式多样广泛应用于中小型数据中心。在过渡季节和冬季通过氟泵循环利用室外自然冷，减少压缩机制冷时长，从而提升空调系统能效。新型氟泵制冷的主要厂商有维谛技术、华为、世图兹、依米康、英维克、艾特网能等，各厂商的产品已有成熟的应用。维谛技术氟泵空调因其技术和产品优势，入选 ODCC "零碳算力共建计划"数据中心低碳产品解决方案目录。

2. 发展现状

（1）市场现状

氟泵产业生态逐渐成熟。随着技术迭代，氟泵技术已经广泛应用于房间空调、列间空调及多联空调系统。类似风冷空调系统，氟泵系统应用形式多样，系统设计简洁，同时氟泵不需要耗水，因此应用区域广泛。早期结合定速风冷空调系统，氟泵技术凭借节能效果好、投资回收期短等优势，较多应用于旧机房节能改造的场景。随着全变频氟泵技术的提出，氟泵节能效果得到显著提升，新建数据中心也开始采用氟泵空调方案。新型氟泵系统空调的冷量范围为 35kW ~ 500kW，解决了室内机占地面积大和采用间接蒸发室外机散热的问题，可适用于不同规模的数据中心。采用氟泵技术的空调系统不仅适用于机房内部署，还可采用预制化形式，部署在机房周围或屋顶，与间接蒸发冷型空调的应用场景兼容。

国内企业较早开展氟泵系统领域的研究和布局，处于快速创新发展态势。国内企业在数据中心氟泵技术方面已经布局十多年，技术被不断更新迭代，利用制冷剂的相变特性，以及氟泵提供的动力，进一步提升空调系统的能效，大幅降低数据中心 PUE 制冷因子。近几年，在运营商大规模集采中，氟泵空调作为单独系列被纳入集采招标范围。

（2）技术现状

全变频氟泵技术逐步提升。氟泵技术在定速空调系统的基础上，增加了氟泵节能模块，因此，对空调控制系统提出了较高的要求。早期结合定速压缩机系统，氟泵的控制也较为简单，仅通过室外环境温度来判断启停，氟泵自然冷节能效果没有被完全发挥出来。想要全面优化全变频氟泵系统控制逻辑，可以结合机房实时热负荷情况、室外环境温度情况等控制系统及时切换至泵循环，实现最大时长利用自然冷，降低空调系统耗电。

应用形式多样。新型氟泵系统拥有多种应用形式，同时制冷范围广泛。目前房间级氟泵系统、列间氟泵系统均已在各类数据中心得到大规模应用。为兼容间接蒸发冷空调应用场景，目前预制化氟泵空调已经成熟并逐步应用于数据中心。与间接蒸发冷空调类似，预制化氟泵空调在设备厂内完成整机装配、调试、冷媒充注等，运输至现场后仅需要完成吊装及风管连接即可快速投入使用。此外，从氟泵技术演变而来的动力热管作为自然冷技术之一，近年来也在数据中心得到广泛应用。

节能效果较好。氟泵技术作为一种间接自然冷却技术，近年来在数据中心的应用逐渐增多，并取得了较好的节能效果。在室外环境温度较低时，可通过氟泵循环替代压缩机制冷循环，减少机械制冷的使用，从而降低能耗。新型氟泵型制冷系统主要由室内蒸发单元、风机单元、压缩机单元、氟泵单元、室外冷凝单元及控制单元组成。机组工作模式根据室外环境温度的不同可分为以下 3 种。

冬季自然冷却模式。当室外温度低于 10℃时，机组工作在完全自然冷却模式下，压缩机停止运行，氟泵启动。在室外间接蒸发冷凝器内完成制冷剂气液转换，冷却的制冷剂液体通过氟泵推动，回到室内侧蒸发器，吸收室内热量后，液态制冷剂转变为气态，进入室外冷凝器，完成制冷循环。

过渡季节制冷模式。当室外温度处于过渡季节设计温度时，泵循环提供的冷量无法满足机房换热量的需求，此时需要启动压缩机进行冷量补充。

夏季压缩机制冷模式。当室外环境温度较高时，无法利用室外自然冷源，机组运行在完全压缩机工作模式下；当提高机房内回风温度时，或者制冷设备处于部分负荷的情况下，氟泵循环工作时长会增加，可以更多地利用自然冷。

自然冷却方案利用自然界的低温冷源，降低机械制冷的运行时间，因此节能的潜力非常大。空调应用方案采用节能措施，主要是提高机械制冷的效率和利用率，做到最优。但采用自然冷却也有诸多限制，其中最重要的是受数据中心所在地的气候条件限制，低温时间越长，越有利于自然冷却方案的实施。因此在大部分情况下，自然冷却方案并不能单独应用，要和机房空调系统结合使用，在条件满足时可采用自然冷却方案。

3. 发展趋势

（1）市场趋势

新型氟泵系统空调市场比例提高，近端制冷方式逐渐在市场中使用，自然冷极致应用。随着数据中心绿色节能、高密度、超大规模的发展趋势，传统风冷型制冷技术已经无法满足数据中心所需的散热能力，新型氟泵系统在高效制冷和大制冷量方面的优势，推动了其较快发展。此外，由于房间级制冷氟泵的建设成本低、维护方便，传统数据中心和中小型数据中心常采用该制冷方式。随着新一代高密度计算和可变功率密度 IT 设备的应用，房间级制冷系统的制冷效率、性能等受到限制。为了提升制冷效率、缩短气流路径，行级甚至机柜级等近端制冷方式逐渐在市场中被使用。

（2）大型化与预制化

随着云计算、5G、人工智能等的发展，数字化趋势日益普及，数据需求量显著提升。数据中心 IT 机柜热密度由当前的 6kW ～ 8kW/ 柜上升到 10kW ～ 12kW/ 柜。为使数据中心达到较高的出柜率，提升空调系统的热密度成为首要解决的问题。当前房间级氟泵空调的单机制冷量可以达到 150kW，主要满足一线城市土地、建筑成本较高的多层数据中心建设需求，未来对制冷量为 200kW ～ 300kW 的单个机组的需求将逐渐凸显。

为降低数据中心土地、建筑成本，预制化户外应用的空调机组也是未来发展的方向之一，采用预制化形式的空调不占用机房内部空间，同时不需要复杂的水系统管路设计，结合提前规划设计建筑方案，可节约建设周期，但对建筑设计要求更高，需要提前规划设计建筑适配方案。

（3）多样化配电

大型全变频氟泵机组可根据数据中心供电结构，灵活采用多种配电方式，以满足不同业务需求的可靠性要求。低功率密度的机房可以采用部分关键部件备电的形式，当市电发生故障时，机组可提供超过 50%的冷量，确保机房温升满足要求。

高功率密度的机房可采用整机备电的形式，或者部分部件备电和整机备电相结合的形式，在相对较低成本的情况下，保证机房掉电过程温升在允许范围内。

（4）与 AI 技术结合

数据中心节能 AI 群控系统集算法、硬件与软件为一体，将 AI 深度神经网络算法、信息技术、传统电子电力技术、制冷与空调技术相结合，对制冷系统能效进行优化，从而实现节能的目标，让数据中心更可靠、更高效、更智能。

AI 群控系统采取"基本控制 +AI 控制"策略。在保证数据中心正常运转的情况下，通过基本控制进行空调控制，利用这一部分控制经验进行模型训练与学习，之后采取 AI 算法对数据中心环境进行拟合，达到预测目的，从而使数据中心在满足正常工作的前提下，达到更高的能源效率。

氟泵技术在自由群控逻辑的基础上，可解决局部热点及机房冷量分配不均的问题，再结合上层 AI 群控逻辑，可以更好地根据机房的温度分布、气流组织等调节机组控制，进一步提升数据中心能效，降低 PUE。

5.2.5 液体冷却系统

1. 领域图谱

液体冷却系统产业图谱如图 5-17 所示。

图 5-17 液体冷却系统产业图谱

随着云计算、人工智能等技术的蓬勃发展，IT 业务对数据中心基础设施的性能要求越来越高。IT 性能的提高直接导致服务器等基础设施的功耗不断增加，特别是作为关键计算部件的大功率元件 CPU 和 GPU 等，其随着性能提升，功耗增加非常显著。在单机柜服务器数量不变的情况下,数据中心整柜的功耗呈现快速增长趋势,给机房散热带来巨大的挑战,鉴于此,液冷的优势开始显现。

液冷是指使用液体作为热量传输的媒介,可以降低数据中心温度,液体可以直接导向热源,带走热量,不需要像风冷一样间接通过空气制冷。液冷通过循环介质带走大部分热量,使单台服务器需求风量降低,机房整体送风需求也随之降低,大大减少了机房回流导致的局部热点问题的发生。液冷有效抑制了 CPU 等元件内部温度的瞬间提升,因此,可以在一定程度上允许 CPU 超频工作并增大密集部署,提高集成度。此外,液体的比热容远远高于气体,可以吸收大量的热而使温度变化不大,散热效率得到极大提升。

数据通信设备的液体冷却系统的子系统可以被看作一种液体回路,其中冷却液体与要冷却的部件做热交换。在一些情况下,冷却系统的冷却液可以由机架式冷却液分配单元(Coolant Distribution Unit,CDU)提供,也可以由服务多架机架的外部 CDU 提供。

数据中心内的液体冷却系统和回路示例如图 5-18 所示。

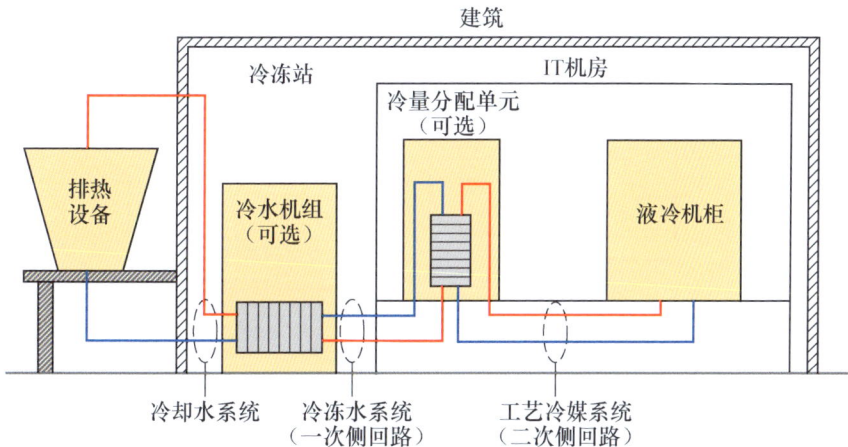

图 5-18　数据中心内的液体冷却系统和回路示例

为了解决数据中心的高效散热问题,产业界做了大量的尝试,利用自然冷源进行自由冷却是降低 PUE 的一个好方法,但该方式存在地域局限性。为了从技术上寻求突破,产业界开始进行液冷部署方面的研究,目前来看主要有冷板式、浸没式和喷淋式 3 种部署方式。

（1）冷板式液冷

冷板式液冷的主要部署方式是在液冷机柜上配置分水器，给液冷计算节点提供进出水分支管路，分支管路进出水管分别与液冷计算节点的进出水口通过接头对接，与液冷计算节点的内冷板管路连通，实现液冷计算节点内的液冷循环。液冷计算节点的液体在机柜级汇聚，机柜级有一进一出两个与外部管路连接的接头，该接头与外置或内置 CDU 连接，实现液冷整机液体循环，并带走液冷计算节点的热量。在冷板式液冷系统里的液冷节点中，CPU 等大功耗部件采用液冷冷板散热，少量发热器件（例如硬盘、接口卡等）仍采用风冷散热系统。

这种散热方式同风冷相比，密度更高、更节能、防噪声效果更好。由于冷板式液冷技术不需要昂贵的水冷机组，所以部署这种技术后，在减少总体拥有成本的同时，显著增加了数据中心的能源利用效率。在目前风冷技术下，每个机柜的功耗最多只能达到30kW。而冷板式液冷在每分钟60升的流量配置下，每个机柜的功耗能达到45kW，为更高密度的数据中心设计提供可能。冷板式典型系统原理如图5-19所示。

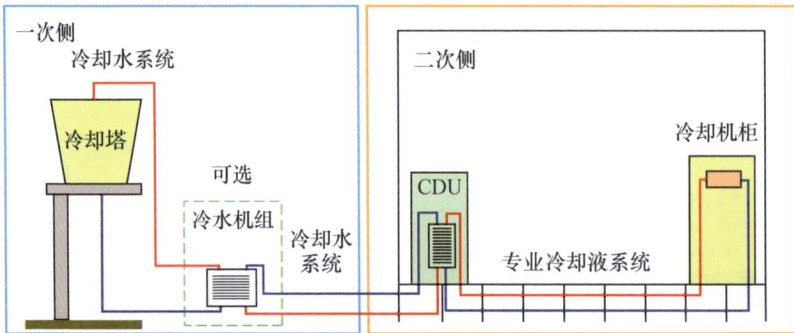

图 5-19　冷板式典型系统原理

（2）浸没式液冷

浸没液冷是最近几年备受业界关注的新型散热技术，是一种新型、高效、绿色节能的数据中心冷却解决方案。浸没式液冷技术主要采用特定的冷却液作为散热介质，将 IT 设备直接浸没在冷却液中，通过冷却液循环带走 IT 设备运行过程中产生的热量。同时，冷却液通过循环过程与外部冷源进行热交换，将热量释放到环境中。

由于系统架构特殊，浸没式液冷具有独特的优势。首先，在浸没式液冷中，冷却液与发热设备直接接触，散热效率较高。其次，冷却液具有较高的热导率和比热容，运行温度变化较小。最后，浸没式液冷支持更高功率密度的 IT 部署，能极大地提升 PUE。

（3）喷淋式液冷

喷淋式液冷的主要特征为绝缘非腐蚀特性的冷却液直接通过服务器机箱上的喷淋板，喷淋到发热器件表面或与之接触的扩展表面，热量被排走并与外部环境大冷源进行热交换，从而控制热冷却液达到系统的入口条件。

喷淋式液冷在一架外形与风冷机架相同的喷淋液冷机架上放置服务器，服务器原有的 IT 设备布局保持不变，只对其机箱进行改造，即部署相应的喷淋模块，在设备运行时有针对性地对发热器件进行冷却。这种方式的特点是不需要创造传统机房那样的运营条件，喷淋机柜甚至可以放置在办公室，机房的布电与传统机房遵循的原则相同，只是取消了对空调的供电，不对机房基础设施做太大的改动，只对服务器机箱进行少量的改造就能实现较好的冷却性能。喷淋式液冷原理如图 5-20 所示。

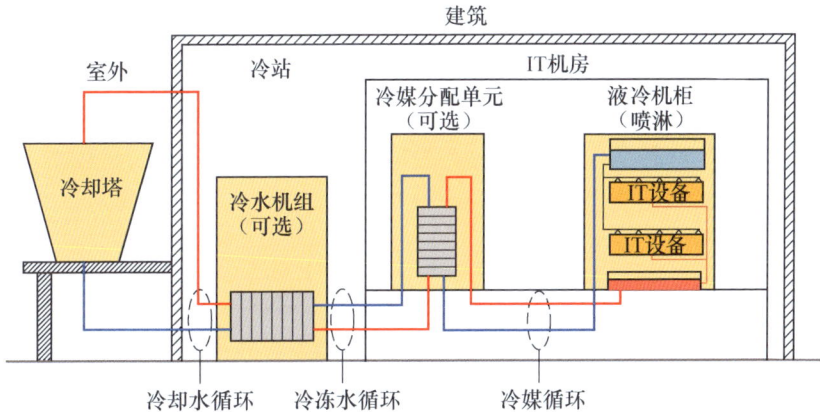

图 5-20 喷淋式液冷原理

喷淋式液冷机柜系统包括喷淋式液冷机柜（含管路、布液系统、回液系统和 PDU 等部件）、液冷服务器和冷却液。喷淋式液冷机柜通过管路与室内热交换器相连接，即废热被冷却液吸收后传递到室内热交换器，再通过室外热交换器在大自然进行散热。

喷淋液冷系统具有器件集成度高、散热效率强、高效节能和静音等特点，是解决大功耗机柜在 IDC 机房部署及降低 IT 系统制冷费用、提升能效的有效手段之一。

2. 发展现状

（1）市场现状

液冷产业生态已初步建立。 液冷相对于数据中心传统风冷方式而言是一项创新的、革命性的技术，IT 设备及基础设施的改造需要大量研究投入，液冷数据中心的运维和监控也需要随着液体的引入而改变，亟须相关标准对液冷的发展进行引导和规范。2017 年中国信息通信研究院联合液冷上下游企业在 ODCC 成立"冰河"项目组，通过标准研制推进了产业生态的建设和完善，引导了技术的成熟落地，"冰河"项目组因突出的技术研究和生态建设贡献，于 2019 年获中国国际大数据产业博览会（数博会）授予的"黑科技"奖。随着互联网、电信和金融行业业务量的快速增长，数据中心功率密度不断提高，预计液冷的需求量和市场规模会持续扩大。

国外企业较早开展液冷领域的研究和布局，我国企业处于快速创新发展态势。 国外企业在数据中心液冷技术方面起步较早，2012 年英特尔公司和液冷设备厂商 Green Revolution Cooling 共同进行了浸没式液冷方面的尝试，将服务器浸入矿物油中，通过热交换机保持油液低温，经过为期一年的测试，发现使用矿物油冷却系统能够将数据中心 PUE 降至 1.02 ～ 1.03，充分验证了浸没式液冷在节能降耗方面的优异作用。在英特尔公司之后，微软、IBM、HPE、谷歌、Facebook 等厂商也纷纷在数据中心的液冷技术领域展开布局。

在国内，阿里巴巴是较早开始探索数据中心液冷技术的企业。2018 年 7 月，阿里巴巴建成了全球互联网行业首个液冷服务器集群，并在冬奥云数据中心进行了部署。2020 年向 ODCC 开放"浸没式液冷数据中心技术规范"，引导全国共建浸没液冷生态。为了应对数据中心高密度计算设备的散热需求，缓解日趋紧张的电力资源给业务发展带来的压力，腾讯将液冷技术与微模块的部署形式相结合，形成一种创新的数据中心部署模式。百度实现行业首个 X-Man2.0 液冷 GPU 服务器集群上线，解决了 AI 计算高功率密度机柜散热问题，该服务器集群于 2016 年开始在百度云计算（阳泉）中心商用，并逐渐进行规模化应用。

（2）技术现状

液冷技术高能效优势显著。 随着超级计算机的发展，以及芯片的集成度和计算速度的不断提高，能耗不断增加，散热问题日趋凸显。针对风冷技术散热不足、制冷不够的问题，液冷系统应运而生。液冷即利用工作流体作为中间热量传输的媒介，将热量由热区传递到远处再进行冷却。由于液体比空气的比热容大很多，散热速度也远远快于空气，因此制冷效率远高于风冷散热，减少风扇的使用，同时也能达到降低噪声的效果。相比于传统风冷系统，液冷系统具备优异的制冷性能，可大幅提高能效，有效降低运维支出。液体冷却介质导热性能是空气的 25 倍，高效制冷能保障服务器高性能运转，也有助于推动服务器运算效率向更快的速度发展。液冷数据中心可节约近 30% 的能源，提高数据中心能源利用效率，降低 PUE，并减少电费支出。

液冷方案适用于单机柜功率密度大于 30kW 的应用场景。在超算等场景下，单机柜功率密度超过 30kW 时，液冷是 IT 设备空气冷却之外一个较好的制冷解决方案。与冷板式相比，浸没式液冷可以解决更高功率密度 IT 设备的散热问题。浸没式液冷技术可以将 PUE 降到 1.2 以下，若联合其他技术，PUE 可以趋近于 1。目前液冷方案的用户主要是大型数据中心和超级计算中心。这些用户对于高密度扩展、绿色节能、机房静音的需求比较迫切，已经有一些用户开始使用液冷方案进行制冷。

从应用分布来看，应用企业方面，液冷项目已在阿里巴巴、百度、腾讯、美团等国内多家大型互联网公司进行试验和部署，其中阿里巴巴已在北京冬奥云数据中心、杭州仁和数据中心中进行规模化部署，百度实现了行业首个 X-Man2.0 液冷 GPU 服务器集群上线，腾讯将液冷与微模块结合在云数据中心内应用。应用区域方面，北京、河北、上海、浙江、广东等省（自治区、直辖市）均已先后落地一些液冷数据中心，部署液冷后获得全年自然冷却，现阶段已出现成熟典型的应用示范。应用行业方面，液冷在通信、互联网、电力多个行业的数据中心内应用，在提升能效和降低总体成本等方面效果突出。

3. 发展趋势

目前来看，大规模部署液冷还需要解决一些问题。**原有机房适配的问题**。传统机房的承重、管路等设计均来自传统机柜的规格，而在液冷方式下，由于制冷方式的转变，部署环境将会有很大的不同。在传统机房部署液冷系统，会带来部署成本增加、部署难度增大等问题。**液体和 IT 部件之间的兼容性**。浸没式液冷和喷淋式液冷会直接接触发热器件，液体和 IT 部件之间的兼容性是需要考虑的一个重要问题。IT 部件长期浸泡在相关液体中，是否会对其功能和性能带来影响仍需要关注和验证。另外，液体对人体和环境的友好性也至关重要。

国内外对于数据中心液冷技术处于探索试验阶段，总体的发展趋势向好。高密度计算正促使数据中心液冷技术兴起，液冷不仅使制冷方式发生改变，还可能变革整个数据中心生态。尤其在"新基建"的助推之下，液冷技术商用或将实现跨越式发展。数据中心机柜平均功率密度将逐年上升，使其对液冷技术的需求不断增多，进而为液冷数据中心市场规模扩大提供广阔的发展空间。液冷技术的应用有助于数据中心节能、降噪，也有利于提高其单位空间的服务器密度，进而提升数据中心的运算效率及使用稳定性。与此同时，液冷数据中心的热量以液体为载体，可直接通过热交换接入智能楼宇采暖和供水系统，从而为数据中心创造更大的经济价值。基于此，液冷数据中心的发展前景将极为广阔，其市场规模也有望破千亿元。据相关预测，到 2026 年，液冷数据中心市场的初始估值将从 2018 年的 14 亿美元增至 1000 亿美元以上，年化复合增长率达 30%。

头部互联网企业正在做测试验证和规模化试点，实施方案以定制化为主。阿里云将在全国建立多个绿色超级数据中心，支持"新基建"的发展。谷歌在 2018 年的 I/O 开发者大会上宣布首次在其数据中心内采用液冷技术，并表示今后其数据中心的散热方式将向液冷技术转变。腾讯、华为等云计算巨头也在推动液冷技术的应用，另外，中科曙光、浪潮信息等服务器厂商，维谛技术、英维克、佳力图等温控厂商也在加紧布局。在绿色化发展已经成为全社会共识的趋势下，能耗方面有显著优势的液冷数据中心有望迎来快速增长期。

短期内液冷无法取代风冷，风液融合将是未来趋势。未来数据中心制冷市场将出现"风冷＋液冷"融合发展的新局面。尽管业内不断有液冷将取代风冷的说法，但风冷技术不会被液冷完全取代，不同类型的数据中心客户会根据自身需求选择不同的制冷方案。对于单机柜功率较低的数据中心，采用空气冷却制冷方式依然是最佳选择。对于超高密度、大规模计算应用需求，综合考虑成本和可靠性等方面的因素，用户可灵活地选择冷板式和浸没式结合的混合式液冷方案。同时，对于这类用户而言，将部分大功率的设备制冷方案进行液冷方案改造也是可行方案之一。总而言之，液冷与风冷配合，将助力行业发展。

　　液冷技术的可靠性增强将会加快液冷数据中心普及，液冷技术产业链生态将逐步完善。目前，液冷数据中心发展的最大问题之一就是其可靠性，诸如电子元器件在浸没液里是否会影响其功能和使用寿命，冷却液对管道的腐蚀是否会引起管道损坏等。随着液冷技术的进一步发展，以及服务器等 IT 设备材料与冷却液的兼容性提升，液冷方案的可靠性将逐渐增强，在数据中心的应用也将加快普及。液冷数据中心并不是一套设备的简单组合，而是完整的产业生态。随着液冷技术的成熟、设备的升级迭代及其配套运维方案的发展，液冷生态系统将逐步完善，相应的标准体系也将随着生态的成熟而逐渐趋于完善。同时，作为液冷设备运行使用的主要保障，监控设备与运维系统也在不断发展。AI 技术的融入将实现对复杂的液冷系统的全面监控和感知，增强液冷系统的故障预判能力，进一步提升液冷方案的可靠性，同时降低运维成本，提高数据中心的运行效率。

5.3　其他解决方案

5.3.1　微模块

　　数据中心建设方案在 20 世纪 80 年代出现雏形，在 21 世纪得到快速发展，这得益于 IT 技术的快速发展。IT 技术不断创新，新材料、大规模集成电路、制冷技术等基础学科研究也取得了突破性进展，这些都使数据中心建设在结构布局、供配电、制冷、监控管理等方面发生了巨大变化。

　　IT 技术的不断发展，与之配套的数据中心也迅速发展，现已形成一定规模的机房及相关产业，随着 IT 主设备发展变化越来越快，设备体积逐渐小型化，主体以服务器为主，数据中心开始大量共用网络设备，有多台计算机、服务器联网。通过不断的经验积累，数据中心制定了新的标准，普遍使用了恒温湿温的专用空调，采用了大量的 UPS 提供持续供电保障，完善了防雷与接地标准，对数据采取更为严格的保护，存储介质水平逐渐提高，并且有了专门针对数据中心的装修设计、综合的监控管理系统。各系统之间不再孤立运行，大幅提升了机房整体运行的稳定性和可用性。

1. 领域图谱

微模块产业图谱如图 5-21 所示。

图 5-21　微模块产业图谱

2. 发展现状

微模块是一种全新的数据中心建设模式，对风、火、水、电核心系统进行整体设计；机房无论建筑面积大小，均可以根据颗粒度大小利用微模块技术快速复制，并根据业务发展规模灵活选择分期分区建设，微模块内运行状态几乎不受机房外界环境影响。国内部分领先厂商需要充分考虑机房所需，通过核心组件全预制将机房物理空间与模块化数据中心深度融合，大幅提升模块化数据中心的可靠性及使用体验。

微模块数据中心发展至今虽然只有短短十几年，但由于其性能优异，带来了更高可靠性、更高可用性及更高性价比，目前已经成为数据中心建设的主流模式并为广大业主所认可。随着数字技术、通信技术和 AI 技术的创新应用不断增多和融合，模块化数据中心将走向智能化和全生命周期数字化。

（1）建设现状

微模块建设模式的产生是为了更好地保障信息网络运行安全需求，提升信息资源服务管理能力和水平。在微模块数据中心建设方案中，服务器机柜系统、配电系统、UPS 系统、动环监控系统、封闭通道气流遏制系统、综合布线系统、消防联动系统等机房基础设施核心系统均由统一厂商进行深度研发及生产制造，最终整合为一套完整的微模块系统。全部核心系统在出厂前由工厂完成预制及联调联试，落地方案亦可灵活配置组合，在现场灵活拼装。

微模块数据中心较好地解决了 IT 业务部门对未来数据中心基础设施建设的迫切需求，包括标准化设计、快速上线部署、有效降低初期投资、模块内能源池化管理、IT 基础设施资源利用率动态提高、智能化运维管理、保障重要业务连续性，提供共享 IT 服务（例如，跨业务的基础设施、信息、应用共享等），快速响应业务需求变化等一系列机房建设难题。微模块数据中心与传统数据中心方案对比见表 5-3。

表 5-3　微模块数据中心与传统数据中心方案对比

比较项目	模块化数据中心	传统机房
建设成本（CAPEX）	CAPEX 下降 10%。装修成本可大幅节约；空调需求的总冷量下降；模块化 UPS 支持分期扩容；初期资金利用率提高	传统数据中心的建设需要预测业务增长速度并提前建设，其一次性投资巨大，而业务投入却是分阶段投入，这就会造成初期投资过大，产能浪费严重
运营成本（OPEX）	OPEX 下降 35% ～ 40%。高节能空调、高效率 UPS 大幅节能；封闭通道的制冷方案整体耗能降低 30%；电费节省效果明显	电费占数据中心运营成本的 60%。与此同时，需要很多专业人士进行定期或不定期维护，这再次加重了 OPEX 的压力
灵活适应性	小颗粒度设计，即插即用，按需下单，按需交付，降低初始投资	IT 行业瞬息万变，唯一不变的就是变化，所以数据中心的建设必须满足敏捷性，显然建设周期长的传统建设模式不具备敏捷性能力
建筑与 IT 的规划耦合	建筑与 IT 完全解耦，模块生产可与土建并行，节约建设周期	数据中心设计的一大痛点是设计要求不断变更，建筑的规划设计远远赶不上 IT 的发展和变化速度
风险的控制	工程化产品，标准化交付。由工厂设计，工厂生产，严格的全套成熟工业控制流程，在设计阶段将故障消除在萌芽状态，在生产阶段可以保证统一的交付界面、效果、质量	传统的建设模式依赖安装现场工程化，没有工厂设计，多为现场定做和施工，不同厂商施工队伍的工艺水平、专业质素差异较大，现场质量难以控制，一旦出现问题将出现互相推诿的情况
施工界面的交叉管理	单接口管理界面。业主与设备厂商直接对接，无中间多供应商管理、协调工作，管理接口统一、简便	数据中心涉及的工种繁多，至少有 12 个专业交织在其中，存在多种专业施工之间的接口配合不好，出现问题互相推诿，交叉面多是传统数据中心面临的难题
交付周期	端到端"一站式"服务。目标从进场安装到验收仅用 3 天即可完成	几乎没有一个项目能够按时交付，普遍存在或长或短的延迟现象

注：以不超过 100 个机柜的中小规模机房为例。

（2）技术现状

云计算、物联网、大数据等高新技术使数据中心市场规模不断扩大，同时也对数据中心基础设施提出了更高的要求。随着业务的发展和应用的增加，传统数据中心建设周期长、扩容困难、支持功率密度低、运维效率低下的弊端逐渐显现，数据中心的运营者和生产厂商都在探索数据中心建设的新模式。为了应对数据中心快速建设、功率密度高、运维简单的发展趋势，数据中心引入模块化的建设理念，以解决传统数据中心建设和运维中面临的问题。

模块化数据中心采用模块化设计，将供配电、制冷、机柜通道、布线、监控等集成在一个模块内，满足快速交付、按需部署和节能降耗等需求。微模块数据中心按照发展历程可以分为以下 3 个阶段。

类模块化，散件化组合。这一阶段，传统的数据中心部件厂商为了满足低 PUE 需求，对传统的数据中心架构做优化，将多个厂商的硬件拼凑在一起，这样的散件化组合方案解决了冷热通道隔离，在一定程度上提升了制冷效率，降低了 PUE，但是带来了多厂商设备接口不一、定制工作量大、交付质量不高、交付缓慢等一系列问题。类模块化，散件化组合如图 5-22 所示。

初级的模块化，产品化整合。这一阶段，厂商可以提供产品化的、标准的、微模块的产品解决方案，而不

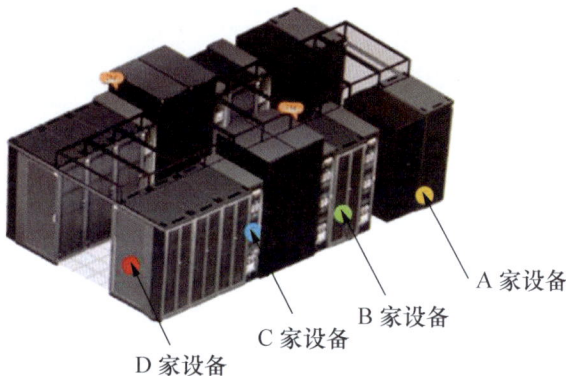

A 家设备
B 家设备
C 家设备
D 家设备

图 5-22　类模块化，散件化组合

只是散件化的硬件拼凑。工厂预制产品的部件由厂商统一供应，其软硬件接口均有标准，工厂预制产品可快速高质量部署，大大简化了定制化需求的交接和交付流程。产品化的微模块可以实现数据中心工程产品化的诉求，解决高质量交付、快速部署的需求，但是智能化程度不高，无法满足数据中心低 PUE、智能化和高可用度的需求。

智能化融合。这一阶段，模块化数据中心不只是常见的模块化 UPS、行级空调、机柜及通道组件的简单硬件拼凑和叠加。管理系统作为数据中心机房的"大脑"，在硬件模块化的基础上实现管理的智能化，简化运维，提升运维效率。在能耗方面，模块化数据中心应该可以通过集中管理来调配供配电、制冷资源，控制能耗，并提高设备的利用率，由此减少资源消耗。例如，统一的运维管理系统，可以实现全网多数据中心（Data Center，DC）统一管理，并可对数据中心的电力、冷量、空间、网络带宽资源和 IT 负载要求等数据进行深度分析，实现资源的最佳匹配。在此背景下，数据中心主流厂商通过相应的技术创新使用高效的供配电、高效的制冷和 AI 技术调优等手段，驱动数据中心能效看、诊、调、优，持续优

化降低能耗，持续降低数据中心 PUE，使数据中心在硬件架构上模块化，管理架构上归一化，真正实现数据中心可视、可控、可管。例如，华为与维谛等领先的智能微模块提供商，通过引入自然冷却技术（氟泵列间空调及室外侧间接蒸发冷却），充分利用自然冷源，同时利用全新的 AI 节能技术，降低温控系统能耗，部分产品通过了绿色网格标准委员会（TGGC）与中国信息通信研究院云计算与大数据研究联合开展的测试，华为智能微模块 FusionModule2000 在实验室环境下接受测试，在 50% 的负载下，基于北京地区的温度测算，可实现年平均 pPUE 低至 1.111。

微模块作为一套可快速复制、快速投产的标准化数据中心，其核心目标依然是为 IT 核心业务提供可靠支撑。其作为一个有机整体，务必要确保内部所有系统的高可靠性及高可用性，但国内仍存在微模块制造商鱼龙混杂、产品质量良莠不齐、核心系统拼凑等现象。

3. 发展趋势

（1）部件模块化

传统数据中心建设采用攒机模式，不仅建设周期长，初期投资成本大，而且各个子系统之间孤立，规划和建设分离，拼凑式建设模式给后期运维管理带来了较大难度。IT 设备的生命周期一般为 3 ～ 5 年，其功率密度大体上每 5 年翻一倍，而数据中心基础设施的生命周期为 10 ～ 15 年，也就是说，数据中心基础设施需要满足 2 ～ 3 代 IT 设备的功率演进。

为匹配不同功率密度的 IT 设备，数据中心建设需要支持水平扩展的能力。通过全模块化的架构，例如，模块化 UPS、模块化锂电、模块化配电等，可实现灵活部署，按需扩容，支持分期投资，节省空间，保障数据中心生命周期内最优的资本性支出以支撑 IT 设备的演进。

全模块化架构的核心就是数据中心子系统模块化，配电系统使用模块化 UPS，制冷系统使用列间空调，机柜结构件系统使用标准的 IT 机柜和通道结构件，实现"一模块一数据中心"。模块化架构解决了数据中心极简设计建设、灵活扩容的问题，但数据中心除了设计、建设、扩容，其核心还在于使用和维护，真正的模块化数据中心应从运维使用角度考虑，做到部件模块化。例如，UPS 模块化、模块化柜顶预制配电系统和制冷部件（风机、供电单元）可热插拔，做到 5 分钟维护，最大限度地解决运维问题。

总体来说，未来的数据中心将向极简的方向发展，通过深度预制实现架构模块化到部件模块化，极简建设、灵活扩容、简化运维。

（2）绿色节能

数据中心高密度化和大规模的部署必然带来高能耗。"双碳"目标将给数据中心行业带来深刻的变革，建设绿色低碳数据中心成为必然。在此背景下，各个厂商也在尝试通过技术创新，不断改进微模块的 PUE 指标。例如，为引导数据中心产业向绿色节能方向发展，2018 年绿色网格标准委员会（TGGC）联合中国信息通信研究院等单位，组织业内专家共同起草发布了《微模块产品 PUE 测试规范》。华为、维谛等厂商按照规范要求相继完成了微模块产品 PUE 测试，业界优秀的微模块数据中心可将 PUE 控制在 1.2 以内。这对推动数据中心微模块行业产业绿色节能发展具有重要意义。

微模块数据中心从运行维护角度也需要更加关注数据中心全生命周期管理，在投产后 8 ～ 10 年的运营周期内全面降低 PUE 的同时持续减少碳排放。国家政策层面已提出"碳达峰、碳中和"硬性指标，北京、上海、广州、深圳等重点城市也已陆续出台 PUE 相关的新政策。总体来看，这些 PUE 政策都是在确保高可靠性的前提下，引领数据中心低碳、低 PUE 发展。这也为微模块新技术应用指明了方向。模块化数据中心的智能化融合程度逐渐提升，在效率、可靠性、安全性及可持续性方面取得了显著改善。AI 优化决策可通过系统知识自动实现。用户不再基于被动式维护来运营设施，而是依靠实时监控、软件分析获得优化。目前，产业内出现 AI 自调节超融合节能技术，围绕微模块数据中心低碳和低 PUE 指标，以稳定通道温度、防范局部热点为前提，在保证机房连续稳定运行的同时，通过学习机房负载分布及变化曲线和空调能耗曲线，控制并优化空调输出，从而使微模块数据中心的空调从整体上达到最佳能耗状态，并随着负载变化实现动态平衡。从实验室测试结果来看，空调制冷因子 pPUE 可以再下降 15% ～ 20%。

（3）应用架构两级分化

场景应用决定发展走势，微模块数据中心在行业内已经被广泛应用，应用架构"两级分化"中的"两级"分别是指超大规模数据中心和为了提升客户体验的边缘计算节点。

两级市场的特性决定其对微模块产品的需求存在明显差异。超大规模数据中心考虑的是数据恒久在线，即高可靠性；边缘计算节点通过节点快速响应终端需求，通过大量节点的冗余将设备故障带来的风险降至最低，更多的需求体现在如何降低成本及运维难度。

微模块数据中心可以将单机柜作为最小的颗粒度，配套列间空调，UPS入列安装，在入列柜位上均置顶排布2N架构智能母线供配电系统，这种设计方式不额外占用机房整体举架空间，可高度集成，从而可以打造快速交付的高可靠全新架构模块化数据中心。

（4）全融合管理

数字化的推进带来了大量的IT新技术、新应用需求，主设备上架数量激增，据统计，2021年国内已有34%以上的机房单机柜容量达6kW～8kW，中高密度机柜的增长使客户期望通过智能管理系统提升管理和能源效率。中高密度机柜的增长带来了数据中心高效管理服务需求。

未来，微模块内部机房监控系统针对数据中心基础设施融合管理方案，通过定制协议与IT主设备进行通信，可满足IT基础设施、能源基础设施及环境监测量的融合管理需求。解决了能源基础设施设备到IT基础设施分立管理或无管理的问题，在降低管理成本的同时提高了管理的精细化程度。

5.3.2　预制模块化数据中心

1. 领域图谱

预制模块产业图谱如图5-23所示。

图5-23　预制模块产业图谱

预制模块化数据中心融合数据中心土建工程及机电工程，功能区域采用全模块化设计，结构系统、供配电系统、暖通系统、管理系统、消防系统、照明系统、防雷接地、综合布线等子系统集成于预制模块内，预制模块在工厂预制、预调测，现场不需要大规模土建，只需要简单吊装、乐高式搭建，即可快速完成数据中心的建设。

目前，预制模块化数据中心的主流厂商有华为、维谛、施耐德、威图、SILENT-

AIRE 等。据统计，华为是预制模块化数据中心市场的领跑者，2020 年全球发货量的市场份额约占 30%。

2. 发展现状

（1）产业现状

随着数字化业务的发展，对数据中心建设周期、灵活部署提出更高的要求，预制模块化技术应运而生，其发展可分为以下 3 个阶段。

阶段一。初期的预制化数据中心采用 ISO 海运标准的 40 英尺箱体[1]或 20 尺箱体[2]，以合为一体（All in One）的形式，单箱体集成数据中心各子系统，作为成套设备单箱部署，以满足小规模的数据中心快速部署及应急建设要求。

阶段二。在 All in One 预制化数据中心的基础上，业界主流厂商逐渐实现了部分核心区域的模块化，出现了演进版的预制模块化数据中心，即 IT 和供电区模块预制，组合拼装，平层或两层堆叠部署。但是由于其空间、外观、标准化程度、可靠性等多重制约因素，与楼宇数据中心使用体验有较大差距，此类预制模块化数据中心只能归类为成套设备或临时建筑，无法满足高等级机房要求，只能小规模应用或在特定场景应用。

阶段三。第三代预制模块化数据中心通过装配式建筑技术与模块化数据中心深度融合，支持多层堆叠，满足建筑标准，在内部空间及外观用户体验方面大幅提升。预制模块化数据中心主体结构建筑化、空间及内外使用体验楼宇化，包括 IT、温控、供电、电池及辅助区在内的功能区全部实现模块化，可满足国标 A 级机房要求，开始在中大型 IDC 机房、云数据中心、运营商枢纽机房、政企自用核心机房、人工智能及超算中心等地点规模应用。

由于预制模块化数据中心涉及端到端整合及交付能力，要求较高，业内厂商进行了长期研究和探索，所以出现了部分优秀案例，例如，华为 FusionDC 解决方案率先实现装配式建筑技术与智能模块化数据中心技术融合，可以支持 5 层堆叠、9 度抗震、12 级抗风，可以满足建筑规范要求。

（2）技术现状

预制模块化数据中心由机房核心模块和辅助功能模块两类预制功能模块构

1　40 英尺箱体尺寸：12.192m（长）×2.438m（宽）×2.591m（高）。

2　20 尺箱体尺寸：5.69m（长）×2.13m（宽）×2.18m（高）。

成。机房核心模块包括 IT 模块、供电模块、电池模块、温控模块。辅助功能模块包括走廊模块、楼梯模块、办公辅助模块等。根据数据中心的布局要求，预制功能模块灵活组合，完成预制模块化数据中心的搭建。预制模块化机房楼层的典型布局如图 5-24 所示。

机房核心模块：① IT 模块；② 供电模块；③ 电池模块；④ 温控模块。

辅助功能模块：⑤ 走廊模块。

图 5-24　预制模块化机房楼层的典型布局

机房核心模块的具体介绍如下。

IT 模块。设备模块包含预制箱体、箱体内预集成机柜、密闭通道、智能小母线、插接箱、照明灯具、插座、配电箱、监控设备（例如，网络摄像头、门禁控制设备、水浸检测、采集器、温湿度传感器等）、抗静电地板、各类支架、强弱电桥架、紧固件、铝合金踢脚线、铝滑轨、网格线架、光纤走线槽等。

供电模块。模块内预集成变压器、IT 低压配电柜、进线柜、母线联络柜、UPS、输入输出柜、母线排、照明灯具、插座、线缆、母线、接线端子等；配套弱电部分（例如，IP 红外摄像头、刷卡门禁、温湿度传感器）；抗静电地板；各类支架、强弱电桥架、紧固件；铝合金踢脚线、铝滑轨等。

电池模块。模块内预集成电池架 / 电池柜、开关盒 / 柜、照明灯具、插座、线缆、母线、接线端子；配套弱电部分（例如，IP 红外摄像头、刷卡门禁、温湿度传感器）；配套结构部分（例如，抗静电地板、各类支架、强弱电桥架、紧固件、铝合金踢脚线、铝滑轨等）。

温控模块。模块内预集成预制式全变频氟泵一体机冷却机组、温控制冷管线、给排水管线、密集母线分配单元、配套弱电实施（例如，IP 红外摄像头）、温湿度传感器、消防、配套结构部分（例如，抗静电地板）、各类支架、强弱电桥架等。

辅助功能模块的具体介绍如下。

走廊模块。模块包含预制箱体；配套配电部分（例如，智能照明、照明灯具、插座、线缆、接线端子）；配套弱电部分（例如，IP 红外摄像头、门禁、非屏蔽信号线及其附件）；配套结构部分（例如，抗静电地板、各类支架、强弱电桥架、紧固件、铝合金踢脚线、铝滑轨）；配套暖通部分（例如，排烟风管、冷媒管及其组件等）。

楼梯模块。模块内预集成配电设施（例如，应急照明配电箱、应急照明集中控制箱、办公层电力配电箱、电梯配电箱、照明灯具、插座、线缆、接线端子等）；配套弱电部分（例如，IP 红外摄像头、门禁、非屏蔽信号线及其附件等）；配套结构部分（例如，抗静电地板、楼梯、各类支架、强弱电桥架、紧固件等）。

办公辅助模块。模块内预集成智能照明、照明灯具、插座、线缆、接线端子等；配套弱电部分（例如，IP 红外摄像头、门禁、非屏蔽信号线及其附件）；配套结构部分（例如，抗静电地板、各类支架等）。

预制模块化数据中心具有建设周期短、绿色低碳、性能可靠、弹性扩容、出柜率高等特点。

建设周期短。传统混凝土楼宇的建设施工周期长，以 1200 个机柜的数据中心为例，采用传统建设模式，从设计、土建施工、机电安装到最后完成验收，至少需要 21 个月。若采用预制模块化建设模式，数据中心绝大部分基础设施在工厂预制完成，现场土建同步进行，极大地缩短了前期的建设时间。另外，所有功能模块在出厂前完成预调测，减少现场调试时间。同样规模的数据中心可在 2 ～ 3 个月内完成设计，6 个月完成全部基础设施建设及验收，上线运营时间至少可以节省一半。

绿色低碳。传统混凝土楼宇建设模式，采用湿法作业，现场钢材、水泥浪费较多，同时资源消耗大，并产生大量粉尘、废气、建筑垃圾等。以一个配置 1200 个机柜、建筑面积为 7200 平方米的数据中心为例，传统混凝土楼宇施工用水量近 6000 吨，建筑垃圾近千吨。另外，建材可回收率小于 30%，产生碳排放量在 6000 吨以上。采用预制模块化建设模式，现场施工量仅为传统方式的 10%，施工工程无湿法作业，施工过程无"三废"，施工用水量仅为 800 多吨，施工垃圾约为 100 吨，相比传统方式减少近 90%。另外，建筑结构主体采用全钢结构，材料可回收率达 90%，建筑碳排放量相比传统方式可减少 80% 以上。

性能可靠。数据中心系统复杂，施工及安装水平会影响后期的数据中心性能；采用传统建设模式时，各系统需要全部现场集成，施工界面众多，风、火、水、电互相独立。施工质量取决于现场工人的技能水平，机房密封性与设计偏差大，交付质量不稳定，后期性能不可预测。另外，设计变更多，影响子系统的协调性和温度场及整机运行环境，导致实际 PUE 远高于设计 PUE。同时，系统后装、后调测会影响后期的智能化运维。预制模块化建设模式，实现了解决方案产品化、工厂标准化生产、产品级尺寸公差控制、模块密封性及漏风率最优设计。同时，工厂预装各类子系统预调测，使系统协调性有了保障。标准化设计使设计变更少，减少了现场人为因素干扰，整机性能更有保障。预制模块化建设模式可预集成各类智能传感器，同时提前进行智能特性调优测试，端到端全面协同，实现"未建已优"，性能可预测，使实际 PUE 与设计 PUE 保持一致，所建即所得。

弹性扩容。数据中心业务增长存在众多不确定性，采用传统建设模式时，数据中心土建及楼宇需要一次性建成，内部机电设施分期扩容，初期投资较高。当新增业务出现时，传统方式建设周期长，无法实现快速扩容。预制模块化建设模式建设周期短，支持快速扩容。同时，全模块化设计可以支持分层、分期灵活扩容，土建及机电均按层部署，实现按需部署，降低初始投资和业务不确定性。

高出柜率。受建筑结构限制，传统楼宇数据中心层高普遍在 5m 以上，在 24m 高层与多层建筑分界线范围内，最多只能建设 4 层；预制模块化数据中心层高一般在 4.15m ～ 24m 的高度限制内，可以建设 5 层，这样可以提高土地利用率，比传统数据中心的出柜率更高。

3. 发展趋势

随着技术的不断演进及融合，预制模块化数据中心使用体验已经与传统楼宇相当。同时凭借建设周期短、绿色低碳、弹性设计、灵活部署、生命周期数字化等优势，预制模块化数据中心将有效帮助数据中心客户减少时间、投资、质量、规划、先进技术适配等多方面的不确定性，构建面向未来的数据中心基础设施。另外，随着模块化及标准化程度的不断提升，产业链的不断完善，应用场景的不断增多，预制模块化数据中心将逐渐成为数据中心的主流建设模式之一。

（1）预集成程度

数据中心模块化设计是实现预制模块化数据中心的基础，模块化程度的高低直接影响到预制模块化数据中心各模块组合的灵活度，模块化程度不断提升是预制模块化发展的必然趋势，按需部署，灵活组合，可以满足不同客户的建设需求。从配电和IT不同层，发展为IT和配电同层，每层拥有独立的数据中心，实现一层一数据"中心"布局，新一代预制模块化数据中心从功能区到楼层和机房楼均为全模块化设计，不仅是建筑楼层模块化、IT机房模块化设计程度不断提升，配电、温控等各功能部件的模块化设计、安装组件的模块化设计程度也将不断提升，使建设周期更短，扩容更灵活。

预制功能模块全部在工厂预制生产，除了机房基础，数据中心不需要土建工程。机房楼主体模块及内部设施均在工厂预制完成。同时，随着箱体模块化程度不断提升，预集成度也相应提升。机房模块从两个模块构成一个密封通道演化为一个模块构成一个密封通道。从两箱一模块到一箱一模块，预集成度提升，进一步简化了现场交付流程，使交付周期进一步缩短。

（2）模块化范围

预制模块化建筑架构技术不断提升，将支持更高楼层的堆叠部署，进一步提升土地利用率和机房出柜率。随着技术演进，标准化及体验提升，预制模块化数据中心将实现大规模快速复制，满足超大型集群和园区标准化部署要求。

随着模块化和标准化程度的不断提升，功率密度弹性演进也得到支持，因此，不用新建机房楼和大规模改造即可实现业务升级；同时机房架构实现了楼层模块化，支持逐层垂直扩容，按需部署，降低了客户初期投资金额及业务的不确定性。

（3）数字化、智能化及低碳化

数字孪生技术和AI技术深度融入预制模块化数据中心的规划、建设、运维、调优等全过程。在设计阶段，利用BIM 3D、数字孪生、智能设计，提前规避生产交付过程的设备、管路干涉，优化布局，设计即所得；在生产交付阶段，进行全数字化管理，精准施工，提高交付效率和质量，所建即所得；同时，融合AI技术及数字孪生技术，智能营维，打造数字"黑灯工厂"。

预制模块化数据中心朝着全生命周期低碳化发展。支持全面叠光、光伏建筑一体化（Building Intergrated Photovoltaic，BIPV）应用、低碳建筑，支持叠光、储能、余热回收等先进节能技术，绿色供电。在设计阶段，通过云计算、大数据及AI技术，实现全场景仿真模拟，得出最优设计方案；在运维阶段，数字孪生及AI技术应用，无人化运维，大幅减少运营期间的碳排放，实现从设计、建设到运行全生命周期的绿色低碳。

第六章
IT 及网络设备

6.1 服务器

6.1.1 领域图谱

服务器产业图谱如图 6-1 所示。

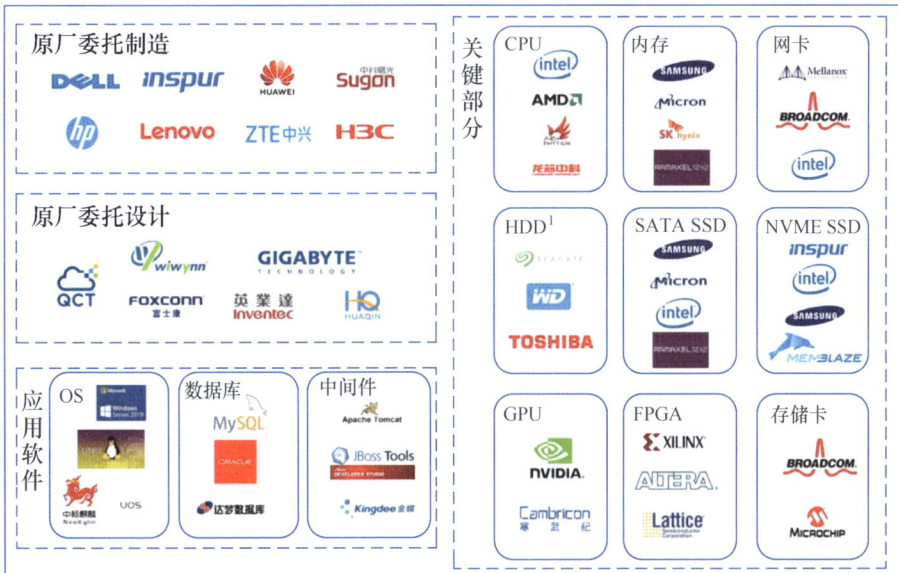

注：1. HDD（Hard Disk Drive，硬盘驱动器）。

图 6-1 服务器产业图谱

6.1.2 发展现状

1.市场现状

服务器是数据中心重要的基础设施，是算力供给的核心装备。随着人类社会的发展和时代的演进，算力在生产生活中的使用范围逐年扩大，推动着社会文明和科技文明的发展。当前，全球数字化发展已经进入高速增长阶段，数字经济在各国的占比持续提升。IDC 报告显示，计算力指数平均每提高 1 个点，国家 GDP 和数字经济将分别增长 1.8‰和 3.3‰。同时伴随深度学习算法的出现和智慧城市、生物识别等技术的高速发展，当前，社会对计算力的需求呈指数级增长，对服务器的要求也越来越高。

全球服务器市场稳定增长，中国市场领涨全球。根据 IDC 统计，服务器供应商在 2021 年第二季度全球服务器市场的营收同比下降了 2.5%，服务器市场规模达 236 亿美元，服务器出货量在第二季度超过了 320 万台，保持平稳。

从厂商销售额来看，2020 年，浪潮依然占据国内服务器厂商的领先位置，市场份额达 35.6%，华为占据市场份额的 16.8%，新华三占据市场份额的 15.2%，戴尔、联想等厂商的市场份额均未超过 10%。2020 年服务器厂商在中国市场份额（按厂商销售额）如图 6-2 所示。

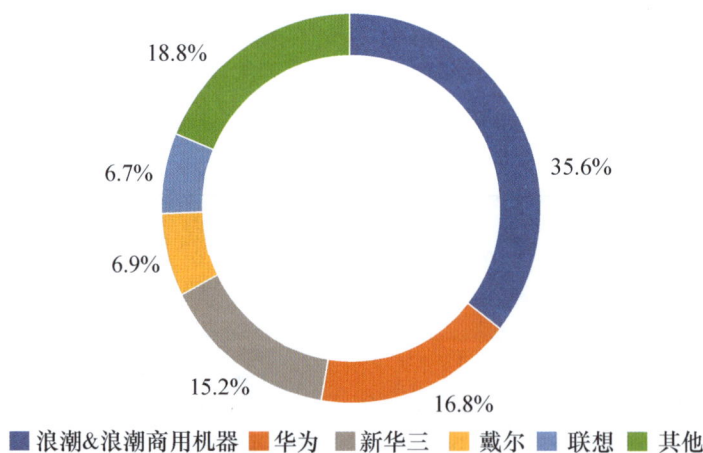

图 6-2 2020 年服务器厂商在中国市场份额（按厂商销售额）

IDC 数据显示，2021 年中国服务器市场规模达到 250.9 亿美元，同比增长 12.7%，在全球市场占比 25.3%。

2. 计算技术热点

计算技术经过蓬勃发展，以三次计算革命驱动数字世界升级，迈入智慧时代。1995 年，PC Server 的诞生标志着第一次计算革命的开始，计算从金融等特定行业进入商业社会，更多行业享受到计算带来的红利。第二次计算革命源于 2006 年云计算技术的出现，计算更加普适普惠，创新性地塑造了业务模式的云属性。第三次计算革命则是 AI 计算技术的崛起，自 AlphaGo 战胜人类职业围棋选手以来，AI 计算技术愈发成熟，AI 应用不断涌现，智算时代已见雏形。

（1）人工智能计算技术

深度学习算法出现后，与日益强大的计算力和丰富的大数据一起将人工智能技术推上第三次浪潮，并促使人类社会加速进入智慧时代。人工智能技术渗透经济生活的方方面面，例如，生物识别、智慧城市、智能制造、智能零售、智能医疗和智能教育等，通过智慧计算进行产业 AI 化的赋能。算法的发展突飞猛进，对于计算力的需求也呈指数级增长。我们可以看到，无人农场、智能农机、智慧农业正在改变延续上千年的农业生产方式；智能工厂让生产效率显著提高；医疗机器人在抗击新冠肺炎疫情中大展身手；无接触送货、无人机送餐，成为智慧物流应用的亮点。

（2）开放计算技术

随着云计算技术的蓬勃发展，数据中心呈集中化、规模化发展。越来越高的服务器采购成本、维护成本和运维成本，以及越来越低的服务器管理效率迫使服务器产品进行变革和创新，这些势必要求一种全新的技术出现——开放计算技术。Facebook 推出的开放计算项目（Open Compute Project，OCP），由百度、腾讯、阿里巴巴、中国信息通信研究院、中国移动和中国电信发起的开放数据中心委员会（Open Data Center Committee，ODCC）（最初为"天蝎"计划），以及领英（LinkedIn）推出的 Open19，这些开放计算组织通过建立统一的标准规范，使原来封闭的产业生态走向开放和融合，解决数据中心集中化、规模化发展带来的运维成本高、管理效率低等问题。从目前的发展来看，互联网企业率先发力，已大规模落地开放计算服务器。同时，互联网头部厂商也将它们在数据中心先进的经验开放共享，让更多传统行业用户参与进来，享受开放计算带来的技术红利，获得先进的计算力产品支撑。通信、金融、能源等领域的头部企业也纷纷加入开放计算组织，在数据中心建设中进行实践。

（3）边缘计算技术

随着边缘计算技术的发展和成熟，全球基础设施建设将大幅提升边缘部署比例，智能终端数量和产生的数据量将持续增长。相对于传统的前端采集数据、管道传输，后端计算的"云—管—端"一体化模式，如今终端算力上移，数据中心算力下沉，通过边缘算力进行决策的比重越来越大。数据的决策正在从数据中心向边缘侧迁移。未来，或许只有少部分数据计算会在后端数据中心进行，大多数的数据处理需要在终端和边缘完成，云端只用来进行数据整合与决策。终端和边缘也将演化出多样化的计算场景。

3. 技术现状

在整个服务器体系中，最核心、最上游的技术环节当属 CPU 的设计与生产，目前主要掌握在国外厂商手中，国内企业处于追赶状态。

当前，x86 架构的 CPU 占据大部分服务器市场，其主要设计厂商为英特尔、AMD。随着云服务提供商对数据中心降低功耗的需求，以 ARM 为代表的非 x86 架构的 CPU 凭借精简指令集带来的更低功耗的优势正在渗透服务器市场。目前，中芯国际已实现 14 纳米芯片量产，并在探索更高工艺。

固件是服务器可靠性的核心支柱，BIOS[1] 固件在服务器产业链中处于 CPU 的下游，固件厂商只有获取上游 CPU 厂商的系统核心代码授权，才有资质开发基于其版本的 BIOS 固件程序。英特尔、AMD 是服务器市场采用的主流，因此，英特尔、AMD 授权代码是 BIOS 固件工作开展的前提。

6.1.3 发展趋势

1. 市场趋势

数据中心向集中化、规模化发展，并推动开放计算整机柜的快速发展。 据统计，2015—2020 年，全球服务器由 4200 万台增长到 6300 万台，机柜数量由 440 万个增长到 500 万个，超大规模数据中心数量从 259 个增长至 597 个，但数据中心数量从 45 万个减少至 42 万个。综上所述，数据中心服务器密度将变得越来越高。

1　BIOS（Basic Input Output System，基本输入输出系统）。

2021 年，国家发展和改革委员会发布了《全国一体化大数据中心协同创新体系算力枢纽实施方案》，明确提出布局全国算力网络国家枢纽节点，启动实施"东数西算"工程，构建国家算力网络体系。

历史数据趋势和国家战略工程布局势必会推动数据中心向集中化、规模化方向发展。新形势、新政策带来新挑战、新机遇。当前，数据中心正面临空间有限、高效交付、便捷运维等挑战，作为服务器产品的新型交付形态和解决方案，整机柜产品可利用自身特性应对挑战：一方面，整机柜采用新形态进行快速交付，可以解决大型、超大型数据中心带来的大规模交付和上线问题；另一方面，整机柜可以选择前出线配置，实现冷热通道隔离，减少运维人力消耗，降低运维难度。

2. 技术趋势

要不断推动节能降耗技术的发展。随着 CPU/GPU 等关键部件的不断发展，服务器性能不断提高，整机功耗也随之不断提升，预计未来 2 ～ 3 年突破 500W/700W，高功耗会带来严重的散热问题和机柜密度问题，因此，寻找新的解决方案势在必行。

2021 年 11 月，工业和信息化部发布要求，到 2025 年年底新建大型和超大型数据中心的 PUE 须降至 1.3 以下。北京市已启动清理腾退高耗能的老旧机房工作。政策导向和绿色节能的趋势使服务器向节能降耗方向发展，服务器在节能降耗方面有以下几个方向。

机柜集中供电。采用集中供电可以通过智能的控制策略使电源工作一直保持在高效负载区间，从而提升供电效率。

48V 供电。与传统的 12V 供电相比，48V 供电在相同的功率需求下传输损耗可以降到 1/16。

液冷散热。一方面，风冷限制了单机箱功率密度的增长，而液冷可大幅增加单机柜部署密度，节省机房空间；另一方面，液冷配置能大幅提高散热效率，降低数据中心 PUE。

数据中心基础设施将朝着计算和存储分离的方向发展。随着应用场景的多元化、差异化，数据中心基础设施将朝着计算和存储分离的方向发展，计算更关注性能和密度，存储更关注吞吐和容量。传统的数据中心服务器集群通常以一机多用的方式提供服务，这种资源分配机制难以满足客户对自动扩展、高效性的需求。

近年来，高速网卡和互联网逐渐普及，存储访问成本逐渐降低，促进了计算和存储（即算存）分离的发展。存储分离可以使计算和存储分开部署，用户可按需扩展，同时不同集群之间可以分开管理，这样便于运维。

应用的差异化需求将推动算力多元化。随着互联网的发展及 IT 基础设施的演进，应用呈现多样化、层次化的发展趋势，对算力的基础设施也提出了多元化的需求。算力逐渐由通用化走向专用化，也从云逐渐延伸到边和端。

日益增长的计算力和丰富的大数据将人工智能推上了浪潮，促使社会发展进入智能时代，而异构服务器是智能时代最重要的算力基础设施。传统的服务器受限于核心数的影响，无法大批量处理数据；异构计算服务器得益于超强的数据处理能力，在人工智能领域发挥了巨大的作用。

未来，数据处理正从数据中心向边缘侧迁移，利用边缘算力资源进行计算分析决策的比重越来越大。边缘计算可以适配多种计算场景，例如，智能网联汽车、智慧城市、智能网络等。

6.2 存储

近年来，中国数字经济快速增长，各行各业加快数字化步伐，中国已成为全球数据增长最快的国家之一。IDC 在发布的《数据时代 2025》报告中预测，2018—2025 年，全球数据将从 2018 年的 33ZB[1] 增至 2025 年的 175ZB。中国数据圈增速迅速，预计到 2025 年增至 48.6ZB，成为全球最大的数据圈。

海量数据快速增长的背后，是存储市场需求的快速增长。根据 IDC 测算，2021 年中国企业级存储市场空间为 55 亿美元，2020—2024 年中国企业级存储市场将保持 7% 的年均复合增长率，预计 2024 年达到 65.9 亿美元。作为信息化系统中的核心部分和数据底层基座，存储系统的构建和使用直接关系到数据这一企业核心资产的存储、使用和价值挖掘。未来，数据中心存储的发展主要具有以下 4 个趋势。

---

1 ZB，英文 ZettaByte，中文翻译为泽字节，计算机存储容量单位，1ZB 约等于 10 亿 GB。

（1）全闪存技术更加节能，符合未来数据中心的发展趋势

当前，在企业级存储市场中应用最广泛的是 HDD 与 SSD。HDD 主要由少数几家厂商供应；SSD 产业链较为分散，供应更加多元化。与 HDD 相比，SSD 不仅可以提供 10 倍的性能和可靠性，还具备绿色节能的优势。SSD 去掉机械机构，增加了存储密度，能耗显著低于 HDD。因此，发展半导体存储，推动全闪存产业升级将是打造绿色节能数据中心的手段之一。

（2）分布式架构兴起，分布式存储成为 AI、大数据等新型应用的重要选择

近年来，随着云计算、大数据、AI、区块链等技术的发展，分布式架构在 IT 市场持续火热，在存储领域，分布式存储蓬勃发展。其中，在 AI 应用最广泛的汽车自动驾驶研发领域，每家车企都需要对数百 PB[1] 数据进行采集、存储、分析训练、仿真。未来，非结构化数据占比将越来越高，分布式存储凭借高扩展性和易管理能力，成为承载海量数据的重要选择。

（3）ZB 级数据存储将开启"冷数据"的热时代，存储分层是大势所趋

爆炸式增长的数据将导致存储成本上升、数据流失和数据管理混乱等问题。按照数据被访问频率从高到低进行分类，可以将数据分为热数据、温数据、冷数据，经常被访问的数据为热数据，而较少被访问的数据为冷数据，处于中间状态的数据为温数据。数据存储具有由热至冷的变化特征，绝大多数数据将在产生后的 6 个月后变成冷数据。针对数据的"温度"特征，分类存储将具有不同"温度"特点的数据存储在不同的存储介质上。不同的存储介质被分配到不同的层次结构中，不同层次结构的存储性能、成本和容量不同。存储分层将降低存储成本，提高存储效率。

（4）存储产业走向全场景智能，多云融合

数据中心存储运维操作复杂、耗时耗人，AIOps 旨在将人工智能应用于运维领域，持续提升 IT 基础设施的运维自动化及智能化水平，即在存储的"规划、建设、运维、优化及运营"全生命周期实现运维自动化，帮助客户简化存储管理，提升数据中心的运营效率。另外，云化整合难，多云之间容易形成"孤岛"是众多客户面临的新困局。一方面，通过统一数据存储资源池对接多云，避免多云导致的数据存储管理"孤岛"问题；另一方面，通过将存储的企业级特性，例如，复制、

1　PB，英文 PetaByte，中文翻译为拍字节，计算机存储容量单位，1PB 等于 1024TB。

双活等数据保护能力以服务的方式平滑融入云，为用户提供例如云容灾、云备份等云上数据保护功能。

6.2.1　存储阵列

数据存储是将信息以不同的形式存储到介质上。为满足企业 IT 系统大规模实时性数据读写需要，需要将大量存储介质组织起来，统一对外提供数据存储服务，实现该介质组织能力的设备就是存储阵列。存储阵列由两个或多个主控制器组成，面向关键行业核心应用，对外提供 FC、小型计算机系统接口等数据存储接口。存储阵列通常具备三大特性：高可靠、高性能、大容量。但随着数据安全态势日趋严峻，高安全成为一大诉求；日积月累下庞大且复杂的企业 IT 系统对存储阵列的运维管理也提出了更多的要求。另外，在国家"双碳"战略的指引下，绿色节能成为存储阵列乃至整个数据中心面向未来的重要需求。为满足用户不断变化的需求，存储阵列呈现介质全闪存化、中端存储高品质化、备份存储专业化等趋势。

1. 领域图谱

存储阵列产业图谱如图 6-3 所示。

图 6-3　存储阵列产业图谱

集中式存储作为最初的企业级存储产品形态，目前仍占据全球存储市场大部分份额，是存储厂商必争之地，全球主流存储企业都有集中式存储产品。在各行业的核心交易业务中使用的基本是集中式存储产品。集中式存储也是存储技术的集大成者，尤其是高端存储，代表了厂商技术、产品的最高能力，牢牢占据金融交易、运营商计费等最核心、最高端的应用场景。

在全球集中式存储市场中，国外主要厂商包括 DELL EMC、NetApp、Pure Storage、HPE、IBM、Hitachi；中国厂商包括华为、同有、宏杉、浪潮等，部分厂商实现了集中式存储的自研，也实现了高端存储的突破，甚至领先于国外厂商。

从收入上看，根据 Gartner《2021 年第三季度全球外部存储市场报告》，2021
年前三季度整体收入排名前 8 的厂商为 DELL EMC、NetApp、华为、HPE、IBM、
Hitachi、Pure Storage 和浪潮。2020 年前三季度与 2021 年前三季度全球外部存储
市场收入对比情况如图 6-4 所示。

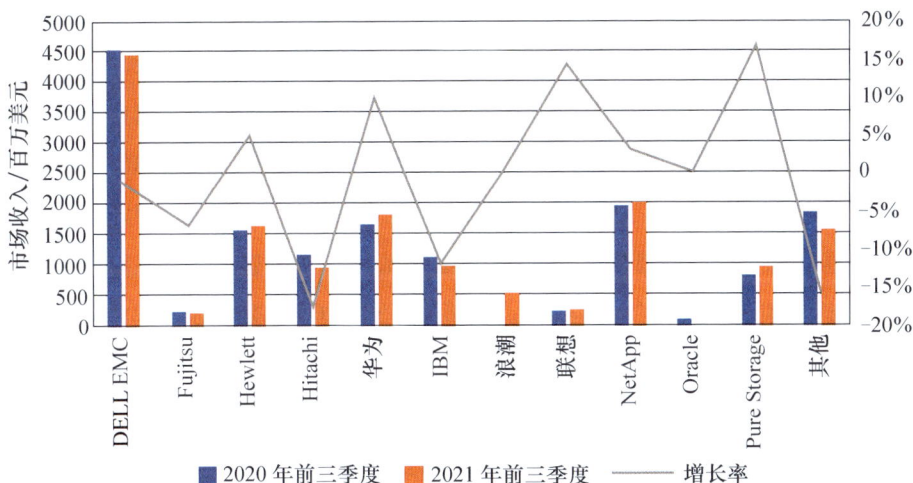

图 6-4　2020 年前三季度与 2021 年前三季度全球外部存储市场收入对比情况

2. 发展现状

存储阵列作为高度技术密集型产品，其核心部件基本依赖厂商自研，上下游
产业链相对较短。存储阵列下游产业链主要关注其支撑的应用侧发展，而上游产
业链则聚焦闪存介质产业发展。

存储支撑的应用侧变化，主要体现在数据库和虚拟化软件的变化上。过去，
绝大部分企业级数据库是基于 Oracle 数据库搭建的，具有专业强、性能好、可靠
性高等优势。但 Oracle 数据库由单一公司垄断运营，存在维护费用高昂等问题，
使不少用户望而却步。于是，以 MySQL 为代表的开源数据库成为数据库应用发
展的新方向，基于结构化查询语言（Structured Query Language，SQL）语义开
发的商用数据库如雨后春笋般出现。受限于 SQL 数据库单实例能力较弱，商用
SQL 数据库大都基于分库分表技术，通过服务器集群化部署实现类似 Oracle 数
据库大规模实例的效果。这种新型的数据库应用部署方式将成为发展的新趋势。

虚拟化应用主要的变化趋势是从虚拟机向容器转变。为了实现资源利用最大
化，并提升资源分配的灵活性，大部分企业采用虚拟机来实现应用部署。虚拟机

具有独立内核，不与主机操作系统共享内核，因此，其资源占用较大，单机部署能力有限，且启动和回收的时间比较长。容器技术则优化了这一问题。容器操作系统采用和主机 OS 共享内核的方式，实现更轻量级的虚拟化平台，在资源分配和回收上也更加灵活，已逐渐在企业 IT 系统中兴起。为了将大量容器进行统一管理和编排，Kubernates 管理平台实现了容器应用层的统一调度，而存储阵列作为存储资源的统一调度者，如何与其有效匹配，实现最佳的容器底座，是业界又一个研究方向。

存储上游产业链聚焦闪存介质产业发展。NAND Flash 是目前闪存介质的主流类型。2021 年，NAND Flash 市场收入约为 675 亿美元，相比 2020 年有明显提升。

NAND Flash 技术当前的发展重点是关注 3D NAND 技术堆叠层数的发展。高堆叠层数意味着更高的闪存容量。目前，业界主流厂商均已实现 128Layers 产品的量产，三星、海力士已突破 176Layers 技术，并于 2021 年下半年实现量产，2022 年可实现 176Layers 产品产量超过 128Layers 产品产量。Kioxia 与西部数据目前主力产出 112Layers 产品，162Layers 产品产出正逐步提升；美光于 2021 下半年突破 176Layers，2022 年将其作为主力产出。

面向未来，2022 年 NAND Flash 需求看涨，虽然 2021 年第四季度由于价格下滑导致利润率回落，但整体盈利水平仍达到 2018 年后的最高值。利润的提升带来供应的增长，2021 年 NAND Flash 供应量增长 41%；2022 年受限于原材料供应紧张，增长率有所回落，但根据各厂商的规划，整体供应仍会增长 30%。

3. 发展趋势

从用户侧需求趋势变化的角度分析存储阵列技术的发展趋势。对于企业级用户来说，系统的高可靠性是首要需求，也是企业的重中之重。以银行为例，中国人民银行 2021 年发布的《金融数据安全 数据声明周期安全规范》要求，银行信息系统每年生产事故不得高于 15 起，且每起应急处理时间不得高于 30 分钟。这一要求并非危言耸听，据统计，银行系统每小时因停机故障会带来 4000 万元以上经济损失，并造成社会生产生活的严重混乱；又如电信、能源、制造等行业，也同样会因为系统停机遭受巨大损失。如今，互联网的飞速发展带来终端用户使用习惯的变化，使面向大众行业的 IT 系统需要满足"7×24"小时的连续运转；大数据分析和人工智能的广泛应用让企业的分析型系统同样需要接近无休运转状态。这样的运行时间无疑对 IT 系统的数据基座——存储阵列提出了更高的要求。一方面，存储阵列本身需要具备足够高的素质，抵御因系统意外故障导致的设备宕机；另一方面，需要从 IT 系统整体角度考虑，设计相应的方案，减少因单台或多台存储设备故障导致的 IT 系统停止运行。总之，存储阵列的高可靠性，是用户对其的首要也是最为关键的诉求，而这一需求已经逐渐向全年 "7×24" 小时无休稳定运行发展。

存储阵列是企业 IT 系统数据的集中归宿，需要处理大量应用主机的数据读写请求，因此，高可靠性是用户对其提出的又一重要诉求。在面向大众的业务系统中，由于网络购物的快速崛起，尤其是在诸如 "双 11" 等购物节，金融行业 IT 系统将面临每秒千万数量级的交易请求，而这些请求往往要在 1 秒内完成。电信行业则由于 5G 的发展，每日计费话单数量陡增近 10 倍，交易系统性能要求也提升了 10 倍。面向工业生产的业务系统同样如此，由于工业智能化程度加深，批处理业务带来生产效率的成倍提升，也带来生产系统业务压力的成倍提升，如今高并发、低时延已成为工业生产系统的必然要求。总之，目前，用户对于存储阵列的高可靠需求，向百万甚至千万级 IOPS[1] 及毫秒甚至微秒级低时延发展。

随着企业数字化规模不断扩大，IT 系统也逐渐变得庞大而复杂，人力运维管理面临极大的困难。这就使更简便的运维管理成为用户的新诉求。目前，IT 服务管理和 IT 运维管理均已形成单独的产业，以规范企业 IT 系统建设与运维，实现标准化、流程化、自动化 IT 运维管理。而用户对于存储阵列运维管理能力的主要需求已逐渐由自动化向智能化发展。它体现在两个方面：一是要求存储阵列具有主动运维能力，提前预测可能出现的故障，并给出相应的解决方案；二是可以根据业务需求，动态分配存储资源，做到资源和业务重要性的级别匹配。

近年来，数据安全形势日益严峻，尤其是勒索病毒攻击事件每年以 3 倍的速度高速增长，对用户数据产生了极大威胁。为了应对恶意病毒攻击，IT 系统需要从多个层级建设保护体系。在存储阵列层面，除了对病毒进行及时扫描和清除，最为重要的是在文件遭遇病毒感染后，及时通过数据副本进行恢复，以避免数据破坏对业务运行带来影响。因此，用户对于存储侧高安全的需求正在不断提升，而这一需求主要表现在对于病毒感染文件的快速恢复上。

作为数据中心的耗电大户，存储阵列耗电占数据中心总耗电的 16% ~ 30%。

1　IOPS（Input/Output Operations Per Second，每秒进行读写操作的次数）。

因此，绿色节能成为用户在新形势下对于存储阵列的新诉求。

随着用户需求向极致性能、高可靠、易运维、高安全和绿色节能发展，存储阵列技术也相应发生变化，目前来看有 3 个主要趋势：存储阵列全闪存化、存储网络 IP 化、备份存储专业化。

（1）存储阵列全闪存化

如果将存储阵列的出现视为存储产业的第一次颠覆性革命，那么闪存介质的出现无疑是存储产业的第二次"工业革命"。当前，存储阵列的技术演进主要围绕如何更好地适应 SSD 展开。SSD 具有性能高、容量大的特点，其随机读写性能是磁盘的百倍以上，如何最大化地发挥其性能是业界需要研究的课题。为了避免 SATA[1] 和 SAS[2] 串行接口对 SSD 性能的限制，并实现标准化接口，NVM Express 工作组制定了 NVMe 规范，专门用于设备和 SSD 对接。NVMe 具有多队列且队列深度大的特点，具有很高的吞吐能力，非常适用于 SSD。因此，全闪存存储的主要演进方向就是面向 NVMe 协议进行优化。例如，前端存储网络支持 NVMe-oF 协议，支持 NVMe 接口的 SSD；后端支持控制器和硬盘框之间通过 NVMe-oF 连接，以实现低时延、高性能数据传输。这些特点统称为端到端 NVMe 特性。目前，业界最先进的全闪存存储开始逐步支持端到端 NVMe。

SSD 主要通过改变电子元器件（又称颗粒）内的电子数量来实现数据的记录，并且 SSD 每写一次数据都需要先擦除相应颗粒中的数据。在颗粒的寿命期内，可擦写的次数是有限的。为了最大化闪存盘的使用寿命，全闪存存储需要通过系统层优化来均衡闪存颗粒的使用，避免在部分颗粒出现读写热点，影响闪存盘的寿命。全闪存存储现在主要通过冷热数据分流、大块顺序写等方式实现读写热点的均衡。

从业界的发展趋势来看，全闪存存储将进一步占据存储市场空间，成为存储阵列的主流选择。根据 IDC 统计，全球全闪存存储在整体存储市场的占比逐年递增，2020 年达 40%。目前，越来越多的企业核心系统采用全闪存存储，金融企业资源计划、票据影像、半导体电子设计自动化、医疗影像归档和通信系统等文件共享场景也逐步采用全闪存存储。在行业数字化的大趋势下，更高性能必将成为每一个用户的终极追求，而全闪存存储则是实现这一追求的最佳途径。

1　SATA（Serial Advanced Technology Attachment，串行先进技术总线附属接口）。

2　SAS（Serial Attached SCSI，串行连接小型计算机系统接口）。

（2）存储网络 IP 化

存储网络是指连接应用主机和存储的高速网络，其基本要求是高性能、高质量、低时延。传统的传输控制协议 /IP 网络存在丢包问题，网络质量较差；而 FC 网络可实现无丢包，非常适合存储区域网络（Storage Area Network，SAN）存储，因此，存储网络的主要网络是 FC。然而 FC 网络技术专利被博科和思科两家公司垄断，形成技术壁垒，且价格高昂，封闭的生态也导致其发展缓慢。近年来，随着无损以太网技术的普及，生态开放的 IP 网络再次兴起，尤其是搭载高性能、低时延的 RDMA 协议和 NVMe-oF 协议后，和全闪存存储的良好配合使其大有赶超 FC 网络之势。FC 网络和 IP 网络的对比见表 6-1。

表 6-1　FC 网络和 IP 网络的对比

对比项	FC网络	IP网络	对比结果
性能	协议处理硬件卸载，低时延，大带宽（32GB）	协议处理硬件卸载，低时延，大带宽（100GB）	二者在时延上相当；在带宽能力上，IP 网络发展速度有明显优势
组网规模能力	规格：通用交换机 16/32 端口，堆叠需要额外许可证和兼容性要求。使用：需要专业工程师进行规划和维护。供应：博科垄断，国内无相关产品和技术	规格：通用交换机 32/48 端口，二层 / 三层堆叠应用方案成熟度高。使用：网络工程师都具备配置管理能力。供应：思科、Juniper、Mellanox、新华三、华为等都具备相应的产品和技术	IP 网络组网规模更大，规划维护更灵活易用
主机适配器	由 Qlogic、PMC 等厂商提供硬件和驱动，操作系统的兼容性非常全面	由 Broadcom、Mellanox、Qlogic、Chelsio 等厂商提供硬件和驱动，操作系统主要是 Linux	FC 网络的应用生态比较完整成熟。在国产化上，IP 网络缺少芯片供应厂商（华为自研芯片卡尚未开放商用）

IP 网络随着 RDMA 技术的发展在极致高性能能力上已经比肩 FC 网络，加之 IP 网络本身强大的互联互通能力，其在存储网络中的发展前景非常广阔。虽然在存储网络应用生态上，IP 网络还未具备大规模商用的能力，但 IP 网络本身是开放的，因此，其生态可不断完善。

（3）备份存储专业化

数据备份是数据保护的基础，是保证企业数据安全的重要手段。数据备份是为了防止系统出现操作失误或系统发生故障导致数据丢失，而将全部或部分数据集合从应用主机的硬盘或阵列复制到其他存储介质的过程。传统数据备份方式主要采用的是内置或外置的磁盘进行冷备份，即主存储在磁盘—备份数据到磁盘—分级/归档到磁带库（Disk to Disk to Tape，D2D2T）的传统数据保护模式。

但随着数据的海量增加和主存介质闪存化普及，备份的数据量也随之快速增长，D2D2T将面临备份时间长、恢复耗时长、新数据保护场景无法有效支持等诸多问题，一旦中断，需要在夜间重启或在第二个工作日重新备份。为了避免备份不能在规定时间内完成，造成对正常业务的影响，备份存储在性能、空间、可靠性方面提出了新的要求。

过去，企业备份存储更多采用与主存储相同的存储阵列，如今则逐渐向专业化发展。备份存储专业化体现在以下3个方面。

一是备份数据量剧增，备份存储高性能化。数字经济时代，企业业务数据量呈爆发式增长，2020年全球数据总量达到44ZB。在我国数据保护较好的金融行业，数据保护比例仅占15%。随着我国2025年将成为全球最大数据圈，70%的生产数据将需要保护，保护数据将在未来5年增长几十ZB。大量的数据需要备份和生产业务数据底座的闪存化提速，使核心业务备份时间更长，备份存储逐步向性能更高的趋势发展。为了满足大量业务数据的备份需求，保证生产数据获取的可持续性，减少对生产系统的影响，需重视数据的传递和存储。通过集中化的方式分析和优化数据传送过程，闪存化介质可提升数据存取性能，极大地提高数据备份和恢复性能，加速数据冷热变化，端到端释放数据价值。

二是数据价值挖掘扩大，备份数据易用可靠。针对数据全生命周期管理，需要实现在复杂异构环境下的数据保护。基于图形界面的管理能让管理员更好地管理备份系统，并降低管理难度及资源消耗。在统一平台下，整个系统都由一个单独平台来控制，因而对备份系统进行全局的配置也变得简单。统一的报告被大大简化，它可以提供自动警报、标准读出、高定制化搜索功能和其他服务。针对核心生产业务，系统能根据各类应用、数据类型、有效时间窗口和生产系统的数据量，定制出不同的备份与恢复策略以适配各类业务和数据的备份恢复业务。对于应用开发且业务性能要求较高的场景，由于敏态业务需要快速上线新应用，所以需要备份的数据即时可用。

三是新兴生态业务多样性，备份方案灵活适配。核心生产系统为了获得最大化的资源弹性，在系统开发之初往往选择具备高扩展性、高弹性的数据库和平台，例如，分布式数据库、Hadoop和容器等多种技术或平台。为了更加灵活地适配新兴生态，未来，备份方案需要提供不同业务需求，以供用户灵活选择，这为数据库、文件系统、虚拟机、大数据等应用场景提供高效、全场景保护。

6.2.2　分布式存储

分布式存储是一种数据存储技术，通过网络使用企业中每台机器上的磁盘空间，并将这些分散的存储资源构成一个虚拟的存储设备，数据分散地存储在企业的各个角落。分布式存储具有高扩展性、低成本、易运维、易管理等特点。

1. 领域图谱

分布式存储产业图谱如图 6-5 所示。

图 6-5　分布式存储产业图谱

2. 发展现状

据 IDC 统计，全球分布式存储市场规模约为 220 亿美元，中国分布式存储产业空间约为 14 亿美元，中国市场每年以 28.5% 的增长速度快速前进。其中，主要推动产业发展的领域为政府、金融、制造和教育。

市场方面，根据 2021 年 IDC 市场数据，相较于 2020 年，2021 年平均增长率达 54.2%。其中，浪潮的增长速度最快，为 121.7%；华为的市场份额最大，占据 26.5% 的市场空间。

技术方面，软硬一体和软硬解耦两种形态并驾齐驱。现阶段分布式存储主要有两大技术阵型：一是提供软硬一体设备的厂商，以华为、DELL EMC 为代表，能够提供端到端可靠性和极致性能的体验；二是从成本考虑的软硬解耦的厂商，以 Cohesity、XSKY 为代表。

对性能和可靠性有更高要求的场景使用软硬一体方案。例如，HPC/ 高性能数据分析（能源勘探、卫星遥感、基因测序、自动驾驶、气象海洋、教育科研、动漫渲染、超算平台等）、平安城市视频监控 / 交通卡口、超高清视频制作 / 媒体资源库、运营商交互式网络电视等。

对成本敏感但对性能和可靠性要求不高的场景使用软硬解耦方案。例如，政务云；运营商 BOM 域（业务域、运营域、管理域）云化、5G 电信云；金融网银、手机银行、前置系统 Web 应用、票据影像等；大数据分析（政务、运营商、平安城市、金融等）及各行业备份归档系统。

两种方案均可使用的场景。例如，各行业开发测试、桌面云。

3. 发展趋势

产业方面，非结构化数据价值凸显，分布式存储产业将在"新基建"推动数字化转型下持续高速增长。5G、AI 和大数据等技术使挖掘数据的价值更容易，面向未来，以视频、图片、文档为代表的非结构化数据占比将达到 80% 以上，成为分布式存储的主要消费者。以自动驾驶为例，一台 L3 级别的自动驾驶测试车每天产生 60TB 的数据，多辆车产生的 PB 级数据要在 24 小时内分析完成，完整测试产生的数百 PB 数据需要存储 30 年以上，这就要求分布式存储能够提供更高的性能、扩展性，以及更优的成本。

"新基建"将推动数字化转型，带来数据量激增，企业亟须应用新的技术手段来进行数据管理，并挖掘其潜在价值。面向海量数据的应用场景，性能、成本和可靠性将引领创新方向，更好地支撑数字化转型。

根据 IDC 对市场的预测，2024 年全球以分布式存储为代表的横向扩展存储容量将达到 2019 年的 2 倍；中国市场的发展将更加迅速，2024 年以分布式存储为代表的横向扩展存储容量将达到 2019 年的 4 倍。

市场方面，分布式存储与更多关键业务的融合成为存储市场的主力，分布式存储市场中对象数据份额将会超过块数据份额。得益于海量数据的急速增长和数据价值的重要性，分布式存储将迎来发展的黄金阶段，成为中国存储市场的主力。随着新兴业务和云存储的发展，除了云原生的应用，越来越多的其他应用倾向使用更易于流动和归档的对象存储，例如，媒体视频、自动驾驶路测数据等，对象存储未来或将超过分布式块存储的市场份额，因此，各大厂商正在加速对象存储的技术研究。

技术方面，随着大数据、AI 的发展，HPC 应用已经广泛融合并且催生出新的应用场景，例如，HPC 正在向高性能数据分析、HPC-Based AI 方向演进，新的业务负载要求存储支持文件、对象及分布式文件系统（Distributed File System，DFS）协议互通，数据仅存一份。

进入 NVMe SSD 时代，在介质性能和寿命上，HDD 都有了大幅提升，CPU 反而可能成为性能瓶颈，传统的集中式存储和分布式存储架构已无法很好地满足存储需求。由此 Disaggregated 架构应运而生，它将控制器和存储介质分离，再通过低时延的 NVMe-oF 网络连接，兼具时延低和扩展性好的优势。同时，它还可以实现只换控制器不换盘，既享受控制器更新带来的性能收益，又避免出现海量数据迁移带来的成本开销问题，真正实现存储永新。

6.2.3　超融合

数据中心内的 IT 设备包含计算环境正常运行所不可或缺的三大要素：计算、存储和网络。自 IT 发展刚刚起步，数据中心初具雏形，数据中心的建设便采用计算、存储、网络分层解耦的建设方式：各个应用对应各自独立的 IT 资源，应用之间不产生 IT 资源占用的交集，互不影响，整个系统具备极强的稳定性，是面向稳态核心业务系统的最优配置。计算、存储、网络分层解耦如图 6-6 所示。

最近几年，随着数字化浪潮的兴起，社会经济模式发生了翻天覆地的变化，网购、物联网、自动驾驶等新兴应用场景对数据中心敏态业务的应变能力提出了前所未有的要求。为了更好地应对新经济模式对数据中心提出的挑战，一种新的数据中心建设方式逐渐兴起：将计算、存储和网络资源进行融合，在机柜中进行预集成，搭载智能管理软件，由同一厂商进行整合交付，并对整体系统提供后期运维服务，这就是超融合基础架构（Hyper Converged Infrastructure，HCI），其核心价值是简化企业部署数据中心的难度。HCI 将计算资源、存储资源和网络资源融合成一个资源池，上层应用对资源池共享，可根据各个应用的繁忙情况弹性伸缩，按需分配计算和存储资源，适合波动剧烈、具有显著高峰期的敏态业务，例如，政府税务社保结算系统、教学教务系统等。HCI 架构如图 6-7 所示。

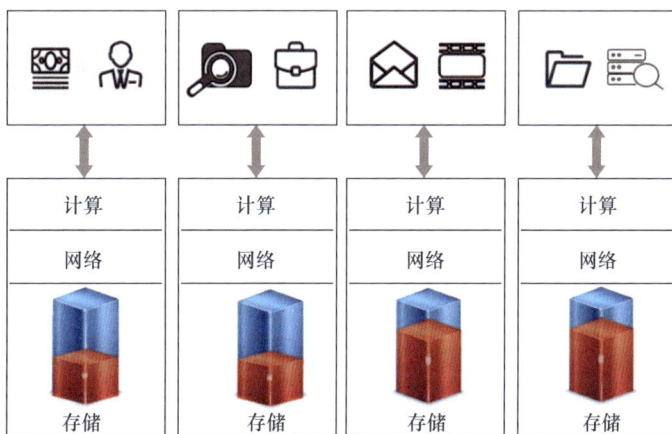

图 6-6　计算、存储、网络分层解耦

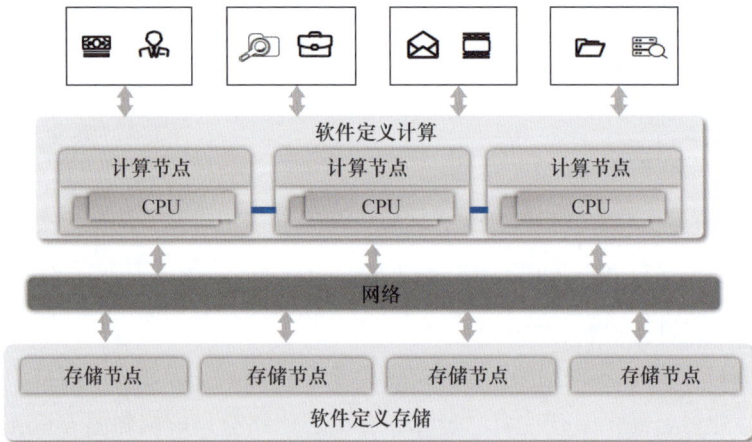

图 6-7　HCI 架构

1. 领域图谱

超融合存储产业图谱如图 6-8 所示。

超融合分为纯软件及软硬件一体两种商业模式。其中，纯软件的代表厂商有 VMware、Nutanix、SmartX；软硬件一体的代表厂商有华为、新华三、深信服、联想、浪潮、DELL EMC、HPE。部分厂商可提供两种模式。

图 6-8　超融合存储产业图谱

VMware（威睿）在 2014 年发布了分布式存储产品——VSAN，这是专为优化虚拟化环境而设计的存储解决方案。**SmartX**（北京志凌海纳科）在 2015 年 3 月发布了 SmartX OS 1.0，提供可纯软件交付的 SMTX OS 超融合软件和软硬一体交付的 Halo 超融合一体机。**华为**在 2012 年 9 月发布了 FusionCube 超融合产品，预集成了分布式存储引擎、虚拟化平台及管理软件，资源可按需调配、线性扩展。**新华三**于 2013 年正式发布超融合产品 UIS1.0，推出一箱即云超融合解决方案；

2015 年发布的 UIS3.0，带来计算、存储、网络、安全四维一体化 SDDC 解决方案。**深信服**在 2014 年推出基于超融合技术架构的 IT 基础设施产品超融合 aCloud，率先将计算虚拟化、分布式存储、网络虚拟化、安全虚拟化和云管理深度融合到一台标准的 x86 服务器中。**联想**于 2014 年发布联想超融合 AIOV1.0 解决方案，联想超融合是基于联想优势产品 x86 服务器，把分布式存储管理功能嵌入服务器虚拟化内核，大大减少了时延，利用应用感知的分布式存储，计算虚拟化技术及网络虚拟化技术，对外提供计算、存储和网络等资源的私有云架构。

2. 发展现状

随着用户业务需求的多样化，云计算市场虽然已经涌现出很多标准化产品，但用户的云化需求仍然存在整体周期长、成本高、架构复杂、兼容性差等问题。传统的 IT 架构面临在现有架构中无法解决的问题，这也使 IT 基础架构沿着虚拟化与融合的方向不断升级。

超融合的应用开始于虚拟化，以存算网融合、极简管理替代了传统架构，并逐渐成为主流 IT 基础设施。IDC 全球超融合系统季报跟踪显示，超过 72% 的企业已经部署或者计划部署 HCI。在全球范围内，HCI 系统的增长保持了较好的态势，2021 年上半年同比增长率达 11.2%，市场对 HCI 系统解决方案的需求依然强劲，未来 5 年将保持 18.5% 的年复合增长率，2025 年超融合市场规模将达到 33.2 亿美元。

中国的虚拟化市场国产占比超过 70%，VMware 占比约为 20%，受益于虚拟化格局，目前，国产超融合占比超 90%，其中，华为、新华三、深信服 3 家厂商占比达 60%。中国超融合市场已经变成由中国厂商主导的市场。但是从全球市场占比看，中国只占全球超融合市场的 14% 左右。技术上，国内超融合厂商大多基于"开源存储 +KVM[1]"打造产品，存储二次开发能力参差不齐，企业级特性目前差异还比较大。中国超融合厂商还需要进一步提高产品和解决方案能力，提升国外市场份额。

3. 发展趋势

随着数字化创新的加速，数据中心承载的应用也从传统的数据库、虚拟化走向海量数据分析处理等多样化的应用；应用数量的增加也驱动了算力多元化的融

1　KVM 是 Keyboard Video Mouse 的缩写，表示键盘、视频或鼠标。

合，进而持续提升数据处理效率。另外，随着国家"双碳"战略的提出，数据中心作为耗电大户，是实现"双碳"目标的关键，节能低碳势在必行。为了更好地满足一体化大数据中心和新型数据中心的发展和建设要求，超融合应在计算、存储、网络、平台、管理、架构、节能等方面进行研究，具体介绍如下。

计算方面，从单一通用算力走向多元化算力。 通用算力、AI 算力、信创算力等多元算力异构融合，提供多样化算力的虚拟化和调度能力，提升算力密度。

存储方面，从结构化块存储走向海量的非结构化存储。 在当前分布式块的基础上，增加分布式文件、对象和系统的能力，形成结构化与非结构化相结合的最优性价比存储资源池。这样可以满足多样化业务场景，消除"数据孤岛"，降低数据中心建设成本。

网络方面，从通用网络走向高通量网络。 以数据直通技术、多协议互通技术和高通量网络，满足数据密集型应用；基于数据总线实现数据的全局调度、共享。

平台方面，虚拟化、容器、裸金属共生。 支持虚拟化 + 容器全栈业务，在保持容器的轻量化和低资源消耗的同时，合理利用虚拟化提升计算、网络、存储资源的管理能力。

管理方面，多数据中心共管。 数据在数据中心之间灵活流动，在数据中心之间、数据中心和分支之间实现共管，并且实现资源的统一管理。

架构方面，以计算为中心转向以数据为中心的全融合架构。 通过专用数据处理单元（Data Processing Unit，DPU）组合计算资源、存储和网络资源，实现以数据为中心的全融合架构。

节能方面，采用高密度一体化机柜，关注整柜精准节能。 采用计算 / 存储高密低能耗硬件，一体化整柜融合，提升单机柜能效比；整柜风液混合 / 全液冷，在实现节能降耗目标的同时，支撑不同场景的灵活配置，降低建设成本。

全融合架构、多元算力、融合存储、高通量流动、统一管理、绿色节能成为超融合的主要技术发展方向，在此基础上，超融合将从边缘、中小数据中心逐步转向大型数据中心，并最终服务于国家"东数西算"工程，引领新型数据中心建设。未来，超融合作为数据中心的重要 IT 基础设施，在企业数字化创新加速和"双碳"战略的驱动下，为新型数据中心的建设提供了一条清晰的发展路径，超融合架构也将成为新型数据中心的重要架构。

6.2.4　冷存储

1. 领域图谱

冷存储产业图谱如图 6-9 所示。

图 6-9　冷存储产业图谱

2. 发展现状

（1）市场现状

磁带存储在国际上被广泛使用。随着计算设备、通信设备数量的增加和性能的不断提升，海量的数据正不断地被创造出来。海量数据催生了对于高密度数据存储设备的广泛需求。在种类众多的存储系统中，磁带由于其保存成本低、寿命长、功耗低等优势，常被用作对硬盘数据进行备份和长久归档的解决方案。

磁带存储在国外较早使用，例如微软 Azure、亚马逊 AWS、谷歌等全球知名的云服务商已大量采购磁带，用来对关键数据做备份归档及冷数据 / 冰数据的长期保存。

国内市场起步较晚但增速较快。反观国内市场，磁带存储起步较晚，主流应用还集中在电视台、银行保险、能源勘探和电信通信领域的数据资产保存。与硬盘存储相比，磁带存储的接受度还有待提升。不过随着近年来我国"新基建"的蓬勃发展及数据量的爆发式增长，磁带存储正被越来越多的互联网公司接受和应用。百度智能驾驶已全面开始使用磁带存储，对比之前的存储系统，整体 TCO 下降了 85%。同时，在互联网在线直播、短视频和长视频行业中，越来越多的平台开始使用磁带存储。另外，随着国内电视台在 4K/8K 高清晰度内容方面的发力及视频安防数据保存周期的延长，磁带存储在高容量和长周期保存方面的优势进一步得到重视。

（2）技术现状

线性磁带开放（Linear Tape Open，LTO）技术应用广泛。目前，用于海量数据存储的磁带技术包括开放标准的 LTO ULTRIUM 技术、IBM 公司的 3592 TS 系列及 Oracle 公司的 T10000 系列。开放标准的 LTO ULTRIUM 技术以开放性和高性价比被用户广泛接受，成为市场主流和使用最广泛的磁带存储技术之一。磁带存储系统架构如图 6-10 所示。

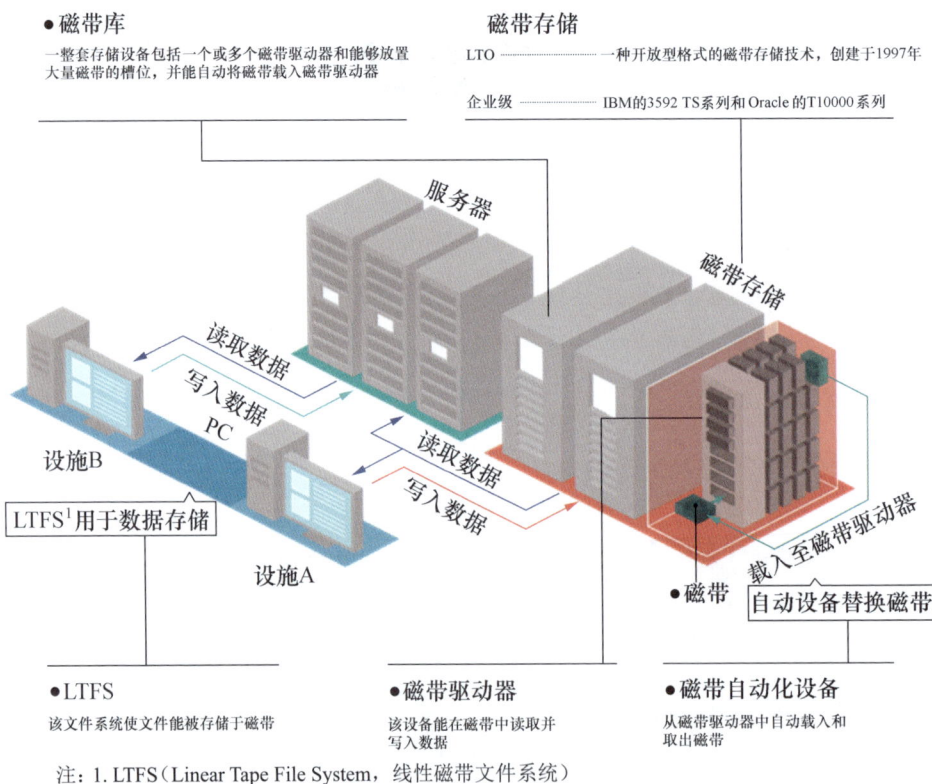

● 磁带库
一整套存储设备包括一个或多个磁带驱动器和能够放置大量磁带的槽位，并能自动将磁带载入磁带驱动器

磁带存储
LTO————一种开放型格式的磁带存储技术，创建于1997年
企业级————IBM的3592 TS系列和Oracle的T10000系列

服务器

磁带存储

读取数据
写入数据
PC

读取数据
写入数据

设施B

LTFS[1]用于数据存储

设施A

载入至磁带驱动器

● 磁带

自动设备替换磁带

● LTFS
该文件系统使文件能被存储于磁带

● 磁带驱动器
该设备能在磁带中读取并写入数据

● 磁带自动化设备
从磁带驱动器中自动载入和取出磁带

注：1. LTFS（Linear Tape File System，线性磁带文件系统）

图 6-10 磁带存储系统架构

LTO 磁带采用 LTO 技术进行数据存储，该开放式磁带存储技术由惠普、IBM 和昆腾于 1997 年共同推出。其结合了线性多通道、双向磁带格式的优点，基于服务系统、硬件数据压缩、优化的磁道面及高效率纠错等技术，大幅提高了磁带

的容量和稳定性，成为用户选择最多的磁带存储方式。

技术突破推动磁盘存储密度持续提升。无论是硬盘、光盘还是磁带，其单位存储密度每年都在不断提升，但增长率却也呈逐年减缓的趋势。对于磁带来说，在 2010 年出现了记录密度增长放缓的迹象。产生这一问题的原因在于原本承担高密度存储任务的金属磁性记录颗粒在技术发展上出现了瓶颈。2011 年，富士胶片把基于"钡铁氧体"技术的磁带推向市场，这项技术带动了磁记录密度继续攀升。"钡铁氧体"颗粒相比于之前的金属颗粒，其尺寸从 35nm ~ 45nm 缩小为 10nm ~ 20nm。在性能方面，该技术避免了磁性颗粒因氧化而导致的信号丢失问题，彻底优化了信噪比，确保了数据读写的准确性。2021 年，第九代 LTO磁带的单盘原始容量达到 18TB，压缩后为 45TB，在数据传输速率方面最高可达1000Mbit/s。单位存储密度对比如图 6-11 所示。

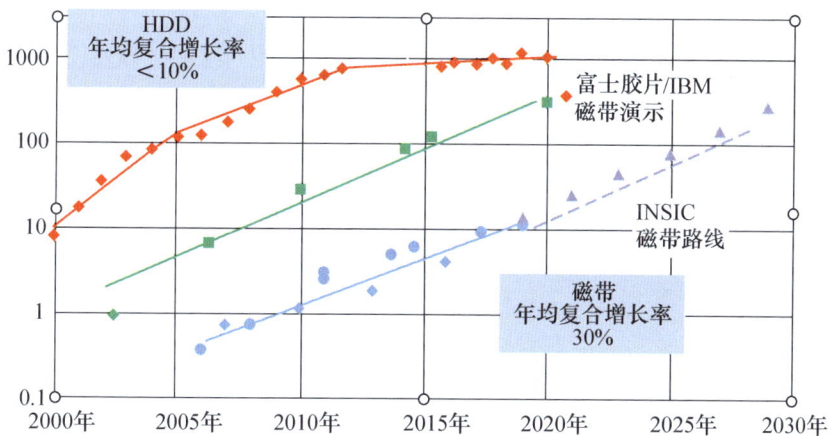

图 6-11　单位存储密度对比

面向不同的使用场景，磁带存储逐渐发展出 LTFS 和对象存储两种磁带文件系统。磁带存储系统主要由磁带介质、磁带机 / 磁带库设备及 LTFS 构成。LTFS 是一种具有自我描述性且存取方便的磁带档案系统。LTFS 格式利用了LTO 两个分割区分别作为资料分区与索引分区，资料分区中存放了所有的资料内容与元数据，索引分区存放了资料分区中资料的附属子集与附加元数据。两个分区共同构成 LTFS Volume，每个分区的起始都是用于识别的标签区段，其后则是存放资料或索引内容的区段，不同区段间以档案标记区隔。LTFS 软件的主要作用是将磁带机中的磁带格式化为 LTFS 格式，并将 LTFS 格式磁带挂载到

127

作业系统上或从作业系统中卸载。由于识别、存取 LTFS 格式磁带牵涉磁带机的驱动程式与韧体，所以 LTFS 软件由 LTO 磁带机厂商推出，且需要搭配该厂商的磁带机硬体才能使用。IBM、惠普等 LTO 磁带机供应商都推出了 LTFS 软件，支持 Linux、Windows、macOS 等平台。LTFS 软件可将 LTFS Volume 挂载到操作系统的虚拟文件系统（Virtual File System，VFS）层，透过 VFS 层与应用软件沟通。当利用 LTFS 软件将磁带中的 LTFS Volume 挂载到操作系统上后，使用者便可将 LTFS 格式的磁带当成硬盘一样存取，此时 LTFS 格式的磁带就如同外接的移动硬盘。当要更换存取另一卷磁带时，只需要利用 LTFS 软件指令将原来的磁带从操作系统中卸载，再挂载上新的磁带即可。

随着对象存储应用的持续发展，在系统软件方面，磁带存储不再局限于 LTFS。对象归档软件能够使对象存储无缝地在数据磁带上实施读写操作，其使用了行业标准，并且通过新型的磁带格式——OTFormat 使本地对象存储能够以最低的成本实现与云存储相同的可操作性。结合磁带存储和对象归档软件，无论是单一数据中心，还是多地数据执行，均能实现类似于 Amazon Glacier 的简单长期的数据保管。在优化现有存储的基础上，企业能够免除数据外运费用，将较冷的数据保存在磁带上，保障全链安全，实现极低成本的存储层级。此外，物理数据隔离可将网络侵害威胁降至最低。

3. 发展趋势

（1）产业趋势

"双碳"目标和可持续发展催生节能减排的新型绿色数据中心。随着云计算、人工智能、大数据及 5G 发展带来的海量数据，整个 IT 行业正经历着快速的变化。行业分析者预测，未来越来越多的数据将存放在硬盘或磁带系统中。基于可持续发展和数据不断增长所带来的大规模存储设备的需求，各大企业将通过把低频次访问的数据（冷数据）从硬盘中迁移至磁带存储这一方法，减少碳足迹，增强可持续性并且减少支出。

互联网数据中心是电力消费大户，节能降耗不仅是企业控制运营成本的重要指标，更是互联网科技行业发展的重要指标。目前，已有多个省市出台数据中心相关布局规划文件并开展节能监察工作，对数据中心能耗采取严格的限制措施。例如，北京市明确提出年均 PUE 高于 2.0 的备份存储类数据中心逐步关闭，新建云数据中心的 PUE 不高于 1.3。

存放在硬盘中的不少数据都是冷数据。以 100PB 数据保存 10 年为例,如果将硬盘上 60% 的数据主动归档到磁带上,那么碳排放将降低 57%、电力消耗将降低 48%、TCO 将降低 44%。如果将 80% 的数据均转存到磁带上,碳排放则降低 95%,电力消耗则减少 80%,TCO 降低 73%。从全球角度看,将硬盘上的冷数据转存到磁带上,全球碳排放量将下降。对于企业来说,在帮助全球降低碳排放和电力消耗的同时,节能降耗所节省的 TCO 也会带来一定的收益。扩大磁带存储的使用,将对可持续发展目标产生积极的影响。

生命周期评估(Life Cycle Assessment,LCA)方法经常被用于可持续发展的全景蓝图。LCA 监督一个产品从生产原材料的提取、制造、运输、使用到报废回收过程中对环境的影响。对于存储介质而言,其囊括了数据库应用、联合采挖、生产、分发、使用及废弃的全过程。为了提高透明度,存储行业厂商对横跨产品生命周期可能产生的二氧化碳排放量进行了预估。对于 LTO 磁带,根据富士胶片 LTO8 的全生命周期二氧化碳排放情况进行预测,包括磁带机使用中所产生的二氧化碳,在 10 年内,每年每 TB 数据将产生 0.114kg 二氧化碳,比硬盘少 95%。

数据安全和个人信息的立法要求关键数据资产保障力度不断提升。《中华人民共和国数据安全法》第二十七条指出,开展数据处理活动应当依照法律、法规的规定,建立健全全流程数据安全管理制度,组织开展数据安全教育培训,采取相应的技术措施和其他必要措施,保障数据安全。利用互联网等信息网络开展数据处理活动,应当在网络安全等级保护制度的基础上,履行上述数据安全保护义务。重要数据的处理应当明确数据安全负责人和管理机构,落实数据安全保护责任。同时,《中华人民共和国数据安全法》在第二十九条中写明,开展数据处理活动应当加强风险监测,发现数据安全缺陷、漏洞等风险时,应当立即采取补救措施。发生数据安全事件时,应当立即采取处置措施,按照规定及时告知用户并向有关主管部门报告。《中华人民共和国个人信息保护法》第五十一条列明,个人信息处理者应当根据个人信息的处理目的、处理方式、个人信息的种类及对个人权益的影响、可能存在的安全风险等,采取措施确保个人信息处理活动符合法律、行政法规的规定,并防止未经授权的访问及个人信息泄露、篡改、丢失。

当云存储逐渐成为数据交互的主流方式,网络为数据传输提供便利的同时,对数据存储也造成了不小的威胁。具备离线存储特性的磁带存储成为挫败勒索软件、数据盗窃（渗漏）和其他恶意软件的一种有效手段。首先，磁带存储提供WORM功能（一次写入，多次读取），可以保存不可改变的数据副本，由于勒索软件黑客经常攻击备份副本，对其进行加密、篡改或删除，所以，不可改变的备份副本对于保证数据的完整性和可恢复性至关重要。其次，加密功能可确保未经授权的人无法读取磁带上的数据。磁带系统有能力在硬件层面上对数据进行加密，所以可以在没有应用程序或处理开销的情况下进行加密。最后，即物理隔离，如上所述，黑客经常攻击备份副本，使数据无法恢复。挫败此类攻击的一个可靠手段是在主副本和备份副本之间创建物理隔离（气隙间隔），以防止犯罪分子物理访问备份。一些组织可能会选择将磁带移至异地以获得额外的保护。最好的做法是在本地保留一份离线副本，再在异地保留另一份副本。虽然可以用在线系统创建物理隔离（气隙间隔），但磁带无疑是实现真正物理隔离（气隙间隔）最简单、最可靠的方法之一。

（2）市场趋势

大数据总量的指数级增长加速数据存储方式的多样化和便利化。 IDC 报告指出，转向数据驱动的决策以改善客户体验、业务弹性和运营效率为目标，意味着大量的数据正在被创建、存储、分析和移动。数据量的年复合增长率达到20%～43%，许多大型组织的数据每两年翻一番。2020—2025 年，全球存储的数据量正以 27% 的年复合增长率增长。硬盘的单盘容量年复合增长率仅为 10%，磁带则超过了 30%。2020 年 12 月，富士胶片和 IBM 共同发布了基于下一代磁颗粒技术——"锶铁氧体"的磁带，其单盘原始容量可以达到 580TB。

所有的数据都必须保存在某种存储介质上。 IDC 测算，2021 年有 8.3ZB 的数据被存储下来，其中 62% 的数据被存储在硬盘上，9% 的数据被存储在 SSD 上，15% 的数据被存储在磁带上，其余的数据被存储在非易失性存储器（Non-Volatile Memory，NVM）和光盘上。不同的存储类型具有各自的技术层面和经济层面的寿命，其中硬盘寿命约为 5～10 年，磁带介质寿命超过 30 年。

全球数据总量将在 2025 年达到 175ZB，我国占有相当可观的份额。 其中较少被访问的冷数据占比极大，磁带存储凭借可以保障数据安全保存 50 年的磁带介质，故障率远低于硬盘存储的故障率，读写速度远高于硬盘存储的顺序读写速度，能提供高性价比，因此，磁带存储解决方案在众多冷数据存储选项中脱颖而出。同时，考虑到日益肆虐的在线病毒、勒索软件和黑客攻击对数据存储系统造成的巨大威胁，可用于离线存储的磁带存储解决方案提供了物理隔绝此类隐患的有效手段，以低价的方式为用户的数据安全提供保障。单盘容量对比如图 6-12 所示。

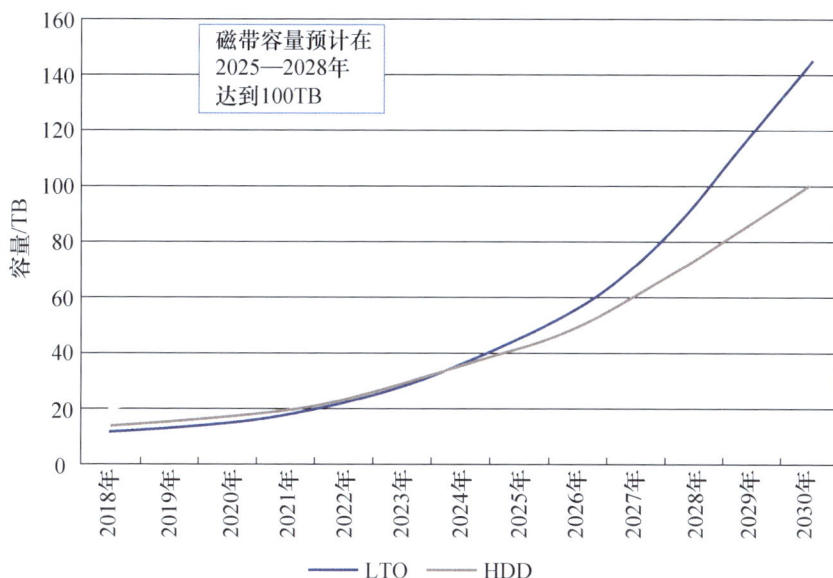

图 6-12 单盘容量对比

（3）技术趋势

分层存储必然是确保性能和成本的最佳方案。无论是热数据、温数据还是冷数据，每种数据都有其价值。即使是现在低频次使用的数据，经过算力和算法的发展，其价值也会被不断挖掘，为持续进步的人工智能应用提供源源不断的大数据支持。而海量数据存储需要根据不同的数据设计不同的方案，才能充分发挥数据价值，并满足总拥有成本和数据安全需求，助力用户对数据资产实现更好的管理和应用。

软件必将成为推动行业进步的关键。从云计算到传统行业，从边缘到核心，软件定义存储早已成为共识。磁带存储与软件产业一直深度协作，IBM、昆腾等厂商始终致力于软件的创新和升级，富士胶片推出的"对象归档软件"则针对国内用户，为数据中心及大规模数据存储中心提供整体数据存储解决方案，以缓解诸如云存储客户在数据迁移便捷性方面的担忧、冷数据急剧增长的客户在存储成本方面的顾虑，以及现有对象存储客户在长期数据安全性方面的痛点。

6.3 交换机

6.3.1 领域图谱

交换机产业图谱如图 6-13 所示。

图 6-13 交换机产业图谱

6.3.2 发展现状

1. 市场现状

国内数据中心交换机市场发展空间大，交换机产品逐步向高速率演进。数据中心交换机单价高，未来将成为交换机市场发展的主要动力。据统计，2021 年第一季度，在交换机产业中，数据中心交换机出货量占比为 13%，收入占比为43.1%，呈现"出货量低占比"和"收入份额高占比"的特征。同时，数据中心产业建设进程加快，高速大规模网络需求也将推动交换机市场扩大。

数据中心交换机不断向高速率方向发展，近年来 1G 等低速端口出货量持续降低，100G 及以上端口出货量不断提升，据 Gartner 统计，2020 年 25G、100G、400G 占数据中心交换机端口出货量的 50% 以上，高速率交换机市场占有率逐步提升。

中国交换机市场中，华为、新华三、思科和星网锐捷形成第一梯队，占国内 90% 的市场份额。总体而言，国内交换机市场集中，由于下游企业多为运营商、政府和大型互联网企业，对交换机产品交付具有较强的定制化需求和及时响应速度的要求，传统交换机仍是主流产品，但互联网企业已经对白盒交换机产品开展探究。

各大厂商纷纷推出 400G 数据中心交换机方案，400G 开启新增长周期。思科作为老牌美国交换机厂商，其 Nexus 系列交换机能为数据中心提供全面的 400G 解决方案。Arista 共推出数十款不同型号的 400G 交换机，产品线可以覆盖大部分不同的数据中心升级方案。华为于 2020 年推出了 Cloud Engine 16800 新一代 400G 数据中心交换机，为千行百业的智能连接构筑起强大的连接底座。新华三为应对 400G 部署带来的数据中心规模增长，推出了 S12500 系列 400G 交换机产品。星网锐捷在 2019 年世界移动通信大会上推出了 RG-N18018-CX 400G 交换机。

2. 技术现状

交换机是搭建数据中心架构的骨骼，具备大缓存、高容量、虚拟化等特征。交换机是一种用于电（光）信号转发的网络设备，可以为接入交换机的任意两个网络节点提供独享的电信号通路。与其他场景的交换机相比，数据中心业务对交换机的性能、功能、可靠性等提出了更高的要求。

缓存方面，数据中心交换机改变了传统交换系统的出端口缓存方式，采用分布式缓存架构，比普通交换机缓存能力更大，可达 1G 以上，而一般的交换机只能达到 2M ～ 4M。**容量方面**，数据中心的网络流量具有高密度应用调度、浪涌式突发缓冲的特点，交换机容量一般在 25G ～ 400G，可满足数据中心网络流量特点，保证业务的连续性。普通交换机容量通常为 1G ～ 10G，无法实现对业务的精确识别与控制，在业务量大的情况下很难做到快速响应和零丢包。**虚拟化方面**，数据中心交换机支持虚拟化，能够把物理资源转变为逻辑上可以管理的资源，以打破物理结构之间的壁垒。**多链接透明互联技术方面**，数据中心交换机配置更为简单灵活，在数据转发平面可进行环路避免和消除，能够实现整网无环路转发，可靠性、性能、效率有所提高。数据中心交换机支持以太光纤通道技术，可把存储网的数据帧封装在以太网帧内进行转发，使网络融合成为可能。

交换机实现高密度转发，以太网交换机成为数据中心主流设备。信息流量增长推动技术更新迭代，交换机率先实现高密度转发。随着数据中心新建或改造，其网络设备数量大幅增加，数据中心承载的业务也在不断变化。同时，计算虚拟化、存储虚拟化等技术的应用也导致了数据中心东西流量的高速增长。据统计，在云计算环境中，80%的流量为东西向流量，数据流量猛增需要更高速率来实现互联互通，这就要求交换机、服务器等 IT 设备及基础设备开启新一轮升级。数据中心交换机作为处理"东西流量"的关键节点，交换机互联接口的带宽在一定程度上决定了数据中心的整体性能，只有交换机率先实现高密度转发，并自上而下地对其他模块进行逐一优化，才能满足数据中心流量爆炸式增长情况下的信息需求。

以太网交换机成为数据中心主流设备。从技术类型看，数据中心交换机主要有以太网交换机和光纤交换机。以太网交换机基于以太网传输数据，其结构是每个端口都直接与主机相连，以全双工的方式工作，能同时连通许多对端口，使每一对相互通信的主机能无冲突地传输数据。光纤交换机采用光纤电缆作为传输介质，光纤通道为存储区域网络设计，可将计算机数据存储连接到服务器的高速网络中。光纤交换机可实现低时延和无损传输，适用于大型核心 / 边缘网络。从传输速率看，目前以太网交换机和光纤交换机的传输速率存在明显差异，光纤交换机的商用传输速率只有 32G，而 100G、400G 以太网交换机已经实现大规模产品化和大规模使用。从价格看，以太网交换机普遍比光纤交换机便宜。从适用环境看，以太网交换机普遍应用于大、中、小型网络中，光纤交换机主要用于数据中心存储环境。

叶脊架构成为数据中心网络主流拓扑结构。传统数据中心计算网络由大量的二层接入设备与少量的三层设备组成，随着物联网不断发展、数据流量激增，二层网络结构的叶脊拓扑网络结构具备网络扁平密集、可实现高密度高速的优势，成为现代数据中心的新宠。叶子交换机相当于 ToR[1] 交换机，直连物理机，也是二 / 三层网络分界点。脊交换机相当于核心交换机，叶脊间通过等价路由动态选择多条路径。脊交换机只为叶子交换机提供一个三层的路由网络，南北流量通过与

1　ToR：Top of Rack，柜顶式。ToR 交换机是指安装在机柜顶部的交换机。

叶子交换机平行的交换机，直接连接到边界路由器，水平结构更有利于水平扩展。叶脊拓扑网络结构符合未来高密度布线的趋势，能适应各类型数据中心。

6.3.3　发展趋势

1.市场趋势

根据相关预测，2020—2025年全球数据中心交换机市场的年复合增长率将达到9%。同时，主流数据中心交换机端口速率正在由10G/40G向25G/100G升级演进，25G/100G数据中心交换机市场的国内需求呈爆发式增长。根据IDC数据统计，我国25G/100G数据中心交换机的市场规模将由2017年的1.08亿美元增长至2024年的25.13亿美元，年复合增长率高达56.8%。

400G交换机有望在未来5年实现规模化应用。 全球交换机头部企业自2018年开始陆续推出400G交换机，旨在面向大规模云计算数据中心或高性能计算应用场景。随着云计算发展持续升温，现代通信网络需要更高的带宽来满足全球范围内数据爆发式增长需求。

目前100G交换机技术可以为以太网链路提供速度最快的连接，100G交换机和400G交换机市场规模将会继续增长，而后者最终会占据优势地位，成为交换芯片和网络平台上普遍采用的速度。**短期来看**，交换机市场整体呈复苏趋势，特别是高速400G交换机，预计400G交换机产业链会高增长。**中长期来看**，400G数据中心交换机2022年未成为营收主力，2023年800G交换机有望开始发展。

2.白盒交换机

云厂商数据中心因其高密度计算和存储需求导致流量激增，催化数据中心架构发生变化，SDN搭配白盒设备将成新趋势。

传统交换机的硬件和软件均由一个供应商提供，与之相反，白盒交换机的硬件和软件一般来自不同的供应商，可以进行定制化的产品开发，对于企业而言，这样不仅使用便捷，还能有效降低成本。

大型数据中心是白盒交换机的主要客户群体，大型数据中心需要从不同的厂商采购多种类型的网络设备，而不同厂商之间网络设备的互通性较低，这加大了数据中心的管控难度，白盒交换机具有更高的开放性与灵活性，应用白盒交换机将成为大型数据中心的产业发展趋势。

3. 人工智能应用

在流量分析方面，AI 技术不仅可以使交换机上的流量转发情况被快速掌握，并输出很多流量分析结果供管理人员参考，还可以监控设备的各种运行参数，综合评判分析当前交换机的工作状态，若交换机处于非健康状态，则会及时给出告警和调整建议。**在算法优化方面**，AI 技术能根据交换机上的数据转发情况，自学习设计算法，对效率不高的算法进行优化，然后将算法固化到硬件中。**在运维方面**，AI 交换机不需要工作人员参与配置，而是根据网络互连情况自动下发最适合的阈值，大大提升了网络运维效率。**在故障自愈方面**，AI 技术的准确性建立在海量数据样本学习的基础上，每个数据中心不可能遇上所有的故障类型，这就需要建立公共的大型数据中心网络故障数据库。该数据库涵盖很多数据中心网络故障的原因分析和恢复手段，AI 技术基于这些数据能够即时学习和输出故障自愈方案。

4. 分布式大容量交换机

缓存的价值在传统计算机上早已为人们所熟知，在云计算时代，交换机之间的交互流量将非常巨大，多端口同时向一个端口转发的概率也大大增加，突发的流量会给端口造成巨大的压力。

传统的城域网交换机在出口端的小容量缓存，一般每板不超过 64M，一旦出现流量洪峰，缓存的堵塞丢包将不可避免，从而导致应用层的数据重传并引起更为严重的网络阻塞。数据中心级交换机采用分布式大缓存架构，平均每个 10G 端口的缓存可达 256M，GE 端口的缓存达 20M。即便是比较复杂的流量模型场景，也可以确保网络不丢包。分布式系统的早期应用主要由大型的 Tier 1 云厂商推动，它们的规模较大（包括超过 100 万台的服务器安装基数），因此对市场影响也非常大。未来，分布式系统将由规模相对较小的 Tier 2 云厂商或者一些大型企业推动。分布式交换机系统的应用将继续增加，但速度较前几年有所放缓。

5. 光学技术

大批量、低成本的光学器件的可用性是所有网络速度转换的关键。此外，随着网络速度增加到 800Gbit/s 以上，可插拔光学将出现密度和功率问题。因此，业界将迫切需要采用其他光学技术，例如，共同封装光学（Co-Packaged Optics，CPO）。新技术需要新的业务和可服务性模式，这种过渡将给产业链带来重大影响。

另外，交换芯片供应商、交换系统设备商和光模块供应商之间预计会进行多次收购、合并和合作。

6.4 光纤通信设备

6.4.1 领域图谱

光纤通信设备产业图谱如图 6-14 所示。

图 6-14 光纤通信设备产业图谱

6.4.2 发展现状

1. 市场现状

全球 400G 模块已经开始规模部署。2019 年 12 月，博通宣布推出 Tomahawk 4 交换机芯片，单芯片交换容量从 12.8Tbit/s 提升到 25.6Tbit/s，采用 7nm 工艺，可支持 64 个 400GE 端口的交换和路由设备。自 2020 年起，业界迎来 400G 交换设备大批量部署的新时代，光模块作为重要的配套光收发组件，从 40G/100G 向 400G 升级。根据相关预测，到 2025 年，数据中心光模块市场将达到 100 亿美元，而 400G 模块市场将达到 60 亿美元。

2. 技术现状

数据中心常用的光纤通信设备主要有光模块和光纤连接器。光纤即光导纤维的简称，光纤通信是以光波作为信息载体，以光纤作为传输媒介的一种通信方式。数据中心常用的光纤通信设备有光模块和光纤连接器，二者的区别主要是前者为光有源器件，后者为光无源器件。

光模块是用于服务器和交换机互联的光电信号转换和收发器件。通常由光发射次组件（Transmitter Optical Subassembly，TOSA）、光接收次组件（Receiver Optical Subassembly，ROSA）、驱动电路、光电接口等组成。工作中，电信号输入发射端，经过驱动芯片后激光器发射光信号，接收端通过光探测器将输入的光信号转换回电信号，实现收发功能。根据思科公司最新公布的年度云指数研究报告，数据中心数据互联流量占比高达 76%，驱动数据中心内部互联的光模块速率不断升级，数量也在不断增加。

光纤连接器种类繁多，目前数据中心使用最多的是光无源器件。在数据中心应用中，光模块电口侧接入交换机，光口侧通过光纤连接器与另一个光模块的光口进行相连，最终实现两个交换机的信号连接。近年来，数据中心对速率的需求不断增加，光通信技术在数据中心领域得到广泛应用，带动各类光纤连接器的用量不断提升。

光模块和光纤连接器领域的厂商众多。国内外数据中心模块厂商众多，竞争较为激烈。100G 时代国外厂商整体占优势，但国内厂商已快速赶上。100G 模块厂商有中际旭创、Finisar、AOI、Oclaro 等，硅光厂商有 Intel、Luxtera 等。当前，延续 100G 的积累，在 400G 时代，中际旭创、新易盛等厂商陆续获得较高的市场份额。据 OVUM 公司统计，2020 年第二季度至 2021 年第一季度全球数通市场（包括模块和器件）前十名厂商中中国厂商有中际旭创、光迅科技、海信宽带，市场占有率为 30.5%。国内厂商在 400G 中短距离实力较强，且由于短距离模块 SR、DR、FR、有源光缆（Active Optical Cable，AOC）等用量最多，国内厂商已充分享受到红利。

全球领先的光纤连接器厂商有康宁、Senko、US Conec、泰科电子、安费诺、Molex 及 3M 等，国内知名的厂商有富士康、长飞光纤及太辰光等。此外，光纤连接器需要较为精密的陶瓷插芯和精密元件，国内生产优势较为明显。

国内数据中心以 **40G/100G 互联方案为主，正向 200G/400G 升级**。国内部署方案上，在服务器接入侧，通常在小于 20m 的机柜内将服务器和 ToR 交换机互联，采用高速线缆（Direct Attach Cable，DAC）和 AOC，速率普遍为 10G/25G；200m ～ 500m 距离的叶交换机和脊交换机互联普遍采用 40G/100G 光模块；500m ～ 10km 的交换机互联、数据中心间互联主要以 40G/100G 模块为主。2022年年后，国内有望开始向 200G/400G 过渡。400G 光模块器件在数据中心的应用场景见表 6-2。

表 6-2　400G 光模块器件在数据中心的应用场景

应用场景	距离	400G光模块配置
ToR- 服务器	＜ 3m	50G/100G DAC/AOC
ToR- 服务器	＜ 30m	50G/100G DAC/AOC/DR1
脊交换机 - 叶交换机	＜ 100m	400G SR4/SR8
脊交换机 - 叶交换机	＜ 150m	400G SR4
脊交换机 - 叶交换机	＜ 500m	400G DR4
数据中心互联	＜ 2km	400G FR4/FR8
数据中心互联	＜ 10km	400G LR4/LR8
数据中心互联	＜ 40km	400G ER4/ER8
数据中心互联	＜ 120km	400G ZR 相干

6.4.3　发展趋势

1. 硅光技术

硅光技术是利用现有互补金属氧化物半导体工艺对光器件进行开发和集成的新一代光收发技术，具备产业成熟度高、集成度高和量产成本低三大特点。硅光技术可利用互补金属氧化物半导体工艺设计、测试、流片等现有资源，将光模块常用芯片组件（耦合器、调制器、合波器、探测器、分束器、驱动器）等单片集成，缩小组件的体积，减少空间占用。在 8 ～ 12 寸（1 寸≈3.33 厘米）大晶圆规模生产下，硅光芯片的良率可超过 80%，单位芯片成本低。同时，由于硅光芯片可集成多个光信号通道和硅调制器，仅需要 1 ～ 2 个高功率连续激光器即可满足光信号需求，与传统方案中单通道需要配一个高速调制激光器相比，可减少激光器数量，从而进一步减少组件成本。

2. 800G 光模块

800G 光模块可适用于 100G SerDes[1] 电接口速率，从而实现光口端 4×200Gbit/s 或 8×100Gbit/s 的速率，满足 25.6T 或 51.2T 交换机容量的需求。在 OFC 2021 会议上，全球主要厂商发布了基于传统方案和硅光方案的 800G 光模块产品，同时上游电芯片、激光器、TIA-Driver 等高速率芯片产业链已经基本完备。DellOro Group 预测，未来 800Gbit/s 的部署速度将快于 400Gbit/s，且其 2024 年的市场规模与 400G 光模块相近。

3. MTP/MPO[2] 连接器

在 100G/400G 时代，高速率多通道模块使 8/12/16/24 芯的 MTP/MPO[2] 连接器需求量增加，此外，高速率可通过连接相关配件低速率扇出，例如，靠近服务器接入层的叶交换机 100G/400G 模块可以扇出更低速率的 4 个 25G/100G 模块，具体可采用与 MPO/MTP 连接器或面板进行扇出，或直接采用 MPO-LC 等光纤连接器实施，带动 MPO/MTP 连接器相关器件需求量的提升。根据成本分析，多芯 MPO/MTP 连接器相比普通的 2 芯 LC、SC 连接器的价格会进一步提升。

---

1 SerDes 是 Serializer（串行器）/Deserializer（解串器）的简称。

2 MTP/MPO 是指一种多芯光纤连接器的类型。

第七章
管理及软件

7.1 动环监控系统与楼宇自控系统

动环监控系统为数据中心提供动力和环境的基础监控和管理，其作为数据中心动力配套基础设施设备和环境配套基础设施的核心辅助生产系统，是实现数据中心向绿色和智能发展的数字化系统底座之一。动环监控系统通过实时呈现各类设施生产过程的数据和状态，真实可靠地记录生产的全过程。特别是在事故发生时，动环监控系统可及时监测警告，通知远程值守人员，按照要求进行远程遥控处置。在事后，动环监控系统可将各设施最原始的数据记录提取出来，重现事故发生过程，为事故分析提供一定依据。

7.1.1 领域图谱

动环监控系统与楼宇自控系统产业图谱如图 7-1 所示。

图 7-1 动环监控系统与楼宇自控系统产业图谱

7.1.2 发展现状

1. 市场现状

动环监控系统诞生初期，助力无人值守基站进行远程监控，促进了国内通信行业的高速发展。随着数据中心产业迎来大发展时期，动环监控系统作为生产系统已成为数据中心的标准配置，但源于数据中心过于复杂的设备和运行工况，动环监控系统在数据中心领域仅能实现初步的现场无人化远程监控。

动环监控系统为数据中心提供动力和环境的基础监控和管理。目前，动环监控系统在国内数据中心已得到广泛应用，其在动力设备、环境传感监测和生产控制过程中生产的数据是数据中心基础设施管理（Data Center Infrastructure Management，DCIM）中数据的主要来源。但从运营管理的角度来看，动环监控系统与 DCIM 系统最大的区别在于，动环监控系统主要监督生产和生产自动化管理，DCIM 系统更多是对生产进行可视化管理。虽然 DCIM 系统的功能覆盖更加全面，但由于其建设成本较高，多被大型数据中心采用。动环监控系统可满足数据中心基本的生产管理需求，被中小型数据中心青睐。

本土动环监控厂商提供定制化服务，占据国内市场。作为初代的 DCIM 产品，动环监控系统和 DCIM 系统一样，遇到了国外品牌在国内"水土不服"的状况，主要原因是动环监控系统在国内的"长尾性"需求较为显著，国外产品多为标准化产品，对于国内中小型数据中心而言，标准通用的产品意味着无法满足个性化要求。与国外品牌以产品为中心的设计理念相比，国内品牌以用户为中心，根据用户需求进行独立开发定制，两者在产品与服务思维上的差异，导致国内产品逐渐垄断市场，发展势头更为迅猛。

国内动环监控系统厂商众多，各自凭借独有特色占据一定市场。动环监控系统供应商主要分为 3 类。第一类是主要服务于运营商的供应商，该类厂商监控设备众多，系统可靠性、在线率、性价比高。第二类是具备多年动环领域经验的平台厂商。第三类是小型动环监控集成商和数据中心传感器厂商。对于第三类厂商，能否提供差异化服务是其发展的关键：或是聚焦细分领域，深耕产品优势，做出细分市场独有的产品与服务，或是结合原有安防渠道，完善自身安全解决方案，满足一些用户小型机房的维护要求。

随着新一代信息通信技术的发展，尤其是在新一轮"新基建"的驱动下，动环监控系统的需求重回高位，相关投资也在不断增加。但中国移动、中国电信、中国联通三大运营商的综合准入门槛较高，对提供产品服务的厂商要求相对也高。大多数互联网企业采用白名单模式，确保供应商的产品质量和服务能力，新进入的企业需要跨过白名单这道门槛，对此难度和投入都不小。中小企业自用数据中心方面的动环监控需求增长明显，这主要得益于企业在数字化转型阶段对基础设施更新换代的需求增长。

此外，自 2010 年前后数据中心蓬勃发展建设以来，也有许多存量机房陆续进入生命周期的中后期，动环监控系统更新换代也有较大的市场空间，不可忽视。

动环监控厂商的竞争格局与利润规模相差较大。从数据中心产业角度来看，动环监控系统主要有 3 个产业发展方向，分别为超大 / 大型规模数据中心、大 / 中型数据中心、边缘数据中心。超大 / 大型规模数据中心的业主资金雄厚，对技术要求较高，动环监控项目规模大、利润较高，是头部动环监控厂商竞争的重要阵地。大 / 中型数据中心的动环监控系统以自用为主，对安全性和技术能力要求非常高，规模、利润都很高，项目连续性强，往往需要企业以综合实力取胜。近年来，边缘数据中心的动环监控产品无人化需求成为趋势，对动环监控厂商的整合能力有所要求。

近二十年来，随着互联网的发展，动环监控市场发生了较大的变化，由早期以运营商为主战场，逐渐向以互联网企业为主阵地转移。特别是近几年国家提出由信息化向数字化转型，金融、交通、能源、政府、工业等各行业、各领域加快数字化转型步伐，企业核心机房、网络计算节点等将成为新战场。

2. 技术现状

动环监控系统由计算机技术、数据库技术、网络通信技术、环控技术、传感技术、南向和北向接口技术及信息标准化技术等复杂技术集合而成，是高效协同的软硬件系统。综合来看，它输出的是一种以环控技术（四遥）为基础，基于集中管理监控模式的自动化、智能化和高效率的计算机技术手段，监控对象主要是数据中心动力和环境设备等，例如，柴油发电机、配电、UPS、蓄电池、空调、温湿度、漏水、烟感、消防系统等。

目前行业内存在以下 3 条技术路线。

技术路线一：基于相关国家标准、行业标准。动环监控系统技术起源于基于可编程逻辑控制器（Programmable Logic Controller，PLC）的工业自动控制技术在实际通信场景中的标准化应用。得益于国家标准、行业标准的持续更新、推广和执行，动环监控系统在工控技术的基础上，不但保留了实时性，还实现了大规模模拟量数据处理和基于模拟量的预警、报警能力。通过标准化实现快速批量部署，降低部署成本，实现技术自主可控，从而打开了动环监控市场的繁荣格局。该技术路线适用于运营商、央企、大型互联网企业等。

技术路线二：基于 ODCC 的《互联网数据中心 - 基础设施监控系统北向接口规范》。 随着国内互联网的高速发展，百度、阿里巴巴、腾讯、京东等数据使用企业及第三方数据中心运营企业在应用场景进一步标准化的前提下，以互联网思维将软硬件进一步解耦和规范化。白名单厂商相对固定，因此可快速明确互联互通界面，实现加快建设部署。该技术路线适用于以上有标准规范迭代管理能力的企业。

技术路线三：使用动环监控厂商私有规范。 中小企业在数字化转型阶段，需要对基础设施更新换代，这些企业由于缺少标准规范管理能力，应用场景相对简单，使用动环监控厂商私有规范即可满足需求。这类动环监控厂商可将系统嵌入微模块集成商产品中，但提供该技术路线的厂商存在倒闭无法提供技术支持的风险。

7.1.3　发展趋势

本土厂商将持续发挥定制化优势，软件厂商与实施团队逐步演变为生态合作伙伴。 未来，数据中心行业逐步以需求为牵引，新建数据中心按照实际应用规划和建设，这一趋势对动环监控系统提出了较高的定制化要求，通用的产品往往难以满足所有类型的数据中心，本土厂商的定制化优势将持续助力其扩大市场份额。同时，在传统结构下，实施厂商仅为软件厂商提供实施服务与定制化开发，当前，软件厂商与实施厂商逐渐演变为生态伙伴，实施厂商在实施软件基础架构之余与软件厂商共同为客户提供服务，满足定制化需求。同时，软件厂商与实施厂商之间的界限逐渐模糊，互相渗透。

抢先实现云技术、物联网技术落地，新厂商实现弯道超车。 在应对超大 / 大型数据中心和集团网络等场景时，产品需要具备可弹性扩容、按需求建设、大数据处理能力的云架构。数据中心运用物联网技术采集和传输数据时，也依赖上层云架构作为技术底座，从而形成整体方案。云技术和物联网技术结合可实现弹性扩展能力，可以突破传统架构的规模瓶颈，同时"云端 + 边缘"的方案将有效降低数据传输和处理的成本，规避云时延及安全风险。市场上能提供此类架构的动环监控厂商还很少，系统架构仍然依赖服务器性能。为更好地支持即将到来的国家和各级政府的能耗双控、"双碳"相关政策的落地，基于云和物联网技术的动环监控新系统，将在能源计量等应用中，提供更快速、更高效、更低成本的应对手段。传统动环监控厂商转型不易，这也为新厂商提供了弯道超车的机会。

人工智能技术加速融合，将推动新一代动环监控系统的发展。 在人工智能等新一代信息技术的推动下，无论是增量还是存量改造市场，动环监控系统都展现了新的生命力。叠加基于人工智能的大数据平台，具备数据分析及预测能力，可在传统的动环监控系统上实现设备健康度评估、故障预警和能耗管理、异常站点分析等创新应用，充分挖掘动环监控系统的数据潜力。与其他行业的"无人"状态不同，注入了人工智能技术的动环监控系统，除了能让相关设备进入无人值守的状态，数据中心运维也会更智能化。通过对数据中心的动力设备及环境变量进行集中监控，人工智能可在辅助动环监控系统提升运维能力的同时，挖掘用户的潜在运维需求，从而实现更为智能的精准运维。这种基于人工智能算法的动环监控系统的"预测"能力要想实现，需要依托一体化动环监控硬件中的人工智能芯片，相关算法包括对目标检测算法、异常检测算法及人员行为分析算法等。

动环监控系统将趋于智能化、规范化、精准化。 智能化体现在底层监控单元方面，其可实现智能判断、存储、上传有效数据；规范化和标准化体现在监控的质量系统架构将趋向统一，接口定义将更加标准化，数据的分析、处理、输出功能将得到进一步强化，例如故障自行判断、能耗数据分析评估等。对于中小型数据中心，动环监控系统将提供监控功能以外的管理功能，例如资源管理、容量管理、故障管理等，以满足数据中心的管理需要。未来，具有前端采集能力和平台运维能力的一体化动环监控系统将成为市场主流。

7.2　基础设施管理系统

7.2.1　领域图谱

基础设施管理系统产业图谱如图 7-2 所示。

图 7-2　基础设施管理系统产业图谱

7.2.2　发展现状

1. 市场现状

我国 DCIM 系统主要有商用和自研自用两种发展模式。其中，DCIM 系统商用的企业有数据中心基础设施服务商、专业 DCIM 服务商和自研自用 DCIM 服务商。

数据中心基础设施服务商。该类企业基于对数据中心垂直技术与商业底层逻辑的理解，具备全栈视角，形成专业化、组合式的 DCIM 管理工具，并加速布局 AI 能力。数据中心基础设施服务商通过整合数据中心运维经验、专业数字化运维管理规范、智能巡检机器人和暖通专业经验等，提供数字化、智能化的 DCIM 系统，例如，维谛技术的 Trellis 系列和 SiteWeb 系列，华为推出的 NetEco 系列和 iCooling@AI 节能系列，以及施耐德电气的 StruxureWare、西门子的 ClarityLC 和 Desigo CC 平台、ABB 公司的 Decathlon、Panduit 的 SmartZone 组件、CommScope 的 iTRACS DCIM 等。该类企业已形成标准化产品，能与上层应用融合，进行虚拟化迁移，且与数据中心应用调度相匹配。

专业 DCIM 服务商。该类企业是 DCIM 领域的先驱者，提供差异化的 DCIM产品，主要体现在监控对象的种类、可管理的对象与范围、软件平台的功能、数据标准与通信协议、可扩展性等产品功能方面。例如，Nlyte 推出的 DCSM 产品、Cormant 的 Cormant-CSIM 解决方案、Sunbird 提供的 Power IQ DCIM Monitoring 和 dcTrack DCIM 组件、FNT 的 FNT Command。国内专业 DCIM 服务商有共济科技、卓益达科技、依米康龙控、珠海派诺科技、耐威迪等。这类国内企业在市场中主打高度定制化路线，其前端数据采集的准确性高，数据处理的稳定性强。

自研自用 DCIM 服务商。 该类企业自行设计开发基础设施管理平台并持续投资迭代，可满足企业的生产和运营需要。我国大型互联网企业和云计算厂商，例如百度、阿里巴巴、腾讯都采用这种自研自用模式。从 2021 年开始，腾讯将自研自用孵化出的智维平台商用。积极转商用可以改进 DCIM 普适性不足的问题，从而反哺提升其整体运营效率。目前，企业自研的厂商产品多以组件化和模块化的方式完成，出于业务逻辑考量，其产品主要支撑上层业务，达到高可用、敏捷的效果。

DCIM 的发展现状也使各类设备厂商向自有产品尝试应用和集成目前功能不足的管理系统，以应对长尾市场中需求碎片化、方案定制化的市场竞争和业务挑战。

2. 技术现状

DCIM 由传统动环监控系统发展演变而来，管理范围更全面。近年来，DCIM作为行业关注的热点，频繁出现在从业人员的视野中。

DCIM 这一概念由 Gartner 首次提出并定义，是指采用工具监控、管理和控制数据中心所有 IT 相关设备（例如，服务器、存储和交换机）和基础设施相关设备（例如，PDU 和精密空调）的使用情况及能耗水平。不同于传统动环监控系统，DCIM 将数据中心电力、制冷、安防等基础设施配套的管理（动环管理）与 IT 设备的管理整合为一，整合后进行集中管理，形成融合质变，放大一体化效能。从管理角度看，DCIM 作为一种辅助运维管理的工具或手段，其最终目的是利用监控信息驱动管理和控制，监控的信息和数据才能最大限度地发挥作用，管理才能有的放矢，实现监控管理一体化。通过 DCIM 系统，数据中心的管理人员和运维人员能够具备以下能力。

可视化能力。 可视化能力提供统一的 3D 可视化引擎，将数据中心的关键信息统一呈现，包括物理视图、设备视图、逻辑视图和资源视图，同时能够基于监控中心呈现数据中心关键指标信息。

运维自动化能力。 DCIM 系统可提供智能远程巡检能力，减少人工现场巡检的"看、听、闻"等工作，将人力资源用于更高价值的运维活动中。

运维智能化能力。 DCIM 系统基于数字化能力，提供故障分析、故障收敛及仿真分析能力，做到防患于未然，减少数据中心事故的发生。

绿色低碳化能力。DCIM 系统采用 AI 大数据能力，动态匹配机房负载和环境参数，自动推理暖通系统最低能耗运行参数，有效降低数据中心 PUE。

运营智能化能力。DCIM 系统集中管控数据中心的电、冷、空间、网络等资源，实现集中、智能分配，减少资源浪费。

为了加快推动智能化管理在数据中心的应用落地，中国信息通信研究院、工业和信息化部新闻宣传中心、开放数据中心委员会（ODCC）联合发起数据中心智能化运营等级评估，腾讯怀来瑞北云数据中心、万国数据北京四号数据中心、中国•雅安大数据产业园 1 号楼、中国移动哈尔滨数据中心等通过评估。

7.2.3 发展趋势

数字技术将推动 DCIM 系统智能化发展，高效和精准是未来发展的重点。随着数据中心走向大型化和集约化，管理模块划分越来越精细化，这也意味着成本的飙升，以及对基础设施关键技术依赖的加剧。与此同时，依托物联网、云计算、大数据、AI 算法等相关技术的发展，通过机器视觉、人脸识别、专家系统、自动规划、智能搜索、自动程序设计、智能控制、机器人应用等将运营和运维人员的专家经验数字化、智能化，为数据中心提供最优的监督、管理、决策、执行、优化等运营能力，这是建设"新型数据中心"的关键环节，更低的运维成本和更高效的管理是当下数据中心首先考虑的问题。从用户需求出发，基于数字化管理技术和人工智能算法的 DCIM 系统成为实现数据中心产业智能化发展的关键突破点，DCIM 产品的功能建设也将从流程化、自动化运维向智能运维演进。同时，随着数据中心规模扩大及运维所需人力成本的快速飙升，高效运维成为关注重点。现阶段的 DCIM 产品结合了人工智能、机器学习等 AI 算法，以百度、阿里巴巴、腾讯为代表的互联网企业逐渐在智能平台的低代码化应用方向落地实践。这种"弱开发"式的产品可以对数据整合处理、挖掘分析，旨在解放人力、精准运维，最终实现数据中心空间、电力、制冷资源的全方位智能化管控，优化运行模式，为运维管理人员提供科学决策的依据。

DCIM 系统逐渐向一体化和扁平化趋势发展。随着数据中心基础设施服务商加速推动监控系统与 DCIM 系统融合，并逐渐向智能化发展，底层监控系统与管理系统全方位对接能力逐步提升，融合度也在逐步提高。动环监控系统与 DCIM 系统之间的边界越来越模糊。随着数据中心规模的逐渐扩大，私有云化的 DCIM

系统和远程运维管理将成为未来一个发展方向。随着 DCIM 厂商的云技术能力增强，微服务与集群化技术越来越成熟，DCIM 架构会趋向超融合化、数据中台化、软件中间件化，数据存储量级明显提升，数据实效性要求明显增加。未来，更多的专业子系统功能会由 DCIM 系统直接提供，设备直接对接 DCIM 平台，从而改变当前这种逐级集成、众多中间层管理软件的现状。

采用云架构的方式，将 DCIM 软件系统能力云化，使 DCIM 系统以"软件 + 智能硬件"的方式实现软件即服务（Software as Service，SaaS），或者通过在 DCIM 服务器中嵌入部署代理的形式，将 DCIM 服务器的各项功能以云的形式发布出去，经过云平台对外提供 DCIM 系统的远程维护管理服务。DCIM 云服务平台对于多租户数据中心的管理意义非凡，它不仅能为管理人员和多租户提供管理服务入口，还能提供远程巡检，并对检查中发现的隐患通过平台故障工具进行修复。

"双碳"政策下企业更加期待 DCIM 融合 AI 实现节能减排。随着云计算、人工智能、5G 的快速发展，数据中心作为智能世界的底座和全社会数字化转型的基础，在未来很长时间内，仍将处于高速发展期。同时，随着数据中心的规模越来越大，单机柜密度越来越高，数据中心在全社会能耗的占比逐步提高，成为国家"双碳"战略目标实现过程中的重要一环。GB 40879—2021《数据中心能效限定值及能效等级》即将在 2022 年 11 月 1 日执行，数据中心能效压力巨大，各运营方对能源管理的需求将更加实用。同时，数据中心能源供给侧也将变得愈加繁杂和难以管理。例如，传统的市电系统、柴油发电机系统等会增加各种绿电系统、储能系统等。在数据中心能源消费侧，更优的 PUE 不但会成为企业竞争力的一部分，也会成为企业形象的重要部分，在需求的刺激下，配电、制冷、IT、空间、运维各维度的节能空间将陆续被挖潜，例如，在 3 个节能阶段，生产运行节能、最优运维节能和管理节能都是 DCIM 厂商需要去突破与实现的。

绿色、低碳数据中心已经成为未来新型数据中心的发展趋势，基于人工智能算法的 DCIM 系统会成为实现数据中心产业绿色、低碳发展的关键突破。现阶段的 DCIM 产品结合人工智能、机器学习和大数据处理等 AI 算法，以华为、阿里巴巴、腾讯为代表的企业逐渐在 AI 能效调优方向落地实践。这种用 AI 自我学习、动态调节的措施，使数据中心在迈向绿色、低碳的方向上又向前迈进了一大步。

数字孪生技术推动数据中心可视化、智能化、自动化。专业 DCIM 服务厂商如何应对碎片化的发展和竞争，将是未来成功的关键。如果能够逐渐摒弃导致千人千面的简单可视化，向聚焦解决客户减碳运营方向转变，具备仿真模拟能力的数字孪生将是抢占市场先机的关键。数据中心真实生产运行和虚拟调优相结合是数字孪生虚拟生产的主要应用，或将成为 DCIM 系统未来发展的终态。

数据中心基础设施包含数量众多的配电、暖通和环境等设备，DCIM 系统借助数字孪生技术，可实现设备的具象化和可视化。

可视化。数据孪生技术结合 3D 可视化技术，对数据中心进行数字还原，实现所见即所得的数据中心。同时，数据孪生技术能够把设备运行原理、关键指标直观地呈现出来，最终达成界面与实体所见即所得。

智能化。数据中心在运行过程中，会持续产生海量的配置、状态、告警、日志等运维数据。这些数据呈指数级增长，数以万计甚至数以千万计的运维指标远远超出了运维人员可有效利用的范围。大数据、AI 算法可实现数据的智能化分析，实现预测性维护、故障原因诊断等智能化特性，实现数据中心的自我优化能力。

自动化。传统数据中心的运维依赖于人工操作，随着人工智能技术的发展，借助智能 IoT 传感器技术、AI 技术和大数据技术，实现了运维操作自动化。例如，采用智能摄像头和智能拾音器，结合图像识别和声音识别，替代人的"眼""耳"执行运维操作。

安全可靠是发展的必然要求。以往，用户更多关注的是数据中心 L2 层及以上的安全性，普遍对于 L1 层的安全性缺乏关注。但随着数据中心的发展及承载的数据底座能力越来越重要，其安全性也受到越来越多企业的关注。DCIM 系统作为数据中心的智能管理中心，其安全性也势必愈发重要。

DCIM 系统需要以高安全为设计理念，对操作系统、数据库、管理软件进行加固，管理软件与采集器之间的传输通道必须采用加密传输，对于敏感数据和密码等应加密保护。DCIM 系统能够有效防御窃听、伪造、篡改、越权访问、病毒、网络入侵等危险操作，避免 DCIM 系统安全成为用户网络中的安全短板。

随着国产化软件的发展，DCIM 软件也将朝着国产自主研发的方向演进，承载 DCIM 软件运行的数据库和操作系统也同样会要求国产自主研发。通过权威机构安全认证的要求也会越来越显性，国内 DCIM 厂商也需要通过权威安全机构的认证来证明软件自身的安全性。

第 3 部分
算力基础设施产业链中游

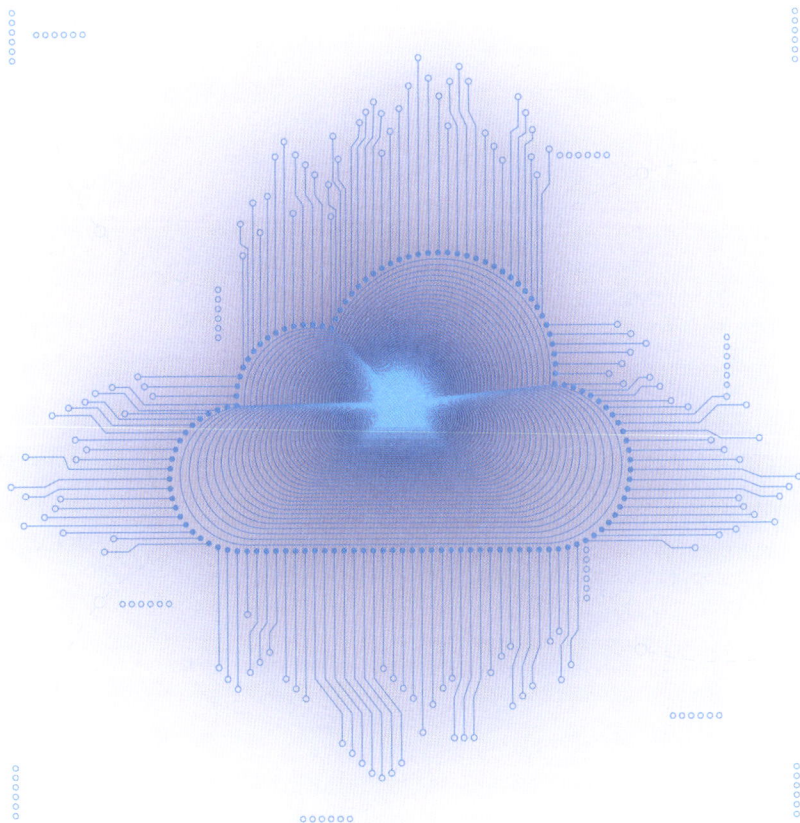

　　算力基础设施产业中游处于产业链的中间环节，是算力设施的生产建造者，是对上游资源的整合，并为下游用户做好风、火、水、电的设施配套。近年来，政策引导多元主体共同建设，鼓励不同主体在算力设施建设运营中发挥各自的优势，推动基础电信企业强化网络等基础设施建设，引导第三方数据中心企业提供差异化、特色化服务，支持互联网企业创新行业应用。多元主体互促互补，加速产业优质生态圈构建。

第八章
电信运营商

8.1　领域图谱

电信运营商产业图谱如图 8-1 所示。

三大基础电信运营商

图 8-1　电信运营商产业图谱

8.2　发展现状

国内电信运营商布局较早，拥有网络和土地资源等优势。基础电信运营商具备我国 IDC 行业先发优势，不同于北美市场以第三方 IDC 服务商为主，当前，我国 IDC 市场仍由三大基础电信运营商主导，形成基础电信运营商及众多第三方IDC 服务商共同提供数据中心服务的市场格局。三大基础电信运营商的自身业务需要数据中心支撑发展，在数据中心行业领域具有先天优势，在客户资源、网络及土地资源等方面具有更多的资源掌握权和行业话语权。

"新基建"政策下 IDC 迎来新机遇，电信 IDC 龙头优势稳固。"新基建"政策指引下 IDC 市场迎来快速发展。自 2020 年下半年以来，"新基建"政策驱动效果显著，数据中心签约、落地、开工进程明显加快，新项目不断推进。未来，伴随"新基建"相关政策逐渐落地，IDC 市场有望进一步增长。

中国电信 IDC 持续领跑。相较于第三方 IDC 服务商，基础电信运营商在 IDC 市场具有较强的资源优势，其中，中国电信凭借在相关领域的多年深厚积淀，IDC 业务总量一直居于业内龙头地位。根据中国电信公布的数据，中国电信占据全球 2.4% 的市场份额。在保持领先优势的同时，中国电信一方面积极加快数据中心和天翼云资源池布局，另一方面有序推动省级数据中心资源建设，积极推广成熟的创新技术应用，推进老旧数据中心改造升级。

中国移动优化数据中心布局，持续快速发展。为响应国家号召，顺应业务发展趋势，中国移动 IDC 形成"4+3+X"的总体布局，也就是 4 个热点区域中心、3 个跨省中心，以及 X 个省级中心和业务节点。目前，中国移动资源已覆盖全国 300 多个地市，尤其在京津冀、长三角、粤港澳大湾区、成渝 4 个热点地区重点加大资源布局力度，切实满足客户的信息化需求。在积极布局资源的同时，中国移动 IDC 业务也实现了高速发展，2021 年 IDC 收入达到 216 亿元，增幅超过中国电信和中国联通。

中国联通持续提高标准，加大数据中心建设力度。中国联通积极响应国家"新基建"政策，全力打造覆盖广、规模大、等级高、服务全的云数据中心。未来，中国联通将围绕 6 个方面，努力为客户提供领先的云计算服务。中国联通全力建设新一代绿色云数据中心，在全国建设若干国家级/国际级的核心云数据中心，每省（或计划单列市）建设一个核心云数据中心，各地市建设边缘节点承载属地信息聚合，形成覆盖全国的"M（集团级）+1（省级中心）+N（地市级边缘）"资源布局。

三大基础电信运营商占据国内 IDC 行业 54% 以上的市场份额。2020 年，在我国 IDC 市场竞争格局中，中国电信、中国联通、中国移动的市场份额占比位列前三，分别为 24.0%、16.8%、13.9%，三大基础电信运营商基于云网协同的发展策略，IDC 仍然是重要的投入方向。2020 年我国 IDC 市场竞争格局如图 8-2 所示。

中国电信持续强化层次化布局，IDC 龙头优势稳固。公开资料显示，中国电信 2021 年上半年 IDC 收入 160.70 亿元，同比增加 10.5%。截至 2021 年年中，中国电信拥有数据中心超过 700 个，对外服务机架达到 43 万架。中国电信继续向"2+4+31+X｜O"的层次化布局演进，"2"是两个服务全球的中央数据中心；"4"分别是京津冀、长三角、粤港澳大湾区、陕川渝 4 个重点区域节点；"31"是指每一个省（自治区、直辖市）都有一个数据中心；"X"是指广泛分布的边缘节点，部署在离用户最近的层面；"O"是指国外节点。中国电信的 IDC 资源在国内众厂商中数量最多、分布最广，流量导向突出，集约优势显著。与此同时，中国电信依托于 6 万个机楼和综合接入局所资源，构建边缘节点，提升边缘计算能力。

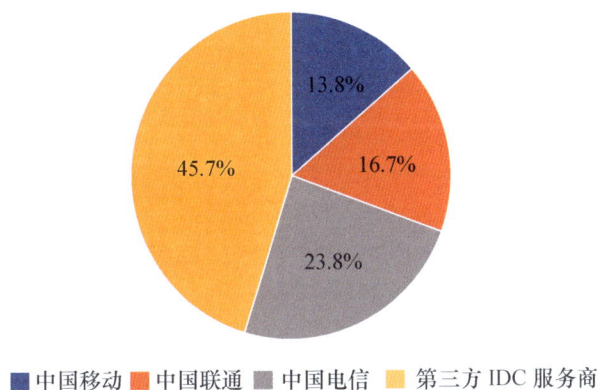

13.8%
16.7%
23.8%
45.7%

■中国移动　■中国联通　■中国电信　■第三方 IDC 服务商

图 8-2　2020 年我国 IDC 市场竞争格局

中国移动 2021 年上半年 IDC 业务收入增速较快。公开资料显示，中国移动 2021 年上半年 IDC 业务收入 118 亿元，同比增加 27.0%。中国移动拥有的数据中心超 500 个，可用机架达到 37.2 万架，IDC 出口带宽超 570TB。当前，中国移动的数据中心主要分布于京津冀、长三角、粤港澳大湾区、成渝、呼和浩特、哈尔滨、贵阳等重点区域，主要客户覆盖互联网头部企业、政府机关、金融机构等。

中国联通积极布局高价值领域，公开资料显示，中国联通 2021 年上半年 IDC 业务收入达 110 亿元，同比增加 9.0%。截至 2021 年年中，中国联通机架数达到 31.0 万架，同比增加 6.9%，其中，41% 的机架分布于一线城市。中国联通聚焦京津冀、长三角、粤港澳大湾区、川渝陕、鲁豫五大热点区域；以贵安、呼和基地作为南北两大备份中心；同步推进 31 个省会城市／自治区首府／直辖市、经济发达城市的省级数据中心及边缘数据中心建设。中国联通在全国 IDC 机房的 583 处局所，2021 年上半年平均使用率超过 60%。此外，中国联通积极投资高需求、高价值领域，同时引入社会化合作。

8.3 发展趋势

基础电信运营商的数字化转型将为 IDC 市场带来新的增长空间。 IDC 业务既是基础电信运营商收入增长的重要来源,同时也是加快自身转型、开展数字服务的基础性平台。正因为如此,近年来,基础电信运营商不断加大 IDC 建设力度。以中国电信为例,为全面实施"云改数转"战略,推动自身转型,中国电信不断加快 IDC 项目建设进程,巩固内蒙古、贵州两个集团级超大规模数据中心战略地位的同时,逐渐形成"2+4+31+X+O"的资源布局体系。目前,电信运营商拥有超 43 万架 IDC 机架,以及遍布全国 700 多个数据中心和 30 多个国外云节点,3000 多个边缘节点。伴随三大运营商数字化转型的逐步深入,相关数据中心需求也将快速增长,IDC 市场有望迎来持续扩容。

三大基础电信运营商未来发展策略各不相同,将逐步差异化布局策略与 IDC 业务发展路线。 中国电信围绕核心城市规模部署 IDC,同时着力发展政企市场中的 IDC 和专线业务。未来,三大基础电信运营商将继续加快在京津冀、长三角、粤港澳大湾区、陕川渝的大型数据中心建设,发挥基础电信运营商独具的互联网接入能力,持续巩固 IDC 领先优势。中国电信同时强调,政企市场是运营商的必争之地,而政企的主要业务是 IDC 和专线。据此,中国电信将在推动云网融合的基础上向政企改革发展,加快推进"网是基础、云为核心、网随云动、云网一体"的云网融合战略,持续构建天翼云资源、技术、生态、应用、安全、赋能的能力体系。

中国移动持续优化"4+3+X"资源布局,促进 IDC 业务强基提质。在资源方面,针对 4 个热点区域中心,中国移动多措并举,提升资源能力,强化自有资源储备;针对 3 个跨省中心,发挥低成本优势,打造面向全国的非实时性算力保障;针对 X 个省级中心和业务节点,打造地方特色、规模适度的边缘算力能力;同时,推进网络架构体系升级,打造 DCI 网络,逐步向算力网络演进。在产品方面,通过分层分级建设满足客户差异化需求,打造深度定制能力,满足个性化需求,同时重点强化安全运维等增值服务能力,提升产品竞争力。

中国联通将着力提高服务和满足客户定制化需求。中国联通将重点提升数据中心的服务水平，降低数据中心的能源消耗，降低服务成本，为用户提供优质服务，努力优化国内领先、国际知名的数据中心战略。中国联通正在推广全国 IDC "一站式"服务模式，即 IDC 跨域服务业务。结合现有资源及未来产品的发展规模、发展速度，中国联通将重点向产业聚集发展的中心省份投入，优化网络流量结构，实现高端机房的规模化发展。

第九章
第三方数据中心运营商

9.1　领域图谱

第三方 IDC 服务商产业图谱如图 9-1 所示。

图 9-1　第三方 IDC 服务商产业图谱

9.2　发展现状

9.2.1　市场现状

第三方数据中心运营商是数据中心服务市场不可小觑的力量。第三方数据中心运营商是指提供机柜租用、带宽租用、服务器托管、代理运维等数据中心服务的企业。这些企业经过多年深耕，业务高速发展，主要承接核心城市的数据中心需求，例如，互联网、金融、政务客户需求等，大多在需求潜力较大的一线城市有所布局。经过多年的发展，第三方数据中心运营商在数据中心服务方面的专业性越来越强，且建设速度、产品种类创新、定制能力方面有明显提升。随着在线数据量高速增长，下游云计算、互联网应用场景持续扩展，在新兴技术使用、市场按需定制需求越来越旺盛的趋势下，第三方数据中心运营商的优势正逐渐显现。从长远发展来看，在项目资源获取、专业运营能力、客户基础、融资能力等核心竞争力维度占据优势的第三方数据中心运营商更能脱颖而出。

1. 第三方数据中心运营商分类

第一类为专营的数据中心运营商。该类运营商在不断探索中完善数据中心服务体系，积累了丰富的建设运营经验，可提供 IT 服务、场地托管服务、互联网管理服务、云计算服务等全套数据中心服务，例如，万国数据、世纪互联等。

第二类为上游的设施设备提供商延伸服务。数据中心产业链上游具备众多的设备、系统等基础设施研发制造商，凭借技术积累和产业合作经验，向数据中心业务延伸。早期转型的企业已开启全国布局，可为客户提供咨询规划、工程建设、运维管理等数据中心基础及增值服务。由于与既有业务的客户重叠度高，所以可凭借企业的技术研发能力与销售能力，合理规划布局数据中心，提高一体化管理能力，为客户提供完整、多样的服务，例如科华数据等。

第三类为下游的数据中心客户方由需转供。第三方数据中心运营商为产业链下游的客户方提供灵活的差异化、特色化服务，支持互联网企业以创新驱动行业应用。但应用产品发布迭代速度快，为节省成本、便捷管理，部分客户方开始建设数据中心，在满足自用需求，积累管理运维经验后，逐步转化为对外提供数据中心基础及增值服务，促进产业链完善，提升企业竞争能力。该类企业以云服务商为典型代表，例如有孚网络等。

第四类为其他领域新入的数据中心跨界者。"新基建"政策发布后，作为算力载体的数据中心备受关注，游戏厂商、地产投资企业、钢铁企业乃至农副产品加工商、物流运输企业等数据中心产业链外的大量资本进入数据中心市场，开拓数据中心业务。例如，宝信软件、杭钢股份、南兴股份、朗源股份等。一般而言，为降低运营风险、实现快速跨界，此类企业会通过建立子公司或收购数据中心相关科技公司的形式进行业务扩张，实现"主营业务＋数据中心"的并行发展。

2. "领头羊"企业

万国数据。万国数据是中国领先的面向 5G、人工智能、云计算、工业互联网、区块链等领域的新一代信息技术基础设施服务商。万国数据在中国核心经济枢纽地区部署了高性能数据中心。截至 2021 年第三季度末，万国数据在京津冀、长三角、粤港澳大湾区及西南等地区部署了 73 个自建数据中心，运营中的总机房面积近 453000m²。万国数据的数据中心规模大，密度高且高效，所有关键系统均具备多重冗余。万国数据以"为企业提供 IT 基础设施服务"为核心，不断从 IT 架构和技术的演变中洞察新的技术趋势，在数据中心模块化设计、绿色节能、安全可靠及降本增效等方面积极探索与尝试。

数据港。数据港是国内领先的云计算数据中心服务提供商，其拥有的多项核心技术指标已经可以比肩亚马逊、谷歌、微软等全球云计算产业头部企业，为中国数据中心行业的健康可持续发展做出了突出贡献。截至 2021 年 8 月，数据港累计在运营数据中心达 32 个，标准机柜数约为 6.7 万个（折算成 5kW 标准机柜），覆盖长三角、京津冀、粤港澳大湾区等一线核心区域。作为国内领先的云计算数据中心服务提供商，十多年来，数据港在持续稳定地为世界级互联网公司提供专业的云数据中心服务的同时，强力支撑起中国互联网产业的高质量发展。

世纪互联。世纪互联可以提供超大规模 IDC 定制＋新一代 IDC 零售服务，双引擎发展成效显著，IDC 定制业务正在稳健增长，零售客户不断呈现多元化。目前，世纪互联已经为全球超过 6000 家的优质企业提供服务。截至 2021 年第三季度，世纪互联在全国 30 多个城市运营超过 50 个数据中心，拥有超过 65000 个机柜，继续保持增长态势。世纪互联已经在京津冀、长三角、粤港澳大湾区、成渝等新兴区域构建了规模化的数据中心产业集群，形成稳固、庞大、全连接的数字化核心底座。此外，世纪互联已引入独立运营的大型国际云平台，具体包括 Microsoft Azure、Office 365、Dynamics 365、Power Platform 等。世纪互联旗下的互联科技集团 NEOLINK 正式收购了国内领先的云原生应用及数据平台专业服务提供商——时速云，智能算力生态体系进一步完善。

中金数据。中金数据以高可用性和高安全性的超大规模园区型数据中心为主要建设方向。截至 2021 年 9 月，中金数据在京津冀城市群、长三角城市群、长江中游城市群及山东半岛城市群等 6 地持有、运营及在建 6 个超大型信息基础设施园区。中金数据的主要客户为总行级 / 总部级金融机构、数据新媒体产业（Technology Media Telecom，TMT）头部企业。各地信息基础设施园区重点针对本区域信息化需求情况及客户业务特点，为其提供高度契合其业务部署要求的云网算一体化服务。

光环新网。光环新网采取自建及零售模式提供高品质数据中心，获得高毛利。光环新网积极布局京津冀及长三角，基于亚马逊 AWS 和无双科技构建云生态，增加 IDC 客户黏性。光环新网于 2016 年成为亚马逊 AWS 北京独家运营商，为客户提供超 175 项全功能服务，覆盖数据库等基础设施技术及机器学习、人工智能等新兴技术。目前，光环新网拥有北京、上海及其周边地区 8 个数据中心。此外，光环新网积极推进 IDC 全国布局，在建项目规划容量超过 5 万个机柜，产能储备丰富。

秦淮数据。秦淮数据可提供全栈式新一代超大规模数据中心解决方案，注重绿色发展。秦淮数据采用"能源流、数据流、业务流"三流合一的选址策略，以更低的成本有效集成土地、基础设施设备、电力能源和网络资源。秦淮数据具有资源集中化、基础架构开发标准化及设计理念模块化的特点，可实现高性能、高运营效率及可扩展性。秦淮数据有超 400 家客户，涵盖云服务、大数据、人工智能等行业，主要客户有字节跳动、网宿科技及微软。秦淮数据注重绿色发展，推出"可再生能源 + 数据中心"联动发展模式，是我国首家提出 100% 可再生能源目标的数字经济企业。在环首都地区，秦淮数据形成以北京、河北、山西为核心矩阵的新一代超大规模数据中心集群。

9.2.2 经营特点

1. 增值业务

第三方数据中心运营商最初主要提供服务器托管、应用托管等基础业务，随着业务经营范围的不断扩展，增值服务在数据中心业务中的占比逐年增加。基础业务包含主机托管、IP 地址出租、服务器出租和虚拟主机出租等业务，而数据中心的增值业务是在基础业务产品的基础上向客户提供各类网络安全、数据应用、运行维护等增值服务，具体包括内容分发网络（Content Delivery Network，CDN）服务、虚拟专用网（Virtual Private Network，VPN）服务、灾备服务、安全检测、域名系统（Domain Name System，DNS）、系统集成、流量监控、负载均衡、远程维护等。

2. "批发 + 零售" 双轮驱动

根据经营模式的不同，第三方数据中心运营商主要分为零售型和批发型。零售型第三方数据中心运营商首先建造高标准的数据中心，然后通过市场销售以机柜为单位向外提供租赁服务，主要面向中小客户群，通常对于数据中心的交付时间和业务弹性度有着较高的要求。零售型依赖于运营商的精细运维及运营能力，可涵盖更多的增值服务，数据中心机房上架率较低，但单机柜租金收入略高，整体毛利率较高。零售型客户的结构较为平衡，虽然大型互联网、云服务商占比少，但在金融、政企和制造业企业等上云业务中具备竞争优势，典型的客户包括互联网应用提供商、互联网内容分发网络提供商、拥有信息化需求的中小型工业企业。典型的零售型第三方数据中心运营商包括光环新网、奥飞数据等。批发型第三方数据中心运营商的业务确定性较强，主要通过自建大型数据中心向产业链下游客户提供服务器托管服务，往往与大客户绑定，客户覆盖面广，相对牢靠稳定，因此，数据中心机房上架率较高，但由于单机柜的租金收入低于零售型第三方数据中心单机柜，导致毛利率整体较低。批发型第三方数据中心更注重运营商的资源整合能力、快速建设和扩张能力，提供的数据中心通常按模块单元向外租赁。例如，单个、多个乃至整个数据中心模块，其典型的客户包括大型互联网企业、云服务商、政府部门、金融企业等。典型的批发型第三方数据中心运营商包括万国数据、数据港等。

目前，各行各业数字化和信息化转型加快，催生大量数据处理需求，对数据中心的依赖度增强，批发型业务快速增长。第三方数据中心运营商进一步积极承担全社会的数字化转型，协助政府机构和大中小型企业上云。为了适应不同行业不同量级的业务，第三方数据中心运营商采取高灵活度的经营模式，部分数据中心运营商转向"批发 + 零售"双轮驱动模式。部分以零售型为主的第三方数据中心运营商，例如光环新网、世纪互联进行了业务上的转型，采取"批发 + 零售"双轮驱动模式，以应对市场需求的变化，满足不同领域客户的需求，谋求新的业务增长点。

3. 全球化

在全球数据中心市场持续火热的背景下，我国第三方数据中心运营商积极开拓国外市场，通过培育自主品牌、拓宽国际营销渠道和提供全方位配套的数据中心服务来获得新的国际数据中心市场竞争优势。万国数据、秦淮数据、奥飞数据是在国外投资并购数据中心的典型代表。例如，万国数据与东南亚本土企业积极合作，已初步形成东南亚市场布局，将在马来西亚柔佛州努沙再也科技园和印度尼西亚峇淡岛农萨数码工业园建设布局超大规模数据中心园区。秦淮数据成立主攻中国以外亚太新市场的子集团——Bridge Data Centres 公司，宣布在马来西亚柔佛州投建 100MW 超大规模数据中心园区。

9.2.3　建设特点

第三方数据中心运营商建设数据中心的典型模式有自建、电信运营商合建、客户定制、政企合作等。

1. 自建

自建以头部第三方数据中心运营商为主，对企业的整体实力要求较高。由第三方数据中心运营商独自进行资金获取、资源协调、设计规划、建设运营，自建数据中心的运营商可拥有机房（厂房）产权和内部配套设施产权。自建模式对于第三方数据中心运营商的技术实力、资金运转、销售能力要求较高，因此，自建模式多见于市场积累较深的大型、头部第三方数据中心运营商。为丰富业务组成，具备自建能力的第三方数据中心运营商多向提供"一站式"、多层次的解决方案和全面增值服务方向转型，紧密联系行业上下游，形成一体化解决方案，拓展业务广度，实现业务收入来源多样化。

2. 电信运营商合建

基础电信运营商在全国总体布局实力更强，土地资源相对丰富，网络带宽资源优势突出。第三方数据中心运营商的硬件设备和运维实力雄厚，在资金不充足或能耗、土地等资源不充分时可选择与有实力的基础电信运营商合作，减轻双方的资金压力和销售压力，投资风险较自建模式更小。两者结合，不但能够满足用户高效数据中心、大带宽的"一站式"服务需求，消除与双方沟通的壁垒，还能由此合作创造更具价值的增值产品，更好地为客户服务。一种模式是由基础电信运营商提供土地、带宽等，第三方数据中心运营商代建、代维，按照具体项目中的投入支出等商议收入分成；另一种模式是基础电信运营商已有机房等基础设施，第三方数据中心运营商只提供运维服务。

3. 客户定制

随着云服务的快速发展，互联网公司的业务场景需求多变，传统的标准化托管服务已经难以满足业务需求，因此，更多的企业采用大客户定制模式，客户定制模式对于数据中心业务增量有较大的贡献。一般客户根据自身优势提供土地楼宇、能耗指标等资源，第三方数据中心运营商负责施工建造，建成后将机房资产转移至客户，仅管理运维数据中心，依靠数据中心运维管理服务费获取收入。在该模式下，第三方数据中心运营商通过日常运营、管理，收取运维管理费用及资产增值收益分成；客户则扩大了资产规模，并有望获取数据中心资产运营收益，从而实现双赢。目前，典型的建设模式有"8+2"模式。其中，"8"是指建成之后8年内，云计算厂商以租赁的方式向第三方数据中心运营商支付租金，而"2"是指8年后合作双方根据成本和利益决定是否续租2年。

4. 政企合作

政府能够分担投资风险，降低融资难度，也能够协调多方利益主体的一致合作，形成社会效益最大化。同时，政府部门通常会在土地、电力、能耗方面给予合作的第三方数据中心运营商一定的扶持，第三方数据中心运营商则主要负责数据中心的投资、建设和运维，促进当地政府部门、企业数据上云，并需要在招商引资、纳税、增加就业、人才引进方面为当地做出贡献，拉动当地数字产业和数字经济发展，形成双赢局面。

9.3　发展趋势

第三方数据中心运营商的定制化和灵活性优势逐渐显现，未来市场潜力较大。我国数据中心市场以三大基础电信运营商为主导，但呈现比重下降的趋势，第三方数据中心运营商的优势不断凸显，市场份额不断扩大。第三方数据中心运营商具备以下优势：一是服务灵活、定制能力强，更能满足大型企业的多样化、定制化需求，更能适应市场需求变化；二是融资能力强、有较强的资本实力，可实现规模化部署、运营，且客户群体稳定；三是产品研发能力强，不仅能满足传统的机架、服务器、带宽出租业务，在开拓增值业务方面钻研也较深；四是通常支持大多数电信运营商的网络链路接入，且在跨区域服务客户方面更自由。预计未来，我国第三方数据中心运营商所占市场份额会持续扩大，且有望代替电信运营商成为主导。

一线城市面临需求扩张与资源紧缺之间的矛盾，数据中心供不应求，成为核心竞争区域。我国数据流量的生产主要围绕经济发达、用户聚集、经济水平较高的一线城市及其周边，因此，中心城市的数据中心业务需求量不断加大，数据中心上架率明显高于其他地区。数据中心建设和运营需要大量的土地和电力资源，然而一线城市存在土地资源、电力资源、人力资源等限制，供需出现较大缺口，数据中心资源稀缺性凸显。此外，在"双碳"背景下，北京、上海、广州和深圳等核心城市先后推出政策文件，严格控制数据中心的建设规模和耗能指标，PUE要求不断提高、新建项目限制趋严，核心地区存量机柜和耗能指标成为稀缺资源。第三方数据中心运营商提前布局一线商圈，抢占土地、电力、耗能指标资源，有利于占据更多的市场份额。

第三方数据中心运营商具有资源优势和先发优势，有望凭借功耗控制能力在"碳中和"背景下实现快速扩张。我国数据中心行业正处于高速发展阶段，在一线商圈土地、电力资源紧缺、政策收缩的大环境下，提前布局核心区域，优先获取资源的企业将拥有更强的竞争力。我国头部第三方数据中心运营商积极围绕核心城市展开布局，在核心区域自建大规模数据中心，拥有十分可观的机柜存量及储备机柜规模，凭借其在一线城市内积累的强大的客户资源、充足的项目储备，逐渐形成行业壁垒。第三方数据中心运营商大多自建机柜，对比租用建设方式，厂商能够更灵活地通过技术创新降本增效，更能充分利用资源，且拥有更高效的建设速度和更强的大客户服务能力。随着一线城市严格管控数据中心能耗指标，头部第三方数据中心运营商凭借先进的技术，其功耗能力处于世界领先水平。目前，我国在用的超大型数据中心的平均PUE为1.39，大型数据中心的平均PUE为1.5。第三方数据中心运营商未来或将凭借技术能力获得更多的产能及耗能指标，满足日益增加的数据中心需求，进一步抢占市场份额。

低碳节能、高效运营成为我国第三方数据中心运营商产品技术升级改造的重点方向。自我国宣布"碳达峰、碳中和"目标以来，虽然数据中心对数字经济的价值凸显，但其属于高耗能产业，如何实现数据中心的降本增效是推动信息通信业"碳中和"的关键环节。我国各大第三方数据中心运营商先后推出"碳中和"计划，未来，产品和技术将围绕低能耗、高效率、绿色化等目标探索创新。秦淮数据推出"可再生能源＋数据中心"联动发展模式，计划2030年实现全国所有新一代超大规模数据中心100%采用"可再生综合能源解决方案"；万国数据将在液冷技术、柴油发电机的锂电替代、数据中心乐高化、数据中心预制化等方面开展一系列创新，承诺到2030年，万国数据的电力将100%来自可再生能源，实现2030年"碳中和"目标；数据港大规模将干冷器、间接蒸发制冷及浸没式液冷等新型制冷技术运用在数据中心项目中，不断降低PUE。"碳中和"并非一蹴而就，而是一个持续转型的过程，未来，第三方数据中心运营商将不断推进前沿科技，探索降低能耗指标、提高运营效率、智能监测等项目的研发应用，为实现"碳中和"计划持续助力。

因需求旺盛区域数据中心获批建设愈发困难，行业迎来并购潮，大额交易频现。在一线及周边资源越来越难获取、数据中心新建难以获批的情况下，融资便捷、资金充足、组织灵活的第三方数据中心运营商，多采取并购方式"购买"数据中心资源或项目，以此扩大业务规模。从并购类型来看，目前，行业内以两类并购方式为主：第一类是资源类收购，该类收购对象多为获批的能耗额度、土地使用权、厂房建筑等，其目的是填补企业自身在某些区域的数据中心供给不足，以及储备优质地段的稀缺资源；第二类是直接收购成熟的数据中心项目，该类收购通常是瞄准被收购数据中心的盈利能力，或是跨界新进入数据中心行业的第三方数据中心运营商意图加快布局、减少建设周期、降低转型难度。万国数据为增加北京区域的业务布局，以38亿元收购顺义区大型数据中心；宝能创展以16.5亿收购鹏博士旗下5个数据中心共计9个机楼；奥飞数据以3亿元收购天津盘古云泰股权，获得在天津市建设12000个高功率机柜数据中心的相关核准。通过并购方式，第三方数据中心运营商可迅速获取稀缺资源，提高市场占有率和行业地位，甚至加快进军国外市场，未来几年并购潮或将继续。

大型云厂商纷纷加大数据中心建设布局，对大客户依赖度高的第三方数据中

心运营商或面临业绩压力。在全球云市场增速放缓的背景下，云厂商正在积极加强成本控制，以应对竞争加剧的云服务市场。其中，减少数据中心租赁、自建数据中心成为典型方式，亚马逊 AWS、谷歌、微软等国际大型云厂商在全球范围内加快数据中心布局；我国腾讯云、阿里云、百度云、京东云等厂商也积极投入数据中心市场，加强在需求旺盛的一线城市及周边地区和气候条件优越的中西部地区建设数据中心。整体来看，第三方数据中心运营商的最大客户群体为互联网企业，尤其是大型云厂商。云厂商加强自建数据中心意味着未来会放弃大量由第三方数据中心运营商提供的云基础设施服务，这将对第三方数据中心服务市场产生一定冲击，高度依赖甚至捆绑头部云厂商的第三方数据中心运营商将面临较大的业绩压力。近年来，第三方数据中心运营商逐步调整运营方针，采取零售和批发相结合的方式开拓业务领域、丰富业务组成，缓解云厂商退出带来的影响。

第十章
云厂商

10.1　领域图谱

云厂商产业图谱如图 10-1 所示。

图 10-1　云厂商产业图谱

10.2　发展现状

10.2.1　布局建设

亚马逊 AWS 云已经在全球 25 个地理区域内运营着 81 个可用区，并宣布计划在澳大利亚、印度、印度尼西亚、以色列、西班牙、瑞士和阿拉伯联合酋长国（UAE）新增 21 个可用区和 7 个亚马逊 AWS 区域。目前，亚马逊 AWS 区域正不断扩大覆盖面，预计很快覆盖多哈（卡塔尔）、多伦多（加拿大）、巴黎（法国）、米兰（意大利）、圣地亚哥（智利）、马德里（西班牙）、都灵（意大利）和哥伦布（美国）等区域。**Google Cloud Platform** 在全球 27 个区域共有 82 个可用区，具有数十万千米光纤线缆配置良好的全球网络。**腾讯云**在全球 26 个地理区域内运营着 53 个可用区，地理区域扩张是腾讯云全球化布局的首要任务，2022 年陆续上线多个地理区域和可用区，为更多企业和创业者提供集云计算、云数据、云运营于一体的全球云端服务体验。根据阿里云官方公布的数据中心可知，**阿里云**将数据中心分布至我国华北、华东、华南，以及亚太东南亚、亚太南部、亚太东北、美国东部、美国西部、欧洲等 11 个区域。根据官方数据，阿里云全球 11 个大区的可用区为 44 个。各大云厂商数据中心全球布局见表 10-1。

表 10-1　各大云厂商数据中心全球布局

阿里云	腾讯云	Google Cloud Platform	亚马逊AWS云
新加坡	新加坡	加利福尼亚	弗吉亚北部
悉尼	首尔	西雅图	西雅图
吉隆坡	孟买	俄勒冈	加利福尼亚湾
雅加达	东京	芝加哥	俄勒冈东北部
马尼拉	曼谷	亚特兰大	都柏林
孟买	硅谷	弗吉尼亚	卢森堡
东京	多伦多	德克萨斯	法兰克福
首尔	弗吉利亚	佛罗里达	北京
硅谷	法兰克福	北卡罗来纳	陕西
弗吉尼亚	莫斯科	南卡罗来纳	东京
法兰克福	悉尼	多伦多	大阪
伦敦	达拉斯	柏林	新加坡
迪拜	伦敦	法兰克福	悉尼
中国香港	阿姆斯特丹	慕尼黑	圣保罗
北京	圣保罗	苏黎世	里约热内卢
张家口	北京	格罗宁根	
呼和浩特	上海	蒙斯	

阿里云	腾讯云	Google Cloud Platform	亚马逊AWS云
乌兰察布	南京	埃姆斯海文	
杭州	广州	巴黎	
上海	深圳	伦敦	
深圳	成都	都柏林	
河源	重庆	米兰	
广州	中国香港	斯莫斯科	
成都		圣保罗	

云厂商自建 IDC 以二三线城市基地型为主，大量应用自研技术。云厂商除了作为运营商及第三方 IDC 的最大需求方，近年来，也逐渐转变为供给方，尝试自建数据中心。考虑到资源禀赋及经济效益，云厂商的自建 IDC 主要以超大规模（Hyperscale）数据中心为主，选址在二三线城市的偏远基地，主要放置时延要求低的业务。基地型项目或将缓解一线城市 IDC 土地资源紧缺、能耗指标严格、电力成本高等矛盾，满足云厂商对大带宽、大数据量的需求，同时可以在自建 IDC 项目中对自研技术进行试点应用。自建 IDC 虽处于试点阶段，但规模不可小觑。据 Synergy Research 统计，在国外云头部企业亚马逊、微软和谷歌所拥有的超大规模数据中心中，有近 30% 为自建项目。国内云头部企业阿里云的自建比例约为20%。腾讯云目前拥有 3 个大型自建数据中心，包括腾讯清远云计算基地、腾讯云仪征数据中心、云计算数据中心（二期）项目，服务器部署规模在 100 万台以上。

10.2.2　自研情况

云厂商尝试对 IDC 上游设备进行深度研发和定制，以此解决能耗成本高、施工时间长等问题。目前，腾讯和阿里巴巴均在其自建大规模数据中心中应用了自行研发的设备。硬件设备的研发方向集中在服务器、机柜散热和电源管理上，能耗控制效果显著。同时，云厂商对 IDC 机房建设也进行了深度定制，开发了模块化建设、智能 AI 运维等新技术，有效解决了数据中心交付周期长、运维困难等问题。

腾讯在数据中心施工中应用模块化建设，大幅提高交付效率。T-Block 模块化建设可以大幅减少现场施工量，缩短建设周期，提高交付效率。此外，腾讯自研的 IDC 运维系统能够对数据中心进行智能化和可视化管控，使运营管理更加扁平化和简单。腾讯还采用了冷热电三联供技术来提升能源综合使用效能，并采用屋顶光伏等清洁能源技术。阿里云在数据中心上的投入集中在底层技术，对通信设备、计算设备进行了大量的研发投入，包括液冷服务器集群、神龙云服务器、含光 800 芯片、自研网络交换机及自研的巴拿马电源等。阿里云自研的天蝎 3.0 整机柜锂电池备电系统采用分布式设计、模块化部署，可以灵活创建满足不同业务的服务器机型，满足业务的实时快速交付和灵活的配置需求。字节跳动与英特尔成立合作实验室，加入 IDC 底层技术研发队伍，开展数据中心和底层基础架构的硬件和软件优化，具体包括大数据分析、人工智能等领域。

10.3 发展趋势

云厂商 IDC 建设将开启新周期。 以阿里云、腾讯云、百度为代表的 2020 年云厂商资本开支计划表明，云厂商未来在 IDC 建设方面将持续加码。2020 年 4 月 20 日，阿里云宣布未来 3 年将投入 2000 亿元，这些资金将部分用于建设数据中心；2020 年 5 月 26 日，腾讯云宣布未来 5 年将投入 5000 亿元用于"新基建"的进一步布局，其中，大型数据中心将作为重点投入领域；2020 年 6 月 19 日，百度宣布未来 10 年将继续对数据中心等"新基建"领域投入资金，预计到 2030 年，百度智能云服务器台数超过 500 万台。

云厂商长期仍将以定制租赁和自建相结合。 出于安全和特定技术需求的考虑，云厂商从 2010 年左右开始尝试自建数据中心，但建设规模有限。相比租赁第三方数据中心，自建模式在人力成本、灵活性和后期运维方面均存在不确定性，因此云厂商自建 IDC 通常作为自研技术的试验田。例如，阿里云在自建的数据中心进行了液冷技术、自研服务器和 AI 运维等一系列新技术的应用尝试。综合来看，虽然第三方数据中心的发展不确定性有所增加，但从自身发展定位和业务聚焦等综合因素来考虑，云厂商仍将维持第三方数据中心租赁（一线城市较多）和定制化代建（大基地布局）两种模式。

第十一章 新进入者

11.1 领域图谱

新进入者产业图谱如图 11-1 所示。

图 11-1 新进入者产业图谱

11.2 发展现状

新进入者纷纷涌入快速发展的数据中心市场，多行业均有转型案例出现。新一代信息通信技术高速发展，互联网数据流量呈几何式增长，数据中心作为重要的算力基础设施，在 ICT 高速发展与数据量激增的双轮驱动下，建设发展不断提速。我国数据中心行业迎来发展黄金时期，除了基础电信运营商、第三方数据中心运营商及云厂商，近期涌现出一批与数据中心领域无关的行业新进入者。该类新入者大都具备一定的基础优势，例如，钢铁集团在能耗指标和电力方面具备发展基础，房地产集团在土地资源和工程建设方面具备发展基础，转型数据中心是顺势而为。同时，也有部分与数据中心行业关联性较低的企业，出于数字化转型所需或看好数据市场也开始布局建设数据中心。例如，主营家具智能装备制造的南兴股份成立了唯一网络子公司，建设运营东莞沙田数据中心；主营果品种植加工的朗源股份收购优世联合运营广州南沙数据中心。

转型政策驱动和资源储备优势，使钢铁集团成为数据中心行业最典型的新进入者。自2016年，国家陆续出台钢铁行业调控政策，严禁新增产能、化解过剩产能，并积极引导钢铁行业与互联网融合。2016年工业和信息化部发布《钢铁工业调整升级规划（2016—2020年）》。该文件提出，以智能制造为重点，推进钢铁产业转型升级；2020年国家发展和改革委员会联合工业和信息化部发文《关于做好2020年重点领域化解过剩产能工作的通知》，鼓励钢厂发展新兴产业，寻找新经济增长点。受国家去产能政策影响，部分钢厂结合自身土地、能耗、资金优势纷纷加入数据中心行业。许多钢厂搬迁或者关停改造，为建造数据中心提供良好的土地资源储备。钢厂原有的水电设施、充足的能耗指标都可以降低运营成本。此外，钢厂在经历去产能后资金面好转，由此纷纷向重资产属性的数据中心行业扩张。转型最为成功的是宝钢集团旗下的宝信软件，此外，还有杭钢股份、南钢股份等。

杭钢股份收购了"杭钢云"，设立"浙江云"，以杭州为基地发展数据中心，推进"四轮驱动"产业格局。伴随国内钢铁行业供给侧改革，杭钢股份于2015年全面关停杭州主城区半山钢铁基地后积极进行数字化转型。杭钢股份立足杭州发展IDC业务，土地能源优势明显。杭钢股份基于本厂区进行改造，建设成本低，建设周期短。杭钢股份自有变电所，可为数据中心提供独立电源，保证用电可靠性。此外，浙江省数字经济产业规模领先全国，根据《"十三五"时期浙江数字经济发展报告》统计，2020年数字经济核心产业规模以上企业6241家，拥有阿里巴巴、海康威视等知名企业，为杭钢股份的发展提供了众多潜在用户。杭钢股份收购"杭钢云"，设立"浙江云"，运作两大数据中心项目，联手世纪互联共建IDC。

南钢股份建设"一体化智慧中心"，设立子公司布局数据中心。为推动南钢股份"一体三元五驱动"战略，南钢股份规划建设铁区一体化智慧中心、智能调度中心、钢轧集控中心三大智慧制造中心，打造南钢一体化智慧中心。该项目于2020年6月完成前期设计工作，建成后在向智能化转变的同时还将建设以数据中心、产业工业互联网平台等为代表的战略新兴服务产业。此外，为进一步布局数字化行业，南钢股份于2020年8月与南京南钢产业发展有限公司、金恒科技共同出资设立江苏德鑫云计算有限公司，提供互联网数据服务、数据处理服务等。

随着我国房地产行业进入存量时代，部分房企开始进行数字化转型布局数据中心。在房地产行业增速减缓及需求端升级的背景下，房企开启了数字化转型，从原有的土地获取、物业销售获取资本增值的模式转至资产运营、客户运营获得价值变现模式。在此过程中，不少房企凭借自身资金优势及土地资源开始投资布局同样具有房产属性的数据中心行业，代表厂商有宝能地产。在房地产行业增量转存量及5G建设稳步推进的背景下，宝能地产开始转型至互联网基础设施行业，以鹏博士转型酒店运营管理模式（Hotel Operations Management Model，HOMM）为契机布局数据中心。数据中心产业本身具有商业地产属性，在HOMM模式下，鹏博士作为服务提供方为客户提供运维及增值服务，宝能地产作为资产提供方发挥自身土地及资金优势，为数据中心提供不动产运营思路。两者可共享数据中心业务收入，由此实现资源互补、合作共赢。

11.3　发展趋势

在政策和需求的双向驱动下，更多企业将会不断加入数据中心领域。"十四五"规划纲要明确提出，加快构建全国一体化大数据中心体系，强化算力统筹智能调度，建设若干国家枢纽节点和大数据中心集群。2021年5月，国家发展和改革委员会、中共中央网络安全和信息化委员会办公室等部门联合印发《全国一体化大数据中心协同创新体系算力枢纽实施方案》，为优化我国算力基础设施布局、推动数字经济发展擘画了蓝图。在数字经济时代，全社会数据总量呈爆发式增长，需要对数量巨大、来源分散、格式多样的数据进行采集、存储和关联分析，数据计算、传输和应用需求大幅度提升。政策与需求侧的双重刺激，必然会促使一些传统行业进行数字化转型，一些有条件、有资源优势的行业或企业纷纷加入数据中心领域。

　　钢企、房企数据中心的业务规模化程度不断提升，有望成为其新的业务增长点。在"碳中和"战略驱动下，限产措施层出不穷，钢铁产能不断被压缩，需求端的不确定性使钢铁行业的利润披上了一层面纱。房地产行业方面，在"房住不炒"的大背景下，调控政策近年来未见松动，房地产企业的收益受到较大影响。而数据中心方面，基于钢企、房企在各类资源上的先天优势，在一线及周边需求旺盛地区建设稀缺性数据中心成为可能。例如，宝信软件在宝钢股份上海罗泾厂区原址上建设多期数据中心项目，成功打造"宝之云"品牌，并不断在武汉等地扩大布局。随着钢企、房企数字化业务的不断成熟与市场规模的不断扩大，数据中心业务有望成为企业新的利润增长点。

第 4 部分
算力基础设施产业链下游

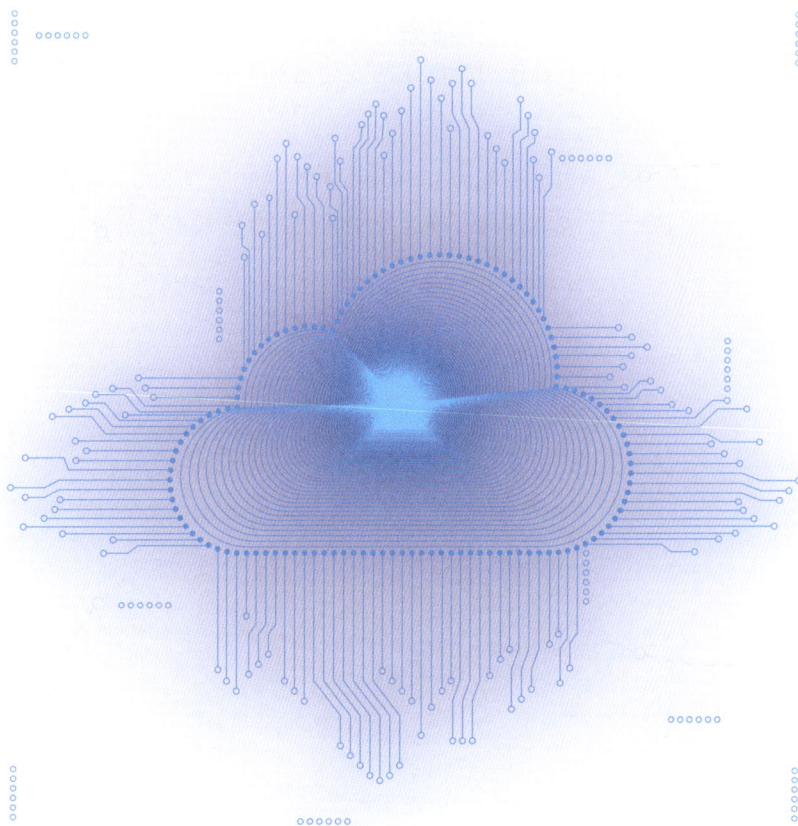

数据中心作为互联网、云计算和人工智能等领域的技术支撑实体，不仅能够助力新技术的创新与发展，为经济增长提供更多动能，也具备重要的战略意义，而数据中心的有效利用，更是其中的关键环节。数据中心产业链下游，是数据中心的直接使用者和最大受益者，主要包括云计算、互联网、政府机关、金融行业、工业行业等。

毫无疑问，数据中心产业链下游影响着整个产业的良性发展，一方面，产业链下游出于扩大自身业务发展空间的需求，促进中游运营商基础设施服务质量提升；另一方面，下游数据中心使用者需求的变化也对上游设备和软件的提供者有一定的导向和制约作用。

本部分将云计算、互联网、金融、政府、工业行业作为数据中心产业链下游的代表重点研究，梳理了领域图谱，描述发展现状并分析发展趋势。

第十二章
云计算

    云计算是分布式计算的一种，是指通过网络"云"将巨大的数据计算处理程序分解成无数个小程序，再通过多部服务器组成的系统进行处理和分析这些小程序得到结果并返回给用户。从广义上说，云计算把许多计算资源集合到一起，通过软件实现自动化管理，是一种与信息技术、软件、互联网相关的服务，即将计算能力作为一种商品在互联网上流通，就像传统水、电、煤气等资源一样，满足人们的生活需求，方便取用且价格低廉。

12.1 领域图谱

    云计算产业图谱如图 12-1 所示。

图 12-1　云计算产业图谱

    由图 12-1 可以看出，全球云计算竞争格局基本呈现为"寡头"竞争。国际市场方面，美国主导云计算生态演进，拥有亚马逊 AWS、微软 Azure、Google

Cloud、IBM 等头部厂商；国内市场方面，云计算市场由阿里云、腾讯云和华为云等传统服务模式领跑，浪潮云、世纪互联及中科曙光等创新型服务模式激发行业生态活力。虽然美国具有一定优势，但是我国拥有庞大的用户体量、多样的服务模式、细分且精准的供应厂商，在云计算世界竞争格局中占据一席之地。据Gartner 统计，阿里云已位居全球云数据库市场份额第三，第一、二分别为亚马逊AWS 和微软 Azure。

12.2　发展现状

12.2.1　市场现状

随着全社会的数字化转型，云计算的渗透率大幅提升，市场规模持续扩张，我国云计算产业呈现稳健发展的良好态势。数据中心作为云计算 IT 资源的物理载体、云计算产业的核心基础设施，担负着为云厂商提供数据存储和算力资源等关键服务的任务。

经中国信息通信研究院统计，2020 年我国云计算整体市场规模达 2091 亿元，增速为 56.6%，我国云计算产业处于快速扩张时期。IT 资源的集群化发展是必然趋势，机柜的爆发式需求增长也是必然，云计算的快速发展必将拉动数据中心需求增长。云厂商已经成为国内 IDC 市场的主要需求方，包括阿里云、腾讯云、亚马逊 AWS 等；其次为互联网公司、金融企业，以及政府机构。

云厂商根据服务模式可以分为 SaaS（软件即服务）、平台即服务（Platform as a Service，PaaS）和基础设施即服务（Infrastructure as a Service，IaaS）3 种。其中，IaaS 是云计算的最底层，与数据中心关联最为紧密，也是上层建筑 PaaS 和 SaaS 的基础建筑。IaaS 作为云计算的基础设施层，发展速度直接影响上游服务器及数据中心的建设需求。IaaS 云厂商需求与 IDC 服务供给天然契合，是 IDC 主要服务对象。IaaS 将 IT 基础设施作为一种服务通过网络对外提供，主要是租用基础 IT 资源，包括计算资源、存储资源、网络资源，与之对应的是承载数据中心主要功能的上游硬件设备，包括服务器、磁盘柜和电信带宽等，因此 IaaS 云厂商是数据中心最重要的客户来源。

目前，云计算用户主要有公有云、私有云和独立第三方云厂商。这 3 类用户对数据中心的需求侧重点不同。

公有云厂商代表为阿里云和腾讯云。阿里云对外助力企业数字化转型，对内承载庞大业务体系 IT 资源需求，对 IDC 的需求量大且多元化。对外，阿里云在公开市场上的产品及解决方案较为广泛，涵盖了多个行业，包括新零售、数字政府、交通物流等；对内，阿里云是整个集团产品体系的中台，负责对各项业务的数据运算与存储进行统一打通。腾讯云主要是将数据中心资源应用于游戏和音视频业务，数据量大且高并发，需要安全与高速驰进。腾讯拥有"社交、游戏"两大领域的庞大客户群和生态系统的优势，腾讯云不仅可以为下游客户提供服务，也可以为集团生态构建提供支撑。根据腾讯 2020 年第二季度财报，腾讯云服务国内超过 70% 的游戏公司，在 TOP100 的直播平台中有 80% 的公司使用腾讯云。

私有云代表厂商为华为云。华为云业务以私有云为强项，聚焦于政务云市场，产品强调私密性、安全性。近年来，华为大力建设自有数据中心。对于政企客户来说，数据安全性和稳定性是其首要关注点，而效率则是次要考虑因素，因此华为在为大型组织和企业服务时，主要以客户需求为导向，实现数据中心建设的高度定制化，确保数据的安全性、私密性。

独立第三方云厂商代表有优刻得（Ucloud）等，作为中立第三方公有云厂商，IDC 采购以零售型为主。由于优刻得与下游客户无业务重合度，不存在竞争关系，与客户之间存在天然的信任，客户认为其业务及数据不会因经济利益被泄露，部分企业更愿意选择独立第三方云厂商，但下游客户需求分散且体量较小，优刻得对 IDC 资源的需求以零售为主，目前，优刻得也开始进行大规模的采购或定制化建设。

12.2.2　需求特征

云厂商从数据中心获取算力资源的最终目的是服务终端上云客户，因此，最终上云客户对云服务需求的多元化决定了云厂商对 IDC 算力资源需求的多元化。

从上云客户类型来看，客户来源广泛，通常涵盖政企客户、音视频客户、金融客户等，不同类型客户对云应用的功能需求差异明显，对 IDC 算力资源的需求也有显著差别。

从应用行业来看，行业性质差异对云应用的功能需求也有不同侧重点，并且云厂商下游客户包含一些高并发处理需求的行业（例如，游戏和电商企业），云厂商对 IDC 资源广泛布局提出了要求。

从数据处理要求来看，热数据对网速要求高，常需要使用一线城市机房，冷数据对成本控制要求高，更倾向于二三线城郊地带的机房，这导致云厂商对 IDC 资源所在地理位置有一定的选择性。

为更好地为最终上云用户提供广泛、多元、可选择的计算服务，层次级匹配用户需求，提升用户的个性化使用感受，云厂商需要采购大量数据及算力资源，这就使云厂商前期投入大量资本，表现出资本投资回收期较长的特点。虽然云厂商具有雄厚的资金实力，公司盈利性和可持续性较强，但是它们对 IDC 项目的价格敏感性仍然很高，在采购时会十分谨慎。

12.2.3　建设方式选择

云厂商 IDC 需求倾向定制化合建，批量大且确定性强，通常偏好与批发型第三方数据中心运营商合作。云厂商主要依靠其强大算力和海量数据资源提供服务，故对自身业务体量和确定性有较高要求。云厂商的业务模式一般为"批量购买 IDC 资源、二次加工算力资源、向终端客户出售云服务"，为实现资源的有效配置和利润最大化，云厂商在 IDC 采购及建设时注重机房设备的标准化、可用性和低成本。

在合建模式下，第三方数据中心须为云计算客户提供定制化 IDC 规划、建设、运维服务；云厂商须协调各方资源确保合建的切实可行。首先，云厂商利用其品牌影响力，依照当地政府机构的规章制度，确保用地、能耗等问题的合法合规，为机房建设奠定基础；其次，云厂商根据自身的需求提出个性化 IDC 定制要求，第三方数据中心则根据可行性提出意见，双方共同协调合作，共同主导前期规划，保障项目的可行性、经济性、实用性、合规性；最后，由第三方数据中心全权负责机房的建设，运维云厂商负责验收。这种定制化合建模式可以有效降低建设成本，增加建设和使用效率。同时，定制化合建模式也可以为第三方 IDC 带来经济收益；另外，云厂商除了委托第三方数据中心运营商合建，还可积极促成与电信运营商的合作来解决带宽的问题，这也是对风险控制的方式之一。

12.3　发展趋势

随着云计算技术和产业日趋成熟，我国云计算产业已经成为推动经济增长、加速产业转型的重要力量。云计算是信息技术发展和服务模式创新的集中体现，是信息化发展的重大变革和必然趋势。**随着云计算市场的快速发展和国家政策的大力支持，未来，云计算产业面临良好的发展机遇。**

据 Canalys 统计，2021 年第一季度中国市场的云基础设施服务支出猛增55%，达到 60 亿美元。其中，中国四大云服务提供商包括阿里云、华为云、腾讯云和百度智能云，4 家企业共占总支出的 80% 以上。行业内的企业不断加大云产业链投资，积极布局云计算服务，开发基于云的数据库、存储和计算能力以取代本地 IT 基础设施。未来，中国的云基础设施服务市场将继续保持高增长，IDC 作为云基础设施最重要的环节，其增长趋势不言而喻。

阿里云重资产投入云产业链，已拥有 5 个超级数据中心。2020 年 4 月，阿里云公布新一轮资本开支计划，未来 3 年将投入 2000 亿元，用于云操作系统、服务器、芯片、网络等核心技术研发和未来数据中心建设。截至 2020 年 7 月，阿里云服务器规模接近 200 万台，预计未来 3 年新增至少 100 万台。阿里云目前已经建设了 5 个超级数据中心，包括乌兰察布、南通、河源、杭州和张北；未来，阿里云还将规划建设 10 个超级数据中心。

腾讯云投资 5000 亿建设云产业链，将大量采购 IT 资源。2020 年 5 月，腾讯云公布了新一轮资本开支计划，未来 5 年将投入 5000 亿元，用于"新基建"的进一步布局；云计算、人工智能、服务器、大型数据中心、超算中心、音视频通信等将是腾讯的重点投入领域。截至 2020 年 5 月，腾讯云拥有大约 100 万台服务器，已经在全球 26 个地理区域运营 53 个可用区，部署机架超过 10 万架。预计未来 3 年新增至少 100 万台服务器。

第十三章
互联网

13.1　领域图谱

随着移动终端设备技术的不断迭代、移动互联网应用的持续发展，以智能手机及平板计算机为代表的智能移动终端日益普及，加之新冠肺炎疫情的影响，互联网用户数量持续提升，据 Statista 公司统计，2020 年全球互联网用户已达 39.03 亿人次。

互联网用户的爆发式增长对数据中心的需求提出新挑战，不同用户对互联网产品也有不同的要求，这加快了互联网产品百花齐放，同时也对数据中心的多样性提出了新要求。

国家市场监督管理总局发布的《互联网平台分类分级指南（征求意见稿）》，将平台分为网络销售类平台、生活服务类平台、社交娱乐类平台、信息资讯类平台、金融服务类平台和计算应用类平台。金融和云计算行业对 IDC 需求旺盛，已在其他章节进行介绍，本节的互联网产品根据功能不同将企业分为 4 类。互联网企业分类见表 13-1。互联网产业图谱如图 13-1 所示。

表 13-1　互联网企业分类

平台类别	功能
网络销售类	综合商品交易、垂直商品交易、商超团购
生活服务类	出行服务、旅游服务、配送服务、家政服务、房屋经纪
社交娱乐类	即时通信、游戏休闲、视听服务、直播视频、短视频、文学
信息资讯类	新闻门户、搜索引擎、用户内容生成、视听资讯、新闻机构

图 13-1　互联网产业图谱

13.1.1　网络销售类

近年来，线上购物凭借操作方便、品类齐全、价格低廉、省时省力等优点吸引了数量众多的消费者，电商行业市场规模持续扩大。**如今，我国电商行业市场为阿里、京东、拼多多三大企业所占有。**在交易总额和人均消费金额方面，阿里巴巴领先，京东次之，拼多多紧随其后；在交易人数方面，阿里巴巴依旧拥有绝对优势，拼多多的"价格战"为其赢得了"民心"，京东则与前两者有一定差距。

阿里巴巴、京东从创立到成熟已经经过了市场的洗礼，属于互联网普及后第一批成功开拓市场的电商网络平台，行业龙头地位牢固，但两者也开始各自的转型之路，阿里巴巴的核心业务范围已从单一的线上购物平台运营模式，转向物流、生活服务、数字媒体及服务等其他多项业务并行发展，京东始终致力于加强平台流量引导和物流服务模式创新，也将开启转型之路；拼多多是电商平台的后起之秀，其营销策略拼单低价出售商品、广告营销、网络用户群体分享宣传等，也成功抢占了部分市场，其影响力和市场份额正在不断增长。

13.1.2　生活服务类

互联网的发展和大数据的应用已经渗透到生活的方方面面，智慧办公、智慧医疗、智慧餐饮等概念如雨后春笋般涌现，这依靠的是工具服务类互联网产品的应用。**这些应用主要解决了用户在某种特定环境下的即时性需求，往往需求明确，产品逻辑比较简单。**当我们饿了，不需要出门就餐，打开美团、饿了么等应用软件就可点餐；当计算机新手在使用计算机遇到问题并需要支持时，不需要去线下门店，下载并使用 360 安全卫士、腾讯电脑管家即可；当人们想体验"在路上"时，不需要去旅行社跟团，可以打开去哪儿、携程旅行等应用软件看攻略、订酒店、买门票。目前，工具类互联网产品的细分领域众多，部分领域（例如外卖和旅游）垄断竞争格局已形成，部分行业仍存在较大发展空间。

13.1.3　社交娱乐类

目前，中国的视频类公司琳琅满目。例如，背靠互联网巨头的爱奇艺、腾讯视频、优酷、抖音等，具有资本投入大、综合片源丰富的特点，用户活跃度和黏性较好；芒果 TV、哔哩哔哩等特色视频平台，主打特色模式和优质资源，对固定的用户群体有较大吸引力；PP 视频、咪咕视频等主要采取的是差异化路线，整体资金投入相对较少。视频类公司的盈利方式主要有两个途径：一是普通用户缴纳会员费，获得观看大多数优质视频资源的特权；二是通过流量投放广告或带货，收取商家服务费或提成。

游戏类公司依据其业务营业收入可以划分为 3 个竞争梯队：第一梯队为腾讯控股和网易，其中，腾讯控股旗下的腾讯游戏在 2020 年实现游戏相关的营业收入 1561 亿元；第二梯队有三七互娱和世纪华通；第三梯队包括完美世界、游族网络、吉比特、巨人网络、掌趣科技、英雄互娱等。由此可看出，游戏类互联网产品的市场集中度较高，腾讯和网易具有较大优势，其他游戏企业因各自的创新性也有一席之地。

中国的社交通信类互联网产品主要有微信、QQ、微博、陌陌、小红书等。其中，第一梯队有微信、QQ 和微博，主打即时通信和内容社区；第二梯队的陌陌、探探领军趣缘交友领域，百度贴吧和知乎在内容社区方面也有一定的头部效应；第三梯队的产品集中于细分垂直赛道及创新产品，竞争激烈。

13.1.4　信息资讯类

当你需要检索某些信息时，不用前往图书馆，使用百度、搜狐或谷歌搜索即可获得海量信息；当你想知道世界正在发生什么，可以打开今日头条、百家号、东方头条、搜狐网、UC 头条等阅读新闻；如果你想听书、听新闻、听广播，可以使用喜马拉雅等音频软件。这些信息资讯类应用主要依靠数据中心存储文字、音频等信息，并使用大众接受的方式可视化，保障信息的及时性和全面性，同时合理分类和展示也是增加用户黏性的必要因素，数据中心的存储功能对该类用户较为重要。

13.2 发展现状

13.2.1 市场现状

互联网企业是指通过互联网提供信息服务的企业，其特征是利用网络空间载体、通过数字化技术为终端用户提供服务。按照所属细分行业的区别，可将互联网企业大致分为视频类、电商类、工具服务类及社交通信类等。虽然互联网行业仍处于飞速发展阶段，但是各大头部企业早已积极准备应对危机措施，致力于转型以寻求新的经济、技术、流量增长点，互联网企业的快速转型，将带动数据中心新的需求。

很多互联网企业不局限于一类业务，而是逐步呈现综合化的业务布局体系。阿里巴巴以电商业务为立身之本，逐步优化金融服务、物流体系和云计算 3 个领域的性能，探究并开创了新零售的局面；网易则坚持"把鸡蛋放在多个篮子里"，其业务涉及新闻、游戏、电商等多个领域，是互联网企业转型的成功范例；百度作为传统的检索产品，使用频率较高，但也不断改进。目前，百度在智能机器人、自动驾驶等方面的研究比较成功，相关技术已处于全国领先水平。

互联网企业的转型思路一般为基于现有业务，依托新研发的技术去开拓新的市场。新的业务和市场必将对过往数据有所依赖，也会产生新的数据存储和处理需求，故作为数据计算、存储及交互的数据中心需求量将会有一个长期增长。据统计，互联网企业在我国 IDC 市场中的份额已达到 20% 以上，仅次于云厂商，成为 IDC 产业下游的第二大需求方。

13.2.2　需求特征

互联网公司因为规模差异、细分行业区别和业务种类不同对 IDC 的需求多元，需求弹性和价格敏感度存在差异。

从规模角度看，大型互联网企业偏好定制型交付模式，而中小型企业多采用服务器租赁或 TKF（"一站式"服务）模式。 不同规模的互联网企业交付模式、需求弹性和价格敏感度的对比见表 13-2。由表 13-2 可以看出，大型互联网企业对 IDC 需求规模较大，多采用定制型交付模式，与 IDC 运营商签订长期合约，一般风险性较小，投资额大，故企业在决策是否自建数据中心时比较慎重，一旦决定自建后，建设及使用周期较长，加之投资总额大，因此，大型互联网企业对价格的敏感度较高。中小型互联网企业 IDC 需求规模较小，多以服务器租赁和 TKF 模式与 IDC 运营商达成合作，签订的合约期限较短，出于风险控制考虑，运营商会采用依据客户体量差异化结算的方式。中小型互联网企业对价格的敏感性极高，需求弹性极大，对 IDC 运营商来说，这部分客户是经济下行时最容易退租、风险最高且最难保证盈利的群体。

表 13-2　不同规模的互联网企业交付模式、需求弹性和价格敏感度的对比

企业规模	机房交付模式	合约时长	需求弹性	价格敏感度	运营商面临风险
大型互联网企业	定制型	长期	较大	较高	较低
中小型互联网企业	服务器租赁 /TKF	短期	极大	极高	较高

从细分行业角度看，视频类互联网企业对时延要求略低，但价格敏感度更高，游戏类互联网企业则刚好相反。 头部视频类互联网客户例如快手、抖音等自身拥有强大的数据处理团队，会将 IDC 提供的数据原始材料再加工，向用户提供的是具备平台特色的创作内容，且采用内容分发网络（CDN）等模式，因此，视频类互联网企业对 IDC 数据的时延要求相对较低。在满足运行需求的基础上，为了降低运营成本，这类企业大多会选择将 IDC 布局在二三线城市。头部视频互联网企业对 IDC 的需求较大，需求弹性和价格敏感度尚可，但部分视频类互联网企业因其发展状态对 IDC 的需求有别于头部视频企业。目前，市场上的短视频 App 还处在上升阶段，经营状况稳定性一般，相关企业对 IDC 的价格敏感性较高，需求弹

性较大。

游戏类互联网企业（例如腾讯）需要将上游用户的数据即时传递给下游用户并实现交换，达到即时沟通、实时娱乐的效果，故企业对 IDC 的时延要求较高，这对 IDC 产业链上游的核心基础设施有一定的要求，更偏好在一线城市部署 IDC，以提高使用效率。游戏行业发展较为成熟，IDC 运营商可以向其提供规模化的服务；同时，游戏行业的盈利能力相对较强，因此对 IDC 的价格敏感性有所降低。

从业务种类角度看，互联网企业对 IDC 普遍存在需求弹性大、价格敏感的现象，但在时延要求上有差异。不同类型业务的时延敏感度及其对应可选数据中心的范围见表 13-3。由此可看出：互联网企业主要使用 IDC 为客户提供高时效性的内容或实现支付结算业务，其中，付费结算、网络游戏等业务对时延要求高，在 10ms 以内；网页浏览、视频播放业务对时延要求稍低，但也在 50ms 以内。互联网企业的业务特性决定了它们会更偏好位于一线城市的 IDC 运营商，更看重运营商的业务扩容能力，对机柜容量的需求没有云计算那么高。与其他下游企业相比，互联网企业对 IDC 的需求弹性较高，对 IDC 项目的价格较敏感，要求 IDC 运营商有较高的供给弹性。

表 13-3　不同类型业务的时延敏感度及其对应可选数据中心的范围

业务种类	时延敏感度	时延要求	地域范围
付费结算、网络游戏	高	10ms 以内	骨干直联点城市或周边 200km 以内
网页浏览、视频播放	中	50ms 以内	骨干直联点城市或省级节点周边 400km 以内
数据备份存储、大数据运算处理	低	200ms 以内或更长	骨干直联点城市或省级节点周边 1000km 以内

数据来源：全国数据中心应用发展指引（2019）

13.2.3　建设方式选择

互联网企业的优势包括信息交换不受空间限制、交换成本低、信息资源获取趋于个性化等，因此互联网企业对信息的存储、处理和交互有较高要求。虽然租赁数据中心能降低企业的运营成本，但为了保证互联网企业在行业内长期具备竞争力，越来越多的互联网企业倾向于采用 IDC 自建模式，或者与数据中心租赁方或第三方 IDC 运营商开展合作，共同建设。

为满足专业业务开展和应用创新带来的海量数据处理需求，各大互联网企业纷纷加速数据中心布局。各大互联网企业对 IDC 的需求见表 13-4。

表 13-4　各大互联网企业对 IDC 的需求

企业	IDC布局	所在地区	需求量	时延要求	价格敏感度	经营稳定性	需求弹性
字节跳动	租赁，二线城市自建	怀来（自建）	大	中	高	高	高
快手	租赁，二线城市自建	北京、上海、广州（租赁），乌兰察布（自建）	大	中	高	高	高
拼多多	一线城市租赁	上海	大	高	高	中	高
美团	租赁、自建	上海、宁夏等地	超大	超高	中	超高	中

注：需求量的评价标准分为超大、大、中、小 4 档；时延要求、价格敏感度、经营稳定性和需求弹性评价标准分为超高、高、中、小 4 档。

一是互联网企业 IDC 运营模式为租赁、自建数据中心，以及二者结合，运营模式的选择主要与行业和企业运营情况有关。

二是从数据中心分布地区看，互联网企业倾向于在一线城市租赁数据中心，在偏远地区自建数据中心，主要是从用户体验、企业成本的角度考虑。

三是各互联网企业对 IDC 的需求量较大，说明各大企业数据量庞大，需要强大的算力支撑，也说明数据中心具有良好的市场前景。

四是从需求特点看，互联网企业对 IDC 的需求特征基本符合其所在的细分子项行业整体特征，字节跳动和快手等视频类互联网企业对时延要求相对较低，可以将大量 IDC 布局在二三线城市以达到降低运营成本的目的，同时，租赁部分一线城市 IDC 可以满足其他对时延要求高的操作需求，视频类互联网需求弹性和价格敏感度较高，目前处于上升阶段；电商类互联网企业业务布局复杂、客户数量庞大，一般需要在短时间内处理大量支付结算业务，要迅速反应且精准服务，故对时延要求较高。各大互联网企业深谙"术业有专攻"的道理，正积极与主流IDC 运营商开展合作，在多地布局数据中心。

13.3　发展趋势

13.3.1　企业布局趋势

随着互联网和通信技术的发展，人们的业余生活不断丰富，对互联网的多样化需求也在不断提高，互联网企业在新的时代背景下要想在激烈的市场竞争中保持原有的市场地位，必须根据时代及人民群众的需求，不断对互联网应用进行创新，提高自身核心竞争力。另外，客户量及应用需求的持续增长对互联网企业的数据处理能力提出了更高的要求，未来各大互联网企业在 IDC 方面的布局将会保持加速状态，与第三方 IDC 运营商的合作也会进一步密切，在 IDC 方面的投入也会不断创出新高。

13.3.2　市场趋势

我国国民经济和社会发展的第十个五年计划要求，在"十五"期间将对经济结构进行调整，大力推进国民经济和社会信息化，加强信息基础设施建设，以信息化带动工业化，发挥后发优势，实现生产力跨越式发展。社会发展趋势从宏观上决定了互联网服务产业的发展方向。随着互联网用户的迅速增长、企业信息化过程的加速，以及电子商务的逐渐成熟，数据中心的发展仍将有极大的空间。未来我国将扩大投资，重点支持新型基础设施建设，发展新一代信息网络，拓展 5G 应用等。5G 网络建设及其应用拓展将成为近期新型基础设施建设的重要牵引，并且也将引领移动互联网消费的新浪潮。

在互联网企业中，社交娱乐类互联网企业飞速发展，对数据中心的需求或将超过其他类互联网企业。第 48 次《中国互联网络发展状况统计报告》统计，截至 2021 年 6 月，我国网络视频（含短视频）用户规模达 9.44 亿人，较 2020 年 12 月增长 1707 万人，占网民整体的 93.4%；其中，短视频用户规模达 8.88 亿人，较 2020 年 12 月增长 1440 万人，占网民整体的 87.8%。短视频拥有非常高的用户普及率，且贡献了移动互联网的主要时长和流量增量，不断成为互联网的基础应用。另外，短视频与直播、电商相互加成，快手、抖音等平台成为重要的电商阵地，给传统电商类互联网企业带来巨大的改变。据此，我们预测未来几年内，视频类互联网企业凭借其巨大的用户规模与流量，对 IDC 的需求会超过其他类互联网企业。

14.1　领域图谱

金融类产业图谱如图 14-1 所示。

图 14-1　金融类产业图谱

14.1.1　银行类

科技的发展打破了传统的银行业务架构与部门利益，建立了全新的、高效率的银行平台，使银行生态变得灵活敏捷，模糊了实体与平台的界限，更加贴近企业经营与个人生活。

目前，国内各大银行在努力实现从"卡时代"向"App 时代"的跃迁。除了传统的四大行（中国工商银行、中国农业银行、中国银行、中国建设银行），交通银行、中国邮政储蓄银行、招商银行、浦发银行、中信银行、中国光大银行、华夏银行、中国民生银行、广发银行、兴业银行、平安银行等商业银行也纷纷自研 App，各家银行挖掘客户经营潜力，以不断进步的金融科技为依托，提升用户体验，拓展应用场景，不断加大市场的推广及服务能力。2021 年 9 月，上市商业银行手机银行 App 活跃用户规模如图 14-2 所示。

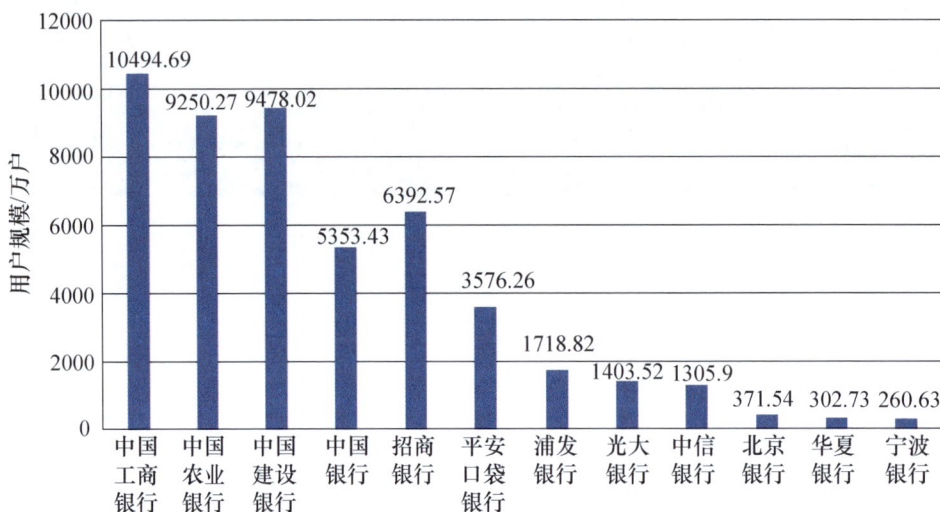

图 14-2　2021 年 9 月，上市商业银行手机银行 App 活跃用户规模

14.1.2　证券基金类

各大券商的竞争激烈和市场监管力度的加大迫使各大券商纷纷进行数字化转型，证券服务将人工智能、大数据、区块链、云计算等技术结合，可在增强服务广泛性的同时，实现服务的差异化和精准化。金融科技对证券公司最主要的影响就是智能投顾的出现和发展。

目前，国内各大券商为了增加自身影响力，避免"中间商"赚差价，提高广大股民对信息的信任度，均开发了各自的 App。市面上常见的 App 有海通证券的 e 海通财、国泰君安君弘、华泰证券的涨乐财富通、广发证券的易淘金等，这些 App 主打交易和业务办理功能，例如"一站式"投资、一键打新等，同时兼备看盘资讯和社区功能。

值得一提的是，第三方证券交易类 App 金融同花顺、大智慧等起步较早，拥有较大的用户规模，支持约 40 家券商开户、70 家左右的券商交易，但不支持大券商开户、信息安全性须提高、佣金较高，主要承担资讯和社区功能。

14.1.3　保险类

在金融领域中，与证券、银行相比，保险业的数字化推进力度和程度都稍微逊色些。据相关数据，银行服务移动端月度活跃用户规模约为 3 亿人以上，证券服务移动端月度活跃用户规模约为 1 亿人以上，而保险服务移动端月度活跃用户仅约 3300 万人左右。据保险业协会统计，互联网保费收入占总体保费收入的比例不足 6%。

面对保险行业数字化升级的严峻形势，保险公司在渠道、产品、服务、技术等方面不断革新，新兴的互联网保险公司开始萌芽，传统保险代销也开始布局线上渠道。一些头部保险公司在数字用户的经营管理方面初见成效，例如平安保险、太平洋保险等。

传统的保险公司如太平洋保险、中国人寿等均开发了自己的 App，紧跟时代步伐。但是平安保险的平安金管家、平安健康、平安好车主等平安系产品具有绝对优势，头部垄断效应明显。平安保险以保险为核心服务功能，兼具财富管理、健康管理、金融服务和生活服务等功能，多元化功能不断激发保险用户的活力，打造了平安保险特有的循环服务生态。在此背景下，新兴的互联网保险公司仍有一定的空间。众安保险作为成立时间较早的互联网保险公司，借助腾讯、阿里巴巴及中国平安的共同背书，在保险产品创新、营销推广策略谋划方面加大投入，市场渗透较快。

14.2　发展现状

14.2.1　市场现状

金融机构正面临数字化转型，其各项业务数据激增，出于自身发展及安全稳定的考虑，各机构对数据中心的需求增加，主要原因如下。

一是业务快速发展和运维系统的复杂性增加等因素导致了数据规模扩大。随着金融科技、互联网金融的深化，24 小时不间断服务，金融机构的业务经营活动绝大部分依赖信息科技的支撑，数据系统已经成为各机构经营发展的生命线，数据存储和处理的准确性、快速性是对金融机构能力的考验，金融机构增加了对数据中心的租赁或者自建需求。

二是为了应对内外部运行风险。数据大集中后，系统运行风险、业务操作风险、资金管理风险、差错处理风险都集中到了数据中心，数据中心的每个命令、每个操作产生的影响都是全国性、全局性的，一旦发生运行重大事故，对金融机构带来的影响将是灾难性的。因此，各金融机构尤其是银行类机构更注重数据中心的安全性和时延性，这也在一定程度上提高了对 IDC 的需求量。

三是监管要求和市场关注度的提高。《商业银行数据中心监管指引》要求金融机构设立数据生产中心、灾备中心，对数据的安全性和稳定性提出了严格要求。公众关注度进一步提升，数据系统的稳定运行关系到金融机构的核心利益和品牌形象，必须建立起更安全、更平稳、更高效的生产运行管理体系。

14.2.2　需求特征

根据金融产业图谱，数据中心的金融机构客户以银行、证券、保险为主，还包括基金、期货等，不同类型的客户对数据存储和处理的要求不同，对 IDC 的需求也是多元化的。银行注重业务的处理准确、服务响应和调度速度，需要数据中心强大的算力以保证银行业务的正常运行；证券注重监控市场并实时更新数据，IDC 供应商可以利用骨干网节点，为证券公司提供就近接入服务，帮助证券用户快速获取最佳访问路径；保险、基金则注重用户体验和线上大数据营销，数据中心可以帮助保险公司实现线上营销，精准匹配用户需求，提高营销效率。

虽然不同类型的客户对 IDC 的需求是多元化的，但是也有共性需求，即大规模数据的存储和处理问题，数据中心可以解决百万条乃至千万条数据带来的压力，还可提供数据备份和恢复故障业务。

14.2.3　建设方式选择

因金融机构使用的数据通常是热数据，需要实时在线，经常被读写访问，要求被存储在距离尽可能近的数据中心，同时金融机构总部都设在较发达的一线城市，出于经济性考虑，大多数金融机构更偏向于租赁数据中心，少数大型银行开始自建数据中心。由于建设数据中心需要具备熟悉国家标准、行业规范、监管要求的技术团队，申请工业建筑用地，要得到供电和建设部门的关键资源审批，手续非常烦琐，而且从建成到投入使用往往需要几年时间，经济和人力成本过大，所以租赁数据中心是各大金融机构的不二选择，租赁数据中心能减少大量开发成本，可实现管理自动化。

金融行业数据中心的发展目前处于较为完备的阶段，基于安全性和行业监管需求，大型金融企业的数据中心已基本形成"两地三中心"的布局。金融业数据中心的建设部署与金融业的需求和发达程度密切相关，一线城市、东部沿海地区等地的金融数据中心占比较高，超过40%。从具体应用来看，数据中心规模普遍不大，超九成的数据中心机柜数量少于 200 个，而多于 1500 个机柜的数据中心占比不足 2%；上架率总体较高，大多超过 50%；大多数金融数据中心的实际运行 PUE 在 1.5 以上，这与金融数据中心规模较小、冗余度较高有一定关系，也说明了金融数据中心在能效方面有待提升。某大型银行在 2000 年左右将分布在全国的 30 多个数据处理中心集中到北京、上海，2004 年又实施了数据中心整合工程，将全行主要生产系统集中到上海数据中心，将北京数据中心作为异地灾备中心。2014 年，上海同城备份中心投产，可达到同城数据中心之间数据零流失、系统并行运行，真正实现"两地三中心、同城双活"。

14.3　发展趋势

目前，金融行业的数字化转型正在有条不紊地进行，金融客户已经适应这种转型并产生了海量客户数据，为保证服务质量、提高金融机构的竞争力，须增大数据系统对数据的存储和处理能力来降低 IT 成本和提升效率，这对数据中心的需求将进一步扩大。

在增长速度和规模方面，金融机构对数据中心的需求仍将长期保持增长。同时 IDC 预测，到 2023 年，亚太地区 85％的中头部银行将通过合并本地部署的专用私有云、多个公共云，以及原有的旧系统平台来制定相关的基础设施战略。

在细分领域增长方面，证券与基金业务对交易信息、实时行情、财务报告等数据的需求量较大，对系统的实时性要求较高；同时在营销、数据、运营等方面的数字化需求也呈上升趋势，因此未来证券和基金的金融云市场增量可期。银行已逐渐完成上云业务，实现业务变革，因此银行对金融云的需求增速放缓；保险公司数据量明显少于证券与基金，金融云需求平缓增长。

第十五章

政府

在大数据、物联网和人工智能等新兴技术快速发展的大背景下，政府工作也与时俱进，各种政务公共服务平台建设如火如荼。政务公共服务平台的建设目的是解决数据共享与服务问题，实现信息惠民、利民、便民，促进政务信息资源共享与利用，让民众办事真正实现一窗受理、一网通办，达到"只进一扇门，最多跑一次"的政务服务要求。

麦肯锡曾调查了各行业大数据价值发挥的难易程度及发展潜力，结果表明政府数据价值的潜力要明显大于其他领域或行业，而且其数据开放的难易程度也相对较低。由此可见，政务领域政务大数据开发利用的价值和可行性是毋庸置疑的，这也是中央、省（自治区、直辖市）、市县级单位积极布局政府数据中心的原因。政府数据的价值有目共睹，但政府数据的共享利用仍存在许多问题。究其原因，主要是政府各部门、各层级的业务系统存在壁垒，数据不能互通融合、整合力度不够，尚难实现综合性、系统化、一体化的平台。

15.1　发展现状

15.1.1　市场现状

"2021 年数字政府服务能力评估暨第二十届政府网站绩效评估结果发布会"对数字政府服务能力、政府网站绩效、国家级开发区网站和政务类 App 等进行了评估，评估认为，我国数字政府建设经过了萌芽期、探索期、发展期的建设实践，现已进入全面改革、深化提升阶段,数字政府建设成效明显,主要归结为 5 个方面:一是整体服务能力全面增强,数字政府建设成效明显;二是组织机制保障全面推进,统筹指导数字政府建设;三是数据开放规模持续扩大,典型场景应用不断丰富;四是政务服务协同深化发展,便捷智能普惠服务效果显著;五是社会治理数字化加速,应用场景不断丰富。

2021 年,我国省级数字政府服务能力卓越级的有上海市、浙江省、广东省,其中上海市稳拔头筹,其首创的政务服务品牌"一网通办"曾入选 2020 年联合国全球电子政务调查报告经典案例。据统计,近 3 年"一网通办"已累计实施 357 项改革举措,接入事项 3197 项,公共服务事项数量已超越行政权力事项,累计办件量为 1.5 亿项。"一网通办"还开通国际版,上线长者版,2021 年又新增个人用户 985.1 万人、法人用户 12.58 万人,累计实名注册个人用户超 5401 万人、企业用户 227 万人。另外,"一网通办"移动端"随申办"月活峰值超过 1517 万,推出"随申码"服务,累计使用超 37 亿次。市民主页和企业专属网页累计访问超 80 亿次,推送个性化政策服务超 2.3 亿次。

但全国整体数字政府建设能力差距大,对 IDC 的需求不均衡,主要在于缺乏统一规划布局,重复建设,多头建设频发,数据治理滞后,系统整合慢等问题。

15.1.2　需求特征

据"2021 年数字政府服务能力评估暨第二十届政府网站绩效评估结果发布会"评估结果,我国省级数字政府服务能力卓越级的有上海市、浙江省、广东省,我国省级数字政府服务能力优秀级的有北京市、安徽省、福建省、湖北省、四川省和贵州省。由此可见,数字政府服务能力较强的地区在华东地区的集中度较高,卓越的服务能力必将以强大的算力为基础,故华东地区成为 IDC 需求最大的市场。除了地域数字化政府进程,华东地区的数字化建设水平也较为领先,政府用户对数据中心的需求也较高,建设要点为建立多点联动的数据中心发展格局,对新建数据中心的集约化、绿色化和智能化提出新的要求。在数字化建设处于高速发展阶段的政府用户中,以江苏省为例,其基础设施体系基本形成,以形成统一管理、融合共享、保障有力的全省大数据中心体系为目标,逐步整合现有数据中心。

15.1.3 建设方式选择

政府在选择 IDC 服务厂商时，一般遵循就近原则，政府偏好就近选择 IDC 服务厂商，大多在当地建设数据中心。其主要原因有 4 点：一是各省之间有一定的竞争关系，政务机构类客户一般"数据不出省、不出市"，数据中心基本选择在当地建设；二是出于扶持本土企业，保障数据安全性的考虑，当地政府往往更了解本地企业的背景，也能随时掌握企业动态，便于管理沟通；三是政府将数据中心项目留在当地能够赋能当地企业，不仅能带动当地经济、提供就业岗位、增加税收，还能发展当地数字经济，为未来物联网和工业互联网的发展奠定基础；四是出于对数据中心和云计算等新一代信息技术的鼓励，一方面提高了企业和产业链的运营效率，另一方面成功的项目经验可在政府主导下进行宣传推广，营造良好的互助竞争产业环境。

15.2 发展趋势

15.2.1 政府布局趋势

国家和地方政策支持，以及我国数字政府建设推进势头强劲，政府相较于互联网行业和云企业价格敏感度更低。

在大力推动数字政府和政务数据中心建设的同时，政府机构对数据的安全保障有着更高的要求。政府数据中心的安全维护涉及业务信息安全、网络安全、系统安全、数据安全等层面。2021 年 11 月出台的《中华人民共和国个人信息保护法》，对国家机关处理个人信息做出了特别规定，明确国家机关履行法定职责处理个人信息应当承担的保护义务和责任。筑牢数字政府的网络与数据安全防线，是全力保障数字政府安全运行的重要前提。

15.2.2 市场趋势

2021 年年初，国务院提出，未来须加快建设数字政府，将数字技术广泛应用于政府管理服务，不断提高决策科学性和服务效率。据统计，2014—2018 年数字政府市场规模从 1835 亿元攀升至 3140 亿元，同比增长 15%，呈持续高增速势态，并预计 2025 年市场规模可达 7000 亿元。

政府数据规模持续增长，其原因主要有两个方面：一是城市规模扩张，居民数量增长，政务用户增加；二是居民安全、医疗保障和行程跟踪等越来越多的政务被大数据管理，利用大数据、人工智能等提高服务质量和效率，政府数据规模不断扩大，第 47 次《中国互联网络发展状况统计报告》统计，截至 2020 年 12 月，我国互联网政务用户规模达 8.43 亿人。但是政府数据不要求实时处理，对机房规模、设备等级和时延等需求低于云计算、互联网和金融机构，政务数据体量的增速相比于其他行业较慢。

数据规模体量是 IDC 需求的支撑，政府数据规模持续缓慢增长，对 IDC 的需求增长也放慢，同时政府数据对存储量和安全性要求较高（存储出错会造成政务低效率和无作用，严重的话可能会造成难以估量的经济和政治后果），因此政府在选择 IDC 时，最看重存储质量和数据安全。

第十六章
工业行业

16.1　发展现状

16.1.1　市场现状

工业生产全过程（例如，制造、运输和物料仓储等）产生海量数据。机床的转速、能耗，食品加工的温度、湿度，纺织的速度、密度，火力发电机组的燃烧和燃煤消耗，物流车队的位置和速度等，都促使海量数据的产生。随着工业体系的完善和生产技术的进步，工业生产的数据采集量增加、使用范围逐步扩大，应用方式日益创新，企业对数据处理和存储的要求增加，激励工业行业探索数据中心相关技术，助力传统工业行业实现生产升级。

目前，随着工业数字化转型逐步深入，新一代信息技术与传统业务日趋融合，工业行业对数据中心的需求正不断增加。例如，工业互联网产业联盟评选出了工业数据中心优秀案例，案例中的数据中心可应用于工业行业的仓储、运输、制造和营销等过程。

部分大型企业为提高生产效率，优化资源配置，实现有效管理，开始探究数据中心，助力信息化平台的实现。鞍钢股份基于工业互联网平台体系架构，利用云计算技术，构建鞍山钢铁一体化信息系统平台，实现标准化的数据接口平台，达到数据集成和共享的目的。该平台为公司管理决策提供更为及时、准确、高质量的数据支持，提高 IT 资源利用效率，推动生产和服务资源优化配置，提升企业信息化管控实力。青岛元启工业在数据中心优化车间信息化方面取得了优秀成果，通过数据中心技术的关键落地场景，例如"生产监控"和"智能制造云平台"等，实现通过移动端实时推送生产情况数据报表，实时查询数据（包括不良率、生产任务、每小时产出产品数量趋势图）、实时看板，使企业管理者即时了解生产情况，及时跟踪解决异常问题，有效提高生产过程可控性，减少生产线的人工干预，并合理计划排程，节省大量人力和物力。

也有部分企业聚焦于企业上云和私有云的建设，确保自身商业秘密的安全性，同时减少能耗、空间，实现资源最大化利用。奥威公司的数据中心助力该企业在私有云上的建设。通过私有云虚拟化技术，奥威公司实现了计算资源池、存储资源池、网络资源池，在运维、灾备建设、故障切换上有质的飞跃，实现业务的连续性。在硬件设备不增加或者少量增加的情况下，奥威公司实现了业务需求的增长。酒泉钢铁的数据中心助力该企业上云、传统技术升级改造，实现从传统 IT 架构向云技术架构的跨越式转变。在工业私有云建设中，酒泉钢铁充分利用数据中心云平台技术，效益明显，通过实施"计算资源虚拟化"，节约服务器采购成本；通过实施"存储虚拟化技术"，有效提升存储资源利用率，节省存储设备采购成本；通过实施"网络虚拟化技术"，节省采购网络交换机的成本。在园区网改造项目中，酒泉钢铁有效使用先进的数据中心网络技术，效果显著。通过 SDN 技术，酒泉钢铁实现了全网安全策略的统一管理和控制，不同业务之间的安全访问控制策略由集中的 SDN 控制器通过软件定义的方式实现，减少了大量设备投资。

另外，边缘数据中心技术的应用使部分痛点问题得以解决，尤其对时延性和错误率要求较高的业务。南京桂瑞得信息科技基于"财务大数据云平台与边缘中心"的大数据技术，主要针对企事业单位财务部门日常人工报销效率低、报销流程长、消耗时间多、出错率极高等问题，实施该技术有效提高了报销效率，最大化地优化了其产品特性。华友新能源科技（衢州）云平台应用，通过建立企业资源管理系统等替代原有较为分散的手工系统，整合采购、生产、销售、品质、设备、财务等部门，实现业务财务一体化，并建立覆盖业务全价值链、产品全生命周期及客户订单全过程的业务运营和支撑体系，提高企业的管理水平和运作效率，消除"信息孤岛"，同时提高执行效率和整体运营能力。

16.1.2　需求特征

工业行业对数据中心的需求特征与具体应用有关。信息平台注重运行系统的稳定性和高效性，可精准分配资源以支撑各应用系统的个性需求，能够实现企业各业务系统数据的充分共享，统一技术架构，实现集中运维，为公司管理决策提供更为及时、准确、高质量的数据支持；私有云建设则需要缩短系统部署时间，提升系统的可靠性和可用性；边缘数据中心则根据特定的应用场景满足时延性要求。

除了具体应用，所处行业也会对数据中心的需求特征有一定的影响。电力公司一般为大型企业集团，分支机构分布在全国各地，均需要统一企业化运作，进行资源的集中整合，提高供电效率，同时使自身利益最大化。电力公司建设数据中心，不仅可以为国网各应用系统提供统一的数据视图，还可以通过统一的数据定义和命名规范，保证数据的唯一性、准确性、完整性、规范性和时效性，实现数据的共享共用。目前，电力数据中心覆盖多个省（自治区、直辖市），包括黑龙江、河南、青海、山东、山西、江西、重庆、河北和安徽。

汽车行业中新能源汽车技术的创新也会影响其对数据中心的需求。电动车数量激增带动充电业务云化部署。随着新能源汽车的普及和充电桩的大规模新建，以及云计算、大数据、物联网、人工智能等技术的发展，充电设施的智能化和充电运营的智能化管理是推动充电行业健康发展的关键能力。充电运营业务的云化部署，提升了充电桩的整体利用率，有效解决了传统 IT 资源按峰值业务来建设、资源浪费严重的问题。充电云解决方案进一步提出了电力对数据中心的需求。

16.2　发展趋势

工业行业产生的数据按用途可分成 3 类：一是经营性数据，例如财务、资产、人事、供应商基础信息等数据；二是生产性数据，这部分是企业生产过程中积累的数据，包括原材料、研发、生产工艺、半成品、成品、售后服务等，是决定企业差异性的核心所在；三是环境类数据，包括布置在机床的设备诊断系统，例如库房和车间的温湿度数据、能耗数据，以及废水废气的排放等数据。从目前的数据采用情况看，经营类数据的利用率最高，生产性数据和环境类数据之间的利用率差距较大。从未来数据量上来说，生产线数据在工业企业数据中的占比将越来越大，环境类数据也将越来越多样化。伴随着数据量和数据种类的增加，数据的存储和处理需要强大的算力来支撑，未来，工业行业对数据中心的需求将呈增长态势。

企业所积累的数据量以越来越快的速度增加，企业也须探究如何在生产中合理有效地利用这些数据，这将会对数据中心的数量和质量提出进一步的要求。目前，大数据在工业企业的应用主要体现在以下 3 个方面：一是基于数据的产品价值挖掘，通过对产品及相关数据进行二次挖掘，创造新的价值；二是提升服务型生产，增加服务在生产（产品）的价值比重，可采取前向延伸和后向延伸两种方式；三是创新商业模式，可基于工业大数据，研究供应方对外能提供什么样的创新性商业服务，也可在工业大数据背景下，研究需求方能接受什么样的新型商业服务。国内外的公司在应用数据上都有了成功的经验。三一公司的挖掘机指数通过在线跟踪已销售的挖掘机的开工、负荷情况，可了解全国各地基建情况，进而给宏观经济判断、市场销售布局、金融服务提供调整依据。通用电气公司不销售发动机，而是将发动机租赁给航空公司使用，按照运行时间收取费用，这样通用电气公司通过引入大数据技术来监测发动机的运行状态，通过科学诊断和维护来提升发动机使用寿命，获得的经济回报高于销售发动机的金额。

第5部分
未来部分

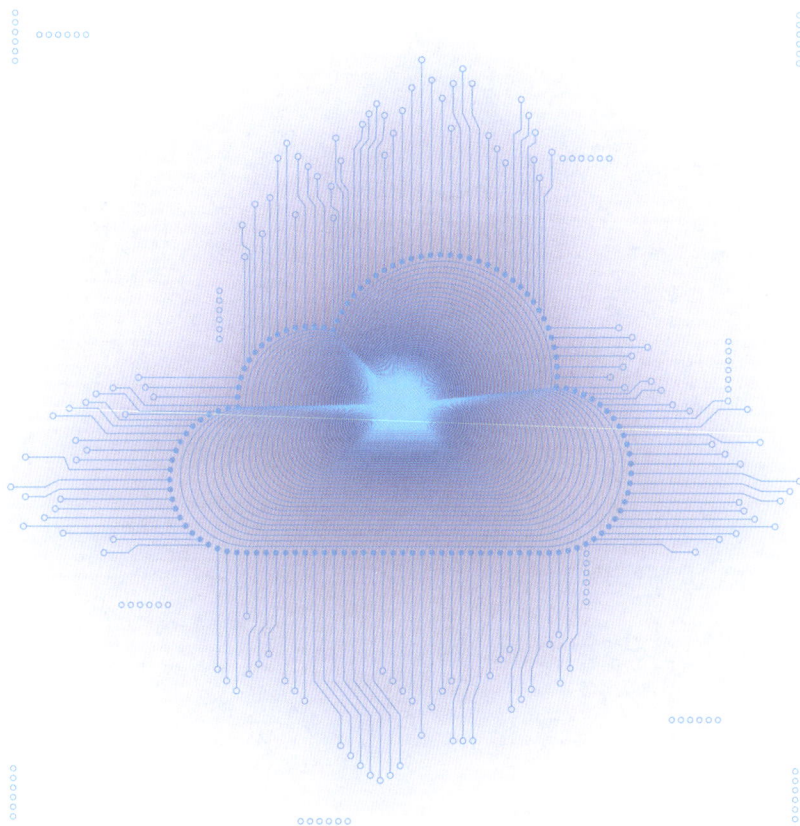

第十七章
总结与展望

当前，云计算、人工智能、大数据等新一代信息技术快速发展，信息技术与传统产业加速融合，数字经济蓬勃发展。全球算力基础设施产业加速发展，产业生态不断壮大，应用领域广泛，例如国防军事、基础科研、互联网、金融、能源、制造业等领域。

算力基础设施实现公共化、基础化、泛在化是产业发展的长期目标，而当前，我国算力基础设施的应用需要由消费互联网向产业互联网转移和渗透。为加快实现算力基础设施向水电煤气一样"低门槛、低成本、广应用"，中共中央政治局常务委员会明确提出加快 5G 网络、数据中心等新型基础设施建设进度。多个地方政府陆续出台推动数据中心、智能计算中心、边缘数据中心等算力基础设施相关政策，优化产业发展环境。

本章基于对前文算力基础设施产业链的完整梳理，分析目前算力基础设施产业链面临的挑战和机遇，并展望其发展趋势。

17.1 产业链面临的挑战和机遇

算力基础设施存在供给结构不均衡的问题，数据中心东部供不应求、西部供大于求，供需结构失衡。受能耗指标、用地、用电审批的限制，一线城市数据中心资源紧张，供给不足。同时，受用户观念和网络时延的影响，"东数西算"工程尚未形成规模，中西部地区应用需求不足，导致供给余量较大。从区位上看，西部地区在承接北上广深等热点地区外溢需求方面没有距离优势，希望其数据中心可"辐射全国",但多个省份未在全国范围内找准具体业务承接点,数据中心上架率仍不高。根据《数据中心产业发展指数(2021年)》的数据,在发展规模方面,中西部地区和东北部地区的数据中心机架数量远远低于东部地区;在产业发展质量方面,西部地区和东北部地区的数据中心在上架率、PUE水平和碳利用效率(Carbon Usage Effectiveness,CUE)水平等方面与东中部地区相比有一定差距。

未来,空间布局和算力结构布局可进一步优化。在数据中心方面,优化产业布局,大型数据中心在京津冀、长三角、粤港澳大湾区、成渝,以及贵州、内蒙古、甘肃、宁夏八大节点建设,按照高要求、高标准统筹建设。边缘数据中心须根据市场需求在城市内部及工厂内部逐步建设。超算中心可强化应用,加强技术和产业交流,推广市场化应用,提高整体利用率,扩大超算中心辐射效应。智算中心建用并举,充分利用现有智算中心资源,紧密联合行业内的厂商,提供高品质、智能算力服务。鼓励在能源充足、气候适宜的地区建设智算中心,实现绿色低碳。

算力基础设施算力服务技术能力有待提升。在数据中心规模增大的态势下,盲目建设及重复建设数据中心等现象层出不穷。北上广深等一线城市作为数字经济发展的重点区域成为最早和热度最高的数据中心聚集区,但数据中心建设质量良莠不齐,部分数据中心难以满足业务需求。从服务上看,智算中心与其他计算中心的最大不同在于其具有明显的行业应用特征,带有强烈的人工智能技术属性,而并非高精度算力资源,也不是普适化算力资源,而是低精度、高通量数据处理的算力资源,其规划应当充分考虑地区产业结构和资源配置,提供算力供给和产业协同作用。市场中的部分智算中心建设声称自己为超算中心,以E级单精度算力鼓吹智算中心算力的优越性,并大力宣传智算中心对人才引进和产业转型的作用,导致智算中心在物理基建方面大干快上,存在普遍忽视软件基础设施建设、服务水平和服务质量的情况。当前,我国超算中心主要服务于国家、地方重大应用需求,基础应用软件的开发能力较弱,且与用户合作较少,尚未跨出地方性服务范畴,相关应用的开发经验、成果对行业、产业界横向辐射和联结作用不佳,超算中心对填补产业软性短板、支撑产业经济发展的重要作用尚未显现。

算力服务仍存在诸多挑战。一是算力服务参差不齐。尚未建立统一的算力度量、算力标识、算力服务体系,亟须进一步完善相关标准,推动算力服务标准化建设。二是算力使用成本较高。当前，算力使用仍以大型企业为主，且大型企业的算力需求增长较快，未来算力使用成本攀升速度的拐点或将出现。中小企业及个人用户算力应用不足，特别是 AI、高性能算力领域更加凸显。三是算力使用难度较高。当前云服务已成为主要的算力服务形式，但云服务的使用对象仍有限，加之该方式对用户方的 IT 要求较高，制约传统行业用户采用云计算服务实现数字化转型。

未来须进一步提升算力服务技术水平，着力补齐算力基础设施的基础研究短板，例如芯片、操作系统、数据库等，加强基础理论、技术和应用研究，增强多学科的综合交叉与深度融合。建立完善的标准体系，推进不同 OS、固件、整机、芯片平台兼容，统一算力度量标准，推进算力网络技术标准化，推动低代码、无代码开发平台标准化。大力开展节约资源、节能降耗的算力基础设施关键技术的研发，建立健全算力基础设施全生命周期评价体系。

17.2　产业链发展趋势分析

1. 设施形态多元化

我国不同类型的算力基础设施在建设运营主体、建设模式、运营模式、面向对象及算力类型方面各有不同。超算中心面向对象主要是国家重点项目或者科研单位，主要以提供高性能算力为主。数据中心主要面向各类企业、政府机构，以提供通用算力为主。智算中心主要面向 AI 企业、科研院所和政府机构等，以提供 AI 算力为主。边缘数据中心主要面向各类企业和个人，以提供低时延算力为主。算力基础设施建设发展情况见表 17-1。

表 17-1　算力基础设施建设发展情况

类型	建设运营主体	建设模式	运营模式	面向对象	算力类型
超算中心	政府机构、高校	行业组织自建，地方政府与科研机构或者设备厂商合建	政府主导	国家重点项目、科研单位	高性能算力
数据中心	电信运营商、第三方服务商及互联网企业	电信运营商、第三方服务商、互联网企业自建，互联网企业与电信运营商或第三方服务商合建	市场化运作	各类企业、政府机构	通用算力

类型	建设运营主体	建设模式	运营模式	面向对象	算力类型
智算中心	政府机构、高校、AI 企业	AI 领军企业自建；AI 领军企业和政府合建	政府主导和市场化运作	AI 企业、科研院所、政府机构等	AI 算力
边缘数据中心	电信运营商、互联网企业	电信运营商、互联网企业自建	市场化运作	各类企业、个人	低时延算力

算力需求爆发，算力基础设施规模大幅增长。在数据中心方面，从产业需求来看，5G、工业互联网、物联网、人工智能等信息技术与应用正加速发展和布局，数据量暴增，对数据中心的需求不断增长。预计未来几年，我国数据中心产业仍继续保持高速增长趋势，截至目前规模占比全国最高，超过 90%，未来数据中心规模将保持年均 20% 的增速。在智算中心方面，人工智能算力需求的增加和"新基建"政策的发布，驱动智算中心规模呈指数级增长。加之 AI 算力进入需求加速期，而传统算力受效率、功耗和成本的限制提升缓慢，且用于 AI 专属计算性价比较低。因此，以 AI 服务器为核心的基础设施、提供 AI 算力为主的智算中心新形态涌现，随着人工智能技术日趋成熟，其未来将保持指数级增长态势。在超算中心方面，随着产业升级和企业化数字转型加快，高性能算力需求不断旺盛，超算中心也将在"十四五"期间迎来新发展阶段。在边缘数据中心方面，未来，随着制造业的信息化发展及工业互联网建设的推进，企业对于边缘算力的需求将日益迫切，边缘数据中心将成为算力基础设施未来市场增长的内生动力。

2. 计算架构多样化

在海量数据和成本优化的综合因素的作用下，芯片单位功耗下的算力要求提升，以 ARM 或其他偏重多核并行的 CPU 架构优势愈加明显，功耗表现更优，不断扩大同构计算生态体系。CPU 指令集可以分为复杂指令集（Complex Instruction Set Computing，CISC）和精简指令集（Reduced Instruction Set Computer，RISC），指令集是存储在 CPU 处理器内部，对 CPU 运算进行指导和优化的程序，复杂指令集以 x86 架构为主，通过可实现复杂功能的指令和灵活多样的编码方式来提高程序的运行速度；精简指令集主要有 ARM 架构、MIPS 架构和 Alpha 架构等，精简指令集采用硬件控制以实现快速的指令译码，并采用较少的指令和简单的寻址模式，通过固定的指令格式来简化指令译码和硬线控制逻辑，具备低耗电使用特性。以 x86 架构为主的通用服务器构建了完整的产业生态，占据 95% 以上的市场份额。ARM 架构开始于低功耗、计算量小的场景，例如智能手机、可穿戴设备、IoT 等，而随着 ARM 技术的不断提升及较低的研发成本和研发风险，ARM 生态圈不断扩大，ARM 市场从移动和嵌入式领域扩展至高性能领域，2020 年，基于 ARM 指令的处理器总算力占全球的 82%，2020 年 6 月，采用 ARM 架构设计的超级计算机"富岳"首登榜首，国内 ARM 架构服务器逐渐兴起。

近年来，随着硅芯片逼近物理极限和功耗成本的急剧攀升，摩尔定律趋近失效，**传统通用 CPU 无法应对人工智能、大数据等新兴应用对高计算能力、低功耗、低成本的需求，以 GPU、FPGA 为代表的异构计算快速发展，凭借高并行、高密集的计算能力而被广泛应用于人工智能等领域。**异构计算是 CPU、ASIC、GPU、FPGA 等各种使用不同指令集、不同体系架构的计算单元，在一个混合系统下执行计算的特殊方式。在这种组合下，CPU 扮演着指挥统筹和核心控制的角色，与 GPU、FPGA 等协处理器相互配合实现高并发、大数据流的计算。

3. 服务泛在普惠化

各类算力基础设施服务各有侧重。数据中心聚焦基础设施、物理资源、虚拟资源等底层资源。基础设施主要包括供配电、暖通、消防系统等，物理资源主要是计算、存储和网络资源，虚拟资源主要是虚拟化平台和资源池；超算中心聚焦物理资源、平台能力，平台能力主要包括云平台、AI 平台、大数据平台和超算平台等；智算中心聚焦平台能力和应用服务，应用服务主要提供各类解决方案，包括工业互联网、图像识别、物联网、气象灾害等解决方案。

各类算力基础设施服务整体较为粗放。当前，算力基础设施服务以提供物理资源、虚拟主机等为主，尚未提供精细化、标准化的算力服务。算力基础设施发展的关键是精准供给，抓住算力基础设施全生命周期各环节的关键问题，精准发力，及时响应和精准匹配算力发展的动态需求；加之当前用户以大型企业为主，对企业的 IT 能力有一定程度的要求，中小企业应用较少。算力基础设施建设是不同领域产业链的整合，基础设施呈现出异构、领域差异化的特征，须构建一个普适的管理模式，实现统一、融合的管理，以确保业务发生变化时，对系统进行自动调优，实现高效、准确的管理。算力基础设施服务类型及模式见表 17-2。

表 17-2 算力基础设施服务类型及模式

类型	业务	业务类型	定价模式
数据中心	IDC 基础服务	机柜租用及代理运维	按照客户使用机柜数量收费，计费单位为"元/（个/月）"
		带宽租用	固定带宽：客户每月使用带宽数量不得超过约定上限，每月收取固定费用
			保底带宽+超量带宽：保底带宽部分每月收取固定费用；超量带宽按照 95 计费或者峰值计费，计费单位为"元/（M/月）"
	IDC 增值服务	网络接入	按月收取固定服务费用
		数据同步	按月收取固定服务费用
		网络安全防护	按月收取固定服务费用
		CDN 服务	按月收取固定服务费用
	云服务	PaaS、SaaS、IaaS	① 按需付费：按照时间颗粒度和流量分发，根据实际用量付费。② 包年包月：按照月/季度/年购买服务套餐。③ 私有定制：私有化部署，混合云项目
超算中心	超算服务	高性能计算、海量存储资源	计算资源按使用弹性计算主机规格、使用时长、使用数量进行计算。存储资源按数据量占用存储空间的大小和占用时间按天收费
智算中心	AI 服务	技术平台、算法模型、解决方案等	按需付费：按照时间颗粒度和流量分发，根据实际用量付费。资源包：按照时长购买服务套餐

　　未来，算力服务需向标准化、低成本、低门槛迈进。标准化有利于将算力服务转化为"社会生产力"，是服务精细化发展、提高算力服务品质的基础。推动算力度量、定价等标准建设，可为算力产业发展提供重要的参考依据。以云服务的方式提供算力服务可实现普惠化。在算力基础设施的建设过程中，不论是聚焦于底层建设的网络服务商、数据中心服务商、算力服务商，还是聚焦于上层应用的物联网、区块链、人工智能等服务商，都将基于云服务的模式进行服务交付。企业可以通过高端云服务平台的支持，进行低成本数字化转型，进一步提高资源调度的能力，以创新的技术模式和服务体验，创造专业算力资源与行业数据开发利用环境相结合的行业算力服务，促进行业数字化转型，培育新业态、新模式。低代码、无代码开发可有效降低算力使用门槛。低代码和无代码工具是商业服务供应商的下一个技术飞跃，它使得技术技能普适化，非技术人员也可以为企业提供开发定制解决方案。

4. 能源高效低碳化

（1）PUE 节能

算力基础设施普遍采用电能利用效率来衡量算力基础设施能效水平。

在政策方面，国家积极推动算力设施绿色优化发展。 2013 年，工业和信息化部等发布《关于数据中心建设布局的指导意见》，引导大型、超大型数据中心优先在中西部等一类、二类地区建设，后又持续发布多项政策，推动数据中心绿色低碳发展，2021 年更是密集出台《新型数据中心发展三年行动计划（2021—2023 年）》等多个政策，强调新建数据中心的 PUE 不高于 1.3，绿色低碳等级达到 4A 级以上。

在技术方面，数据中心节能潜力领域集中在供配电系统和冷却系统。 以数据中心平均 PUE 水平为例，IT 及网络设备能耗占比为 55%，空调系统能耗占比为 32%，供配电系统能耗占比为 9%，照明及其他辅助设备为 4%，基础设施设备的能耗接近 IT 及网络设备，仍具有较大的节能潜力。供配电系统的节能集中于变压器、不间断电源等，变压器除了铁芯带材工艺的改进，尚未有突破性的技术革新。模块化 UPS 显著提高了能效，启用休眠功能时，效率可达 90% ～ 98%。巴拿马电源等高压直流基础简化了供配电环节，有效减少了设备损耗，功率模块理论可达 98.5%。从整体来看，当前供电设备能效已经较高，节能空间相对较小，制冷系统的节能潜力相对较大。液冷技术将掀起节能新革命，随着人工智能、大数据等技术和应用的日益成熟落地，实际业务对数据中心等底层基础设施的性能要求越来越高。性能提高将直接导致服务器功耗不断增加，尤其是芯片制程提升变慢导致功耗提升加速。另外，云计算数据中心的单体规模越来越大，风冷技术均趋于能力极限，且每年会产生大量的电力消耗，增加了数据中心的运维开支，液冷技术对于密度高、规模大、散热需求高的数据中心优势明显，可有效降低制冷负载系数（Cooling Load Factor，CLF）。

（2）CUE 减排

算力基础设施为服务数字化转型做出了巨大贡献，但其自身的能耗和碳排放也将带来不小的挑战。 在政策导向方面，数字经济成为我国经济的重要组成部分，算力基础设施将有助于推动数字经济的长远发展。与此同时，我国也提出"双碳"战略，为应对全球气候变化和实现绿色发展做出持续性努力。一方面，随着技术和服务水平的不断提升，算力基础设施将不断渗透生产生活，实现数字化转型和智能化升级，减少不必要的中间环节，降低能源消耗和碳排放。另一方面，未来随着云计算、大数据、人工智能等数字技术产业的崛起，在不采取节能减排措施的情况下，更高功率密度将带来惊人的碳排放量，需要通过数据中心 CUE（算力基础设施温室其他总排放量与 IT 负载能源消耗的比值）来评价、跟踪算力基础设施的减排进程。

减排途径上，新技术发展、金融工具及管理体系是算力基础设施碳中和的重要手段，主要包括可再生能源、氢能、储能、碳捕集与封存技术，以及金融、管理等方面。**氢能方面**，利用过剩电力或低成本电力制氢发电、电解水制氢技术、数据中心氢燃料电池备用电源系统；**金融方面**，推行绿色债券、绿色票据，鼓励企业进入国际资本市场，拓宽融资渠道，鼓励数据中心推广利用碳捕集与封存技术，推广应用碳封存的 DACS[1] 和 BECCS[2] 技术来实现负排放；**储能方面**，支持抽水储能、电池储能、冰蓄冷技术等新技术应用；**可再生能源方面**，通过市场化采购可再生能源、投资建设分布式 / 大型集中式项目、购买绿色电力证书；**管理方面**，建设低碳数据中心管理制度和体系，内部碳定价是管理和促进低碳转型的有效工具。

1　DACS（Direct Air Capture and Storage，直接空气碳捕获和存储）。
2　BECCS（Bio-Energy with Carbon Capture and Storage，生物能源与碳捕获和存储）。

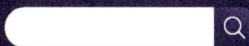

附录

"零碳算力共建计划"数据中心 低碳产品与解决方案

基础设施类

一、维谛 DSE 预制式全变频氟泵精密空调

维谛 DSE 预制式全变频氟泵技术可满足客户在预制化方面的需求。DSE 具有分布式大颗粒度 260kW ～ 400kW 的高可靠性,全时自然冷可实现节能,空气冷却可实现无水环保。全变频氟泵精密空调的设计实现产品、工程、运输、调试、运维的深度一体化预制,可全面满足客户的实际需求。现场安装实现极简设计,真正实现现场快速交付和实施。

维谛 DSE 预制式全变频氟泵技术实现了送风控制、变冷量调节、高回风应用等功能。该技术采用室外风机全智能算法,可根据压缩机实际转速、室内负荷、室外温度寻找最佳冷凝压力点,进一步提升压缩机能效,同时增加泵循环功能。在室内外温差较大时,系统进入泵循环,实现无水自然冷却功能,进一步扩大机组功能,充分利用室外自然冷源,为客户创造更大的价值。该技术提高能效,降低水耗,最终实现绿色低碳运行模式。维谛 DSE 预制式全变频氟泵精密空调如附图 1 所示。

该产品可实现低 PUE,节能风冷系统大大降低了数据中心耗电量,实现了减少碳排放的目的,同时系统采用的是风冷系统,没有耗费水资源。该产品在北京可以实现年均空调 pPUE 低于 0.1135(100% 冷量输出),同时 WUE 为 0 的低碳节能效果,可有效地帮助数据中心实现"碳达峰、碳中和"的战略目标。

附图 1 维谛 DSE 预制式全变频氟泵精密空调

二、维谛 EXL S1 UPS

维谛 Liebert® EXL S1（维谛 EXL S1）300kVA ～ 1200kVA 高频一体化大功率 UPS 创新架构设计，实现更高的系统可靠性及可维护性，确保客户关键业务的持续安全运行并提供高达 97% 的卓越双变换运行效率，以及高达 99% 的动态在线模式运行效率，为客户最大化地节省产品生命周期的运营费用，降低总拥有成本（TCO）和 CO_2 排放量。

维谛 EXL S1 UPS 创新的动态在线模式，采用获得专利保护的先进控制技术，在传统 ECO 市电旁路直供高效的基础上，开启逆变器，实时在线对旁路进行谐波和无功补偿，同时改善市电波动，提升供电质量和能量利用率，确保在动态在线模式和双变换模式智能切换时，输出电压满足 IEC 62030-3 动态输出性能 1 类曲线，确保输出关键负荷供电不中断。

维谛 EXL S1 系列为高频一体化大功率 UPS 在实现更高的系统可靠性的同时，将高效率与高可维护性完美融合。先进的 IGBT 三电平拓扑结构，提供卓越的运行效率，VFI 双变换效率高达 97%，VI 动态在线模式效率高达 99%。VI 动态在线模式是面对客户高能效比、高可靠性的需求，采用 ECO 旁路直供 + 逆变器实时在线补偿市电干扰和负载谐波，能够在市电异常时 0ms 切换到逆变器供电的一种高效运行模式。维谛 EXL S1 UPS 如附图 2 所示。

附图 2　维谛 EXL S1 UPS

实测维谛 EXL S1 600kVA UPS VI 动态在线模式 100% 负载效率为 99%，相对传统 UPS 双变换模式满载运行效率 95% 提升了 4%，可节省 25kW 的功率损耗，24 小时省电 600kW·h，一年可省电 219000kW·h，对应 0.638kg/kW·h 碳排放系数，一年可减排 139.7 吨 CO_2，在 10 年运行寿命周期能减排 1397 吨 CO_2，环境效益较高。

三、华为 FusionDC 预制模块化数据中心

华为 FusionDC 预制模块化数据中心采用全栈建设理念，融合数据中心土建工程（L0）及机电工程（L1），功能区域采用全模块化设计，结构系统、供配电系统、暖通系统、管理系统、消防系统、照明系统、防雷接地、综合布线等子系统预集成到预制模块内，所有预制模块在工厂预制、预调测，现场不需要大规模土建，简单吊装、乐高式搭建。

较传统土建方式，预制模块化数据中心建设周期缩短 50%，现场施工用水、用电量、施工垃圾减少。建筑主体采用全钢结构，相比传统的钢混建筑，建设期间碳排放大幅减少。预制模块化数据中心的磐石钢构设计，支持 5 层堆叠，9 度抗震，防火防水均满足国家规范设计要求。其采用一层一 DC 架构布局，支持垂直扩容，按需部署。同时，其支持间接蒸发冷却及智能风墙等多种高效温控方案、

融合一体化电力模块及智能锂电，全链路高效，并适配 iCooling 制冷系统能效调优技术，可有效降低 PUE，减少数据中心运行碳排放。华为 FusionDC 预制模块化数据中心如附图 3 所示。

附图 3　华为 FusionDC 预制模块化数据中心

预制模块化数据中心适配间接蒸发冷却、高温冷冻水风墙等先进温控方案，同时 iCooling 制冷系统能效调优技术有 AI 加持，相比传统模式，能有效降低 PUE；乐高积木式搭建，建设过程绿色环保，现场施工量较传统方式减少，施工工程无湿法作业，施工过程无三废，施工用水和用电相比传统方式减少。此外，预制模块化数据中心结构主体采用全钢结构，主体材料可回收率提高。预制模块化数据中心独有 iPower、iManager 智能运维技术，降低运维成本，提升资源利用率。

四、美的模块式热回收蒸发冷却空调机组

美的模块式热回收蒸发冷却空调机组着力解决数据中心制冷能耗和碳排放居高不下的难题，具备多孔复合纤维蒸发冷却节能、绿色低碳余热回收，以及低温低湿气候区比焓法送风控制等多项核心技术，突破了"干空气能"可再生能源有效利用、机房废热资源转化与深度利用的瓶颈，解决了直接蒸发冷却空调送风温湿度波动大、机房环境控制效果差的难题，为客户提供更高效的机房制冷方案和更优质的机房环境，为全社会创造更低碳的数据中心绿色生态综合

制冷解决方案。

本产品具备数据中心余热回收模块，模块设计与数据中心热回风工况（35℃～38℃）相匹配，能够充分回收数据机房废热，回收的废热根据用热场景的不同可选择直接使用或二次升温后使用。如果采用热泵进行二次升温，那么此时热泵蒸发温度（15℃左右）较热泵直接供暖时的蒸发温度（-5℃～0℃）显著提高，供暖侧的综合能效得到大幅提高，碳排放量大幅降低。美的模块式热回收蒸发冷却空调机组如附图4所示。

附图4　美的模块式热回收蒸发冷却空调机组

美的模块式热回收蒸发冷却空调机组是针对数据中心两大难题研发的创新产品，该产品集合高效蒸发冷却技术、热回收技术和比焓法温湿度控制技术，实现数据中心高能效冷却、机房废热全额回收、机房温湿度环境精准调控，最终实现数据中心节能降碳。

存储类

一、华为新型全闪存数据中心

全闪存数据中心是一种符合中国市场的主流低碳需求的新型数据中心解决方案。全闪存数据中心是一系列产品技术组合的统称，包括对闪存容量占比、存储能力与计算能力对比、网络组网方式的优化。全闪存数据中心主要通过半导体存储介质对磁介质的替代（硅进磁退）、高性能存储网络技术，以及未来数据压缩等技术的应用，在降低存储自身能耗的同时取得业务效率、能耗与成本的平衡。全闪存数据中心已经在国内各行业投入使用，节能效果显著。华为面向新型数据中心的全闪存产品如附图 5 所示。

附图 5　华为面向新型数据中心的全闪存产品

本产品主要通过 2 个环节进行节能降碳：一是生产制造模式和算法优化；二是在产品架构设计时就考虑支持全闪存，在提供同样存储容量的情况下，使用更少的硬盘和硬盘框，在架构层面就决定了全闪存设备比传统的机械盘设备更节能，全闪存设备相比机械盘设备总体碳排放降低 20.1%。

二、华为 OceanProtect 专用备份存储 X8000

针对备份数据高吞吐、高缩减率的诉求，OceanProtect 专用备份存储 X8000 通过从主机访问均衡、前端网络、CPU、后端网络等全 I/O 路径进行端到端优化，全面提升系统整体性能，为客户提供大带宽。根据备份业务和数据特性，OceanProtect 专用备份存储 X8000 采用算法识别数据流特征精准切片，多层在线变长重删、特征压缩和字节级压紧技术，实现数据缩减，节省系统投资。华为 OceanProtect 专用备份存储 X8000 如附图 6 所示。

附图 6　华为 OceanProtect 专用备份存储 X8000

　　OceanProtect 的数据保护是针对快速增长的多样性业务数据，面向数据的全生命周期，提供容灾、备份、归档全面保护的产品与解决方案。其中备份产品通过提升灾备闪存比例，重删压缩能力等方式的优化，降低单位数据的备份能耗，并在节能、成本和性能效率上更优。OceanProtect 数据保护解决方案包含但不限于容灾产品、备份产品等已经在国内各行业投入使用。

　　通过双控 A-A 架构、RAID-TP 和防勒索病毒等技术，华为 OceanProtect 专用备份 X8000 具备数据存储可靠性设计、业务可用性保证，确保每一次的备份时间，可稳定完成备份任务和即时恢复任务。

　　华为 OceanProtect 专用备份 X8000 通过将备份数据先重删再压缩，实现数据缩减，减少实际存储在物理介质中的数据，大大减少物理硬件的能耗。重删采用在线变长重删技术，压缩采用华为专有的高效压缩算法＋压缩后数据字节级压紧存储技术。

三、华为超融合基础设施 FusionCube 1000

　　华为超融合基础设施 FusionCube 1000 集计算、网络、存储设备于一体，预集成备份、容灾、智能管理、智能算法等功能，实现一个产品包含企业数据中心所需的所有元素。华为超融合基础设施 FusionCube 1000 如附图 7 所示。

附图 7　华为超融合基础设施 FusionCube 1000

　　针对互联网、云计算、企业市场及运营商业务等全面数字化转型应用场景，华为推出高度集约的一体化数据中心建设方案，可应用于涵盖从企业数据中心到企业分支边缘的各种行业场景。FusionCube 1000 适用于 IT 核心业务、云计算虚拟化、高性能计算、大数据处理、企业或运营商业务应用及其他复杂工负载，具有低能耗、硬件资源利用率高、扩展能力强、高可靠、易管理、易部署等优点。

超融合数据基础设施 (FusionCube 1000) 集约高效，是新型数据中心和分支边缘场景的主流组网方式之一。通过搭载数据处理单元（DPU）和存储系统低开销 EC 技术，超融合数据基础设施提升了硬件资源利用率，减少了硬件数量需求，结合预集成、一体化的生产交付模式，减少了生产、运输过程中的碳排放；通过智能硬盘休眠技术以及半导体存储介质对磁介质的替代，降低了设备能耗，减少了使用过程中的碳排放。超融合数据基础设施在实现生产、运输、使用全过程低碳的同时，兼顾了成本和易用性，受到了越来越多企业用户的认可和青睐。

四、华为分布式存储 OceanStor Pacific 9950&9550

超算技术是科技创新的关键工具，体现了一个国家的科技发展水平，已经成为"国之重器"，广泛应用于科研和高科技领域，包括药物研制、能源勘探、自动驾驶、卫星遥感等。随着 AI 和大数据的融入和发展，数据密集型超算和高性能数据分析（High Performance Data Analytics，HPDA）成为主流趋势之一。HPDA 场景下，传统存储方案通过提高系统性能实现高效，却带来更多能耗和碳排放。华为分布式存储 OceanStor Pacific 系列 (9950&9550) 通过软件栈和算法的优化，以及节能减排硬件技术创新，实现一套设备同时支持多类应用，达到单位机柜空间 HPDA 效率最优，从而降低碳排放，为企业提供绿色低碳的 HPDA 存储解决方案。华为分布式存储 OceanStor Pacific 9950&9550 如附图 8 所示。

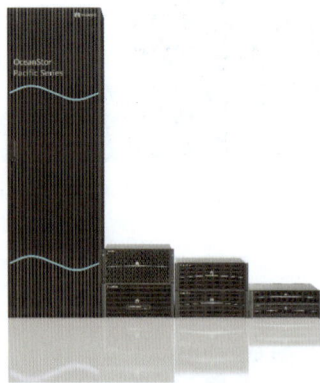

附图 8　华为分布式存储 OceanStor Pacific 9950&9550

在性能方面，华为 OceanStor Pacific 独有的 FlashLink® 性能加速技术，通过智能分条聚合、I/O 优先级智能调度、智能 Cache 算法、智能数据识别与处理等系列关键技术，结合 NVMe SSD 缓存加速，实现超低稳定时延，满足 5GC 核心业务诉求。在可靠性方面，华为 OceanStor Pacific 支持端到端数据完整性校验（Data Integrity Field，DIF）、全面的系统亚健康检测与自愈、唯一跨集群分布式双活、异步复制等 I/O 级、系统级、数据中心级端到端可靠性保障技术，机柜级冗余方案可保证整机柜失效时仍能保障业务连续。同时，存储可结合应用部署容灾方案，支持两两城市之间实现实时容灾，保障"7×24"小时业务在线。

五、富士胶片 FUJIFILM LTO8 数据流磁带

运用富士胶片钡铁氧技术研发的 FUJIFILM LTO8 数据流磁带是在数据存储系统中具有高性价比的存储介质。在面对突然的断电、系统崩溃，以及越来越高频的病毒攻击时，磁带的离线状态、低误码率和低数据丢失率保证了其在长期数据安全方面的优势，其更快、更经济的存储和恢复数据的能力满足企业合规合法的管理需求，能保存数据长达 50 年。磁带存储在面对大规模数据时，读写速度表现较好。富士胶片 FUJIFILM LTO8 数据流磁带如附图 9 所示。

附图 9　富士胶片 FUJIFILM LTO8 数据流磁带

与硬盘驱动器相比，磁带带来的安全性、高性价比的扩容成本和运维费用能持续优化成本，使 TCO 降低 70%。同时，磁带在 10 年生命周期中产生的 CO_2 排放量可减少 95%，电子垃圾减少 80%，能大幅降低环境负荷，减少以数

据中心为首的存储领域的 CO_2 排放，助力我国如期实现"碳达峰、碳中和"战略目标。

服务器类

一、华为服务器 K22R-02(TaiShan200-2280)

华为服务器在节能降耗、低碳环保、循环设计等领域拥有领先技术竞争力。华为服务器提供的动态节能管理技术包括功耗封顶、主备供电、节能风扇调速、高效钛金电源、部件休眠等，可实现产品保持高性能的同时最大限度地降低运行功耗，减少碳排放。华为服务器 K22R-02（TaiShan200-2280）如附图 10 所示。

附图 10　华为服务器 K22R-02（TaiShan200-2280）

华为服务器是 2U2 路机架式数据中心服务器。该服务器面向分布式存储、云计算、大数据等企业场景，具有高性能计算、大容量存储、低能耗、易管理、易部署等优点。华为坚持主板开放，使能伙伴策略。华为服务器在政务、电信、金融等国计民生行业的核心场景规模部署。

华为服务器高能效、低功耗、高性能计算、大容量存储、易管理、易部署，拥有多项节能技术专利，提供动态节能、功耗封顶、主备供电、高效节能调速、部件休眠等节能技术，可以为客户节省电费，降低碳排放。

二、浪潮英信服务器 NF5280M6

浪潮英信服务器 NF5280M6 是浪潮为满足云计算、大数据、数据挖掘、深度学习等高端 IT 应用，基于第三代英特尔®至强®可扩展处理器设计的一款高端双路机架式服务器。浪潮英信服务器 NF5280M6 如附图 11 所示。

附图 11　浪潮英信服务器 NF5280M6

该产品支持主频 2.2GHz 的 Intel®Xeon®Platinum 8352Y CPU；支持全新英特尔®傲腾™ 持久内存；支持多种灵活的硬盘配置方案或全闪配置，提供灵活的、可扩展的存储容量空间；在 2U 的空间内实现同类产品最高扩展，提升了 I/O 扩展能力。

NF5280M6 保持了浪潮服务器一贯的高品质、高可靠的表现，在计算性能、可扩展性、配置弹性、智能管理等方面实现创新与突破，特别适合对服务器有较高要求的电信、金融、互联网等大型企业客户。在产品设计上，根据客户要求以及企业自身发展，浪潮减少钢板、塑胶等材料的使用。同时，浪潮重点发展全新一代 AI 集装箱式集群数据中心解决方案，对绿色预制化数据中心进行升级，降低物流、装配、实施过程碳排放。

三、华为超聚变服务器 FusionServer 2288H V6

服务器是数字经济的算力基础设施，广泛应用在云计算、虚拟化、数据库、大数据等负载。华为超聚变服务器 FusionServer 2288H V6 是一款 2U2 路机架服务器，配置灵活，可广泛适用于云计算、虚拟化、数据库、大数据等负载。FusionServer 2288H V6 配置 2 路 Intel®Xeon®Platinum 8380 CPU、16/32 条 DDR4 内存、14 个 PCIe 扩展槽、支持大容量的本地存储资源。该服务器集成智能功耗管理技术 [1]、智能故障管理等专利技术，可选配 FusionDirector 全生命周期管理软件，有效降低运营成本、提升投资回报。FusionServer 2288H V6 如附图 12 所示。

1　智能功耗管理技术（Dynamic Energy Management Technology，DEMT）。

附图 12　FusionServer 2288H V6

　　作为数据中心最重要的基础设施，服务器如何在不影响性能的前提下，更节能、更可靠是考验服务器整机技术的关键指标，FusionServer 2288H V6 在节能方面拥有专利 DEMT，采用部件休眠、PID 节能调速、电源主备供电等多维度节能措施，在不影响负载性能的前提下节省整机功耗高达 18%，同时在散热技术上使用更高效的 VC 散热器和对旋风扇，使得服务器整机支持的环境温度达 45℃，可降低机房的制冷成本，整体节能减碳的效果明显。

　　FusionServer 2288H V6 主要在以下 5 个方面降碳：一是提高能源使用效率，运用工业工程、精益技术 / 优化工艺等改善手段，提高生产效率，降低单位产品的能耗，体现"按需用能，物尽其用"的理念；二是减少资源消耗，提高资源的利用效率，减少不可再生资源和短缺资源的使用量，采用各种替代物质和技术；三是工艺优化，优化工艺方案和工艺路线，提升效率、减少浪费；四是绿色包装，采用对环境和人体无污染、可回收重用或可再生的包装材料及其制品的包装；五是减少废弃物，推进废弃物减量化管理，减少对环境资源的不良影响，对各种方案（再使用、再利用、废弃）进行分析与评估，确定出最佳的回收处理方案，从而以更少的成本代价，获得更高的回收价值。

参考文献

[1] 李东，咸日常.配电变压器的发展趋势与应用情况介绍 [J]. 山东电力技术，2003（4）：75-78.

[2] 张乐丰，欧阳述嘉，张林锋，等.高压直流供电在数据中心中的应用探讨 [J]. 电力信息与通信技术，2016，14（5）：88-92.

[3] 施耐德电气有限公司.乘"新基建"之势 打造柴油发电机行业竞争力 [J]. 现代制造，2020（28）：48-49.

[4] 束长健.柴油发电机组电子调速控制系统的研究 [D]. 大连：大连交通大学，2019.

[5] 李洁，等.液冷革命 [M]. 北京：人民邮电出版社，2019.

[6] 郭亮，王峰，陈刚，等.新基建：数据中心创新之路 [M]. 北京：人民邮电出版社，2020.

[7] 郭亮，等.数据中心热点技术剖析 [M]. 北京：人民邮电出版社，2019.

[8] 郭亮.边缘数据中心关键技术和发展趋势 [J]. 信息通信技术与政策，2019（12）：55-58.

[9] 吴美希，王少鹏，谢丽娜，等.边缘数据中心规划发展研究 [J]. 信息通信技术与政策，2020（6）：25-29.

[10] 中国信息通信研究院.数据中心白皮书（2020）[R]. 北京：开放数据中心委员会，2020.

[11] 王月，盛凯，常金凤，等.数据中心基础设施关键技术应用及发展 [J]. 信息通信技术与政策，2021，47（4）：27-31.

[12] 谢丽娜，李洁.数据中心余热回收技术与应用研究 [J]. 中国电信业，2021

（S1）：35-40.

[13]吴美希，郭亮."新基建"数据中心能否摘掉"能耗大户"的帽子？[EB/OL]. 2020-05-09.

[14]谢丽娜，郭亮.对液冷技术及其发展的探讨 [J].信息通信技术与政策，2019（2）：22-25.

[15]李洁，郭亮，谢丽娜.数据中心发展综述 [J].信息通信技术与政策，2021，47（4）：13-18.

[16]郭亮.契合"四高"特点，有序推进"十四五"期间新型数据中心发展进程 [J].通信世界，2021（23）：18-21.

[17]郭亮，齐旭.云数据中心自然冷技术及应用效果分析 [J].中国电信业，2021（S1）：50-54.

ISBN 978-7-115-59131-9

9 787115 591319 >

定价: 119.90 元

分类建议：基础设施/数据中心

人民邮电出版社网址：www.ptpress.com.cn